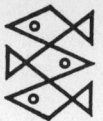

Über dieses Buch Die Zeit der nationalsozialistischen Herrschaft und des Krieges hat in den Seelen der Menschen tiefe Spuren hinterlassen. Die Autorin, noch mit fünfzig Jahren beunruhigt darüber, wie leicht sich ihr Vater mit dem Nationalsozialismus arrangierte und wie bereitwillig er als Hitlers Soldat an dem Eroberungs- und Zerstörungswerk der Nationalsozialisten mitwirkte, suchte das Gespräch mit Frauen, die wie sie als kleines Mädchen den Zweiten Weltkrieg erlebt hatten.

In dreiundzwanzig Texten werden Erinnerungen lebendig an liebevolle und noch in den schrecklichsten Situationen verläßliche Mütter, an fremd gewordene, durch ihre Irrtümer verunsicherte und durch Krieg und Gefangenschaft beschädigte Väter, deren autoritäres, oft gewalttätiges Auftreten und mangelndes Einfühlungsvermögen Frau und Kindern gegenüber für viele schlimmer war als der Krieg.

Aus vielen der Texte spricht der fast verzweifelte Versuch, den Vater zu verstehen und zu achten, und es wird deutlich, daß dies erst gelingen kann, wenn trotz des verbissenen Schweigens der Väter über ihr Denken, Fühlen und Handeln in der Nazizeit die Wahrheit ans Licht kommt. Das Buch ist eine Herausforderung und eine Ermutigung, das persönliche Erbe aus jenen finsteren Zeiten anzutreten.

Die Autorin Ingeborg Bruns, geboren 1940, studierte Germanistik, arbeitete als Lehrerin und ist Mutter von vier Kindern. Im Fischer Taschenbuch Verlag erschien ihr Buch »Das wiedergeschenkte Leben. Tagebuch über die Leukämieerkrankung eines Kindes« (Bd. 3247).

Ingeborg Bruns

Als Vater aus dem Krieg heimkehrte

Töchter erinnern sich

Fischer Taschenbuch Verlag

Die Frau in der Gesellschaft
Lektorat: Ingeborg Mues

Originalausgabe
Veröffentlicht im Fischer Taschenbuch Verlag GmbH,
Frankfurt am Main, April 1991

© 1991 Fischer Taschenbuch Verlag GmbH, Frankfurt am Main
Umschlaggestaltung: Friederike Simmel
Gesamtherstellung: Clausen & Bosse, Leck
Printed in Germany
ISBN 3-596-10300-2

Inhaltsverzeichnis

Vorwort

Als mein Vater aus dem Krieg kam, war ich ein kleines Mädchen von fünfeinhalb Jahren und schämte mich, den Mann in der abgerissenen Uniform nicht zu erkennen. Als ich mit siebzehn Jahren versuchte, mit ihm über damals zu reden, gab es Streit, denn er fand mir gegenüber keine Möglichkeit, anders, als das Geschehene verharmlosend, sich selbst entschuldigend und mich, die unliebsame Fragerin, zurückweisend, darüber zu reden. Ich gab den Versuch, gemeinsam mit ihm zu einer Klärung zu kommen, bald auf. Genauso bei meinen Lehrern. Meine Mutter war der entschiedenen Ansicht, sie als Frau habe politisch überhaupt nichts zu sagen. Ich glaubte ihr das, wohl weil es zu meinen damaligen Erfahrungen paßte, und bezog sie nicht in meine Auseinandersetzungen mit ein.

Doch nun, mit fünfzig Jahren, muß ich feststellen: Es beunruhigt mich – ganz gegen meinen Willen! – noch immer, was mein Vater in jenen finsteren Zeiten, die meine ersten Lebensjahre waren, wohl gefühlt und gedacht haben mag, als er sich nicht gegen das Heraufkommen der Nationalsozialisten und ihre Ziele und nicht gegen ihre Taten, von denen er, wie ich heute weiß, wissen konnte, zur Wehr setzte, als er sich zum Soldaten Hitlers machen ließ, ohne den Krieg zu hassen, und als er danach sich zu keiner Schuld bekannte.

Ich wollte wissen, ob es anderen ähnlich ergeht wie mir und ob sie vielleicht besser mit der Tatsache zurechtkommen, Nachkommen von Hitlers Gefolgsleuten und Soldaten zu sein. So befragte ich Frauen aus meiner Umgebung, von denen ich wußte oder erfuhr, daß sie etwa im gleichen Alter mit mir waren und daß ihr Vater im Krieg gewesen war, nach ihren Erinnerungen. Es sind Frauen aus ganz unterschiedlichen gesellschaftlichen Schichten.

Bei vielen meiner Gesprächspartnerinnen war es, als hätten sie darauf gewartet, diese Erinnerungen an den Vater und den

Krieg ans Licht zu bringen. Ich habe selbst dem Erzählten nichts hinzugefügt. Nur eine Frau von allen, die ich um ihre Geschichte bat, wollte »nicht an die alten Dinge rühren«, und zwei weitere konnten den Spiegel, den ihnen der fertige Text vorhielt, nicht ertragen, so daß ihre Geschichten fehlen. Beide handelten von einer besonders engen und schillernden Beziehung zwischen Vater und Tochter und von einer nicht ausgestandenen Rivalität zwischen Tochter und Mutter.

Keine der Frauen, mit denen ich sprach, wollte – der Familie zuliebe – mit ihrem Namen an die Öffentlichkeit, doch wurden alle Texte – manchmal nach harter gemeinsamer Arbeit – von ihnen autorisiert.

Niemals hätte ich geahnt, daß Väter so aus vollem Herzen abgelehnt werden, wie ich es von mehreren Gesprächspartnerinnen – lebensbejahenden Frauen und liebevollen Müttern – zu hören bekam.

Ich frage mich, warum es mir so schwerfiel zu glauben, was ich schwarz auf weiß sah, als ich die Texte fertig vor mir liegen hatte: daß die ungeliebten Väter, die von ihren Töchtern nicht einmal geachtet werden können, ohne Ausnahme Nazis waren. Auch die Gegenprobe stimmt: Dann, wenn eine Frau mit Zärtlichkeit und Wärme von ihrem Vater spricht und wenn sie sich an eine glückliche Zeit der Kindheit mit ihm zusammen – in Urlaubstagen und nach dem Krieg – erinnert, war der Vater kein überzeugter Nazi oder er hatte sich im Lauf des Krieges oder auch danach eines Besseren besonnen.

Diese Väter sind es auch, die häufig auf die traditionelle Herrschaftsrolle des Familienvaters verzichtet und statt dessen gekocht, gebacken, geputzt, Kinder gewiegt und gewickelt haben. Keiner von ihnen pflegte seiner Frau respektlos gegenüberzutreten, und alle konnten sie auf das »Erziehungsmittel Prügel« verzichten.

Bei den Töchtern solcher Väter herrscht ein klares Bewußtsein für die Erfordernisse des politischen Lebens und die Bereitschaft, sich für Frieden und Gerechtigkeit einzusetzen. Der Wunsch, den Vater zu verstehen und zu rechtfertigen, ist bei fast allen meinen Gesprächspartnerinnen sehr groß. Aber nur ein einziges Mal hörte ich davon, daß ein Mann – sehr lange nach dem Krieg – seiner Tochter gegenüber offen von seiner Scham und Reue darüber sprach, was er als Anhänger der Nationalsozialisten und als Soldat gefühlt, gedacht und getan hatte.

Vielen Frauen wurde erst im Laufe des Gesprächs bewußt, wie stark ihre Mütter waren.

Ingeborg Bruns

Eigentlich bin ich froh,
daß er wiederkam

Von dem Tag, an dem mein Vater aus dem Krieg kam, ist mir eine Szene mit aller Deutlichkeit in Erinnerung geblieben, aber wenn ich mit meiner Mutter darüber rede, sagt sie: »Nein! So war es nicht. Es war vielleicht später irgendwann einmal so, wie du meinst, wenn auch sicher nicht so schlimm. Aber Vaters erster Tag zu Hause war für uns alle ein ganz glücklicher, schöner Tag.« Als Tochter tue ich also gewissermaßen etwas Ungehöriges, wenn nicht Verbotenes, indem ich mich an folgende Szene erinnere:

Es ist Abend. Es dunkelt schon, und Vater, Mutter und ich stehen im Treppenhaus, jeder mutterseelenallein. Meine Schwester ist mir in der Erinnerung abhanden gekommen. Es ist ein deutliches Bild, obwohl meine Mutter dem ohnehin spärlichen Licht den Zugang verwehrt, indem sie sich gegen das offene Fenster lehnt, die Schultern hochgezogen, den Kopf gesenkt, ratlos auf ihre Füße starrend. Der Vater, in einer Geste des Sichwegwendens, einen Fuß schon auf der Treppe, kaut auf den nach innen gezogenen Lippen. So habe ich ihn von da an immer wieder gesehen, und die Erinnerung daran macht mich beklommen. Mich selbst sehe ich in einem Sommerkleidchen barfuß auf dem Steinfußboden stehen. Ich hole kaum Atem, hab die Schultern hochgezogen und den Kopf gesenkt wie meine Mutter und starre auf meine nach innen gedrehten Füße, wie ich es heute noch manchmal in Situationen mache, denen ich mich nicht gewachsen fühle.

Wenn ich daran denke, wie unbeholfen, wie unglücklich ich da stand, ärgere ich mich über das kleine Mädchen, das ich war, und ein wenig ärgere ich mich auch über mich heute. Warum muß ich ein solch mißliches Bild aus der Erinnerung heraufholen und kann nicht, wie es meine Mutter tut, eine freundliche Geschichte von der glücklichen Heimkehr meines Vaters erzählen?

So will ich hören, was meine Mutter erzählt: Sie war an diesem Tag, wie häufig in jenen Jahren, beim »Hamstern«. Das Wort mag sie nicht, denn sie arbeitet im Schweiß ihres Angesichts bei einer Bauernfamilie, die sie zu ihren guten Bekannten rechnet, und trägt dann »stolz wie ein Schneekönig« ihren Lohn, über den sie jedesmal enttäuscht ist, nach Hause. An diesem Tag mögen es 200 Gramm Rauchfleisch, zwei Liter Magermilch, so dünn und blau, daß man es kaum für möglich hält, und dazu ein kleines Säckchen Mehl gewesen sein. Am Abend kommt sie mit dem Fahrrad rechtschaffen müde zurück, und am Ortseingang ruft ein Kind ihr zu: »Euer Papa ist heimgekommen!« – »Kannst du dir vorstellen«, sagt meine Mutter, »wie überglücklich ich in fliegender Eile nach Hause geradelt bin?«

Freilich, Mutter, denke ich und schweige, freilich kann ich's mir vorstellen. Aber ich glaube dir nicht, daß sich nicht auch bange Erwartungen eingeschlichen haben. Du wußtest doch, wie sie zurückkamen und welche Erinnerungen sie mit sich schleppten! Du wußtest doch, daß Vater den Krieg nicht haßte. »Dieser Krieg muß auch deshalb gewonnen werden«, lese ich in seinem Tagebuch, »weil das Leben über den Materialismus siegen muß…« Ich verstehe zwar nicht, was er damit meint, aber ich begreife, wenn ich das lese, daß er, er selbst den Krieg verloren hatte. Das wußtest du doch auch, Mutter! Und dazu noch die Kränkung, als Kriegsgefangener eingesperrt zu werden…!

Als könne sie meine Gedanken lesen, sagt meine Mutter: »Natürlich wußte ich, daß es schwierig werden würde. Wir hatten ja noch gar nicht richtig zusammengelebt. Ein halbes Jahr Ehe, und dann kam der Krieg. Es war eigentlich noch gar keine richtige Ehe, und wie Kinder sind und was sie brauchen, davon hatte er nicht viel mitgekriegt in den Urlaubstagen. Und dann der Mangel am Nötigsten und die Schikanen durch die Besatzungsmacht. Aber wenn man sich liebt, macht das alles nichts, und wir waren doch, alles in allem, eine glückliche Familie…«

Mein Vater schrieb mir zwei Wochen nach seiner Rückkehr in das Erinnerungsbuch, das meine Eltern für jedes ihrer Kinder führten – mit Mühe entziffere ich seine steile gotische Schrift –:

Sonntag, 5.8.1945

Am 24.7. morgens gegen acht Uhr bin ich aus der Kriegsgefangenschaft in G. an der österreichischen Grenze zurückgekehrt. Euch zwei Kinder und die Oma traf ich gesund an. Die Mama war gerade bei den Bauern und kam abends zurück. Am 5.5.45 war ich mit meinem Infanteriezug in der Nähe von Braunau in Gefangenschaft geraten. Nach elf Wochen, am 20.7., bekam ich die Entlassungspapiere.

So schrieb mein Vater. Was geht es mich heute noch an, daß er kein Bedauern äußerte über das, was geschehen war, keine Hoffnung in bezug auf das, was kommen würde, keine Dankbarkeit, so glimpflich davongekommen zu sein? Warum beunruhigen mich, eine fünfzigjährige Frau, die Gefühle des damals Fünfunddreißigjährigen, der mein Vater war? Ich lese weiter, was er in mein Erinnerungsbuch schrieb:

In K. erfuhr ich zum ersten Mal, daß zu Hause alles in Ordnung sei – soweit die Nachkriegszeit mit der französischen Besatzung das zuläßt, denn wir, Oma und eine evakuierte Familie mit, mußten unser Häuschen räumen und sind jetzt in einer Vierzimmerwohnung. Deine Mama hat sich sehr dagegen gewehrt. Dabei mußte ich meine parteipolitische Stellung klarlegen. Das ist nicht dankbar, denn als Lehrer mußte ich mit allen Stellen gut zusammenarbeiten. Wie jetzt alles werden soll?

Heißer Zorn steigt in mir hoch, der gleiche Zorn wie mit siebzehn Jahren. »Geschwätz!« möchte ich schreien, »elendes Waschlappen-Gewäsch! Sei doch ein Mann, Mensch, und gib zu, daß ihr die Unordnung erzeugt habt, ihr, die ihr mitgemacht habt mit Hitler, und gib zu, daß du nicht mit allen Stellen zusammengearbeitet hast. Oder hast du mit der Kirche, den Sozialdemokraten, den Juden, den Polen und Russen, die in unser Dorf verschleppt waren, zusammengearbeitet, Heuchler?« Wo soll ich hin mit meinem Zorn, den ich endlich loswerden möchte? Ich lese weiter:

> Über Euer, Dein und Sybilles, Verhalten war ich erstaunt. Eure Angewohnheiten will ich z. T. etwas in Bahnen bringen. Hoffentlich kommen wir an der Gefahr einer gegenseitigen Entfremdung vorbei. Erfolg werden meine Erziehungsvorsätze dann haben, wenn ich meine Stellung außerhalb des Hauses gefestigt habe.

So nahtlos war für meinen Vater der Übergang vom Nazi-Mitläufertum und Kriegführen zum Erziehen, denke ich voll Zorn, wie anders wäre meine Kindheit und Jugend gewesen, wenn er gesehen hätte, was bei ihm aus der Bahn geraten war, und wenn er ehrlich und mit Mut daran gearbeitet hätte, statt kleine Kinder zurechtzubiegen...

Wie habe ich selbst wohl den Tag der Rückkehr meines Vaters erlebt? Es könnte sein, daß wir mit der Großmutter im Vorgarten in der Morgensonne saßen und Erbsen schälten. »Arbeitet! Schafft!« mahnt die Oma und schickt die Mädchen, die mit uns spielen wollen, vom Gartenzaun weg. Mit uns sitzt die weißhaarige Frau Bayer am Tisch. Sie ist mit ihrem alten Mann bei meiner Großmutter ›einquartiert‹, aus der nahen Stadt ›evakuiert‹. Die beiden Frauen handeln, ohne Rücksicht auf uns Kinder, die Ärgernisse und die Schrecken der Welt ab. Dieses sind erstens: die Heimkehrer mit Läusen, Wanzen und Durchfall. Zweitens: die jungen Mädchen oder, was noch schlimmer ist, die Frauen aus dem Dorf, die »es mit den Marokkanern treiben, so eine Schande, Blut- und Rassenschande, so muß man es schon nennen, nicht wahr, wenn auch der Adolf nicht mehr lebt«. Drittens: die unglaublich hohen Schwarzmarktpreise für Bohnenkaffee. Dann: der Kopf, der schwarzlockige Negerkopf, der nach einem Zusammenstoß zwischen einem französischen Langholzfuhrwerk und einem von diesen riesigen amerikanischen Lastwagen schreiend von der provisorischen Brücke ins Tal fiel. Nur der Kopf, von einer Stange glatt abgetrennt. Er hatte Glück, der Kopf, er fiel nicht in den Bach, er fiel ins Gras. Diese Schauergeschichte ist mir noch gut in Erinnerung. Ebenso die von der Wasserleiche mit den Felsstücken am Hals und die von dem Frauenmörder, der Dosenfleisch aus seinen Opfern machte – meist waren's blutjunge Mädchen. Dann wird über die Flüchtlinge hergezogen: »Habenichtse! Mit nichts sind sie gekommen und faseln von Ländereien und Gutshöfen, von Pferden und ganzen Schränken voll Weißzeug und wollen sogar noch behaupten, die Kartoffeln seien bei ihnen größer gewesen als bei uns, die machen doch uns nichts vor.« So redeten die Frauen, und ich fürchte, ich bin ganz ihrer Meinung gewesen.

Plötzlich steht der Mann an der Gartentür. »Kinder!« schreit die Großmutter, »Kinder, euer Vater!« Als ich mit 17 Jahren in der Schule Wolfgang Borcherts »Draußen vor der Tür« las, erkannte ich in Beckmann mit den hängenden Schultern unter der verschlissenen Uniform meinen Vater.

Draußen auf der Straße bleibt der Mann stehen, nach der Türklinke gebückt, verharrend, als habe er kein Recht, die Tür zu öffnen. Seine Schaftstiefel sind grau, wo mein Vater doch stets allergrößten Wert darauf gelegt hat, daß die Schuhe »auf Hochglanz poliert« waren. An seiner Hüfte hängt über dem schlaffen Brotbeutel das Eßgeschirr aus Aluminium, das später immer auf die Familien-Sonntags-Fußmärsche mitgenommen wurde. Langsam, so schleppend langsam, daß ich es kaum aushalten kann, geht meine Großmutter, die mir plötzlich alt vorkommt, dem Mann entgegen. »Komm doch herein«, sagt sie schließlich, »was bleibst du denn draußen stehen?« Damit hat sie den Kampf gewonnen. Warum tut mir der Mann heute noch leid? Warum fände ich's – heute noch – ganz in Ordnung, wenn er als Herr und Meister hereingekommen wäre?

Ich werde hinter der Oma hergegangen sein, die halbvolle Erbsenschüssel in der Hand. Der Fremde kam herein, bückte sich, um das Gartentürchen zuzumachen, tat ein paar Schritte und blieb weit genug weg von mir stehen. Ich schaute ihn an, und er hielt es aus ohne diese onkelhaften Sprüche von »wie-groß-du-geworden-bist!« und »du-kommst-ja-nun-bald-in-die-Schule-freust-du-dich-darauf?« und »komm-sag-guten-

Tag«. Nichts davon, und da habe ich mir gewünscht, daß er mein Vater sei. Als er in meine Schüssel guckte und fragte: »Das alles hast du geschafft?«, rief ich »ja, Vater!« und war in seinen Armen. So muß es gewesen sein. So soll es gewesen sein. So war es. Da ist mein Gefühl ganz sicher.

Es war ein unglücklicher Zufall, daß wir an diesem Tag ohne unsere Mutter waren. Sie hätte ihm das Bad gewärmt, hätte ihm die Kleider zurechtgelegt, alle seine Kleider waren ja in der Kommode und im Schrank, sie hätte ihm sein Lieblingsgericht, ›Himmel und Erde‹ aus Kartoffeln und Äpfeln mit einer schönen braunen Buttersoße, gekocht, sie hätte ihn in die Arme genommen, und er wäre glücklich gewesen. Ich wünschte so sehr, meine Mutter wäre da. Was konnte denn ich für ihn tun? Er tat mir so leid. Vielleicht habe ich ihm seine Sandalen gebracht, weil's zu heiß war für die schweren Stiefel, vielleicht hab ich ihm am Wegrand ein Blumensträußchen gepflückt, falls die Oma mich aus dem Garten hinausließ, und ich hab ihm die schönste Tasse von allen, die mit den Rosen und Vergißmeinnicht, mit kaltem Lindeskaffee gefüllt; das durften wir Kinder auch für uns selbst tun. Aber den Zucker konnte ich ihm nicht bringen, der war weggeschlossen wie auch die Marmelade und das Brot.

Mein Vater, der wußte, wo der Schlüssel war, wollte sich wohl ein Marmeladenbrot machen. Da muß ihn ein übermächtiger Heißhunger gepackt haben, denn er aß das ganze Brot, unsere Ration für den Rest der Woche. Wenn ich es mir heute überlege, so wird es gar nicht so furchtbar viel gewesen sein, es gab ja nicht viel damals, nach dem Krieg.

In meinem Erinnerungsbuch ist ein Bildchen eingeklebt, vielleicht habe ich es an seinem ersten Tag für ihn gemalt: ein Haus, krumm und schief gezeichnet, mit lachenden Gesichtern in allen Fenstern, links oben die Sonne und rechts in krakeligen Buchstaben »PAPA«. Was ich ihm reichlich schenken konnte, war meine Zärtlichkeit, deren Grenzen er nicht zu erkennen vermochte. So heftig und ungeschickt hat er das kleine Mädchen geküßt, gestreichelt und an sich gedrückt, daß ich Angst vor ihm bekam.

Ich bin sicher, daß mein Vater gleich am ersten Tag das Versprechen aus seinem Brief zu meinem fünften Geburtstag eingelöst hat. Er hatte mir in sorgfältigen großen Druckbuchstaben geschrieben:

Slowakei, 19. 1. 1945

Meine liebe Hedwig,
zu Deinem Geburtstag sendet Dir Dein Papa viele gute Wünsche. Weißt, daß Du der lieben Mama immer ein richtiges Helfekind bist und Du weiterhin immer gesund bleiben darfst.

Wenn es Zeit ist, wird Dein Papa auch in Urlaub kommen.

Fährst Du denn feste Schlitten? Darf Sybille auch mitfahren?

Was macht Ihr, wenn die Flieger so oft kommen? Gelt, Du hast keine Angst, wenn es auch oft stark brummt. Papa hat auch keine Angst.

Ich freue mich, wenn wir wieder einmal zum »Alten Wässerle« gehen in den Wald. Da darf alles mit, was laufen kann.

Allen zu Hause viele liebe Grüße
von Eurem Papa.

Die Absätze vom Schlittenfahren und vom Waldspaziergang habe ich mit Buntstiften nachgemalt. Ich werde ihn an sein Versprechen erinnert haben, vielleicht dachte er auch selbst daran. Die Stoffhunde konnten zwar nicht laufen, aber sie durften mit. Am »Alten Wässerle«, einem Brunnen mit einer tiefausgehöhlten Sandsteinschale, tauchten wir die Arme bis zu den Ellbogen ins Wasser und formten die Hände zu Schalen, um daraus zu trinken. Die Mutter hatte uns das immer verboten, aber der Vater hatte es im Krieg oft so gemacht, und deshalb konnten wir es mit ihm zusammen tun. Die Wassertropfen, die in der Sonne glitzerten, wenn sie von unseren Händen fielen, waren, so erzählte mein Vater, auch in Finnland und Rußland gewesen, wie er. Vor langer Zeit waren sie sogar einmal wie ein Wunder als Regen in die Wüste gekommen, daß diese in allen Farben zu blühen begann, denn in der Wüste liegt neben jedem Sandkorn ein Samenkorn und wartet. Es war dieselbe Wüste, in der er als Soldat gewesen war, aber da war sie trocken und heiß, es war gelber Sand, der in der Hitze flirrte, Wellen von gelbem Sand, unabsehbar weit. Dort hat er seinen einzigen Schuß im ganzen Krieg abgegeben, um eine Schlange zu töten, die sich gegen ihn aufgerichtet hatte.

Sein einziger Schuß! Seine unschuldigen Hände! Als ich anfing, über den Krieg und die Untaten des Dritten Reiches nachzudenken, war ich froh, meinen zu können, meinen Vater treffe keinerlei Schuld. Aber als ich siebzehn war, habe ich ihn pauschal verurteilt und ziemlich brutal beschimpft: »Jeder, der heute noch lebt und nicht von den Nazis umgebracht wurde, weil er gegen sie war, ist ein Schwein, da machst du keine Ausnahme!« Er konterte: »...und du? Sei du lieber still! So eine wie du, so eine Fanatische... Du wärst eine von den Schlimmsten gewesen, das kannst du mir glauben.«

Meines Vaters Anteil an dem Geschehen wurde nie geklärt. Ich blieb auf Verdächtigungen und Entschuldigungen sitzen. Vielleicht ist das der Grund dafür, daß ich über das Dritte Reich lernen und erfahren kann, soviel ich will, und es mir trotzdem rätselhaft bleibt?

Ich glaube, ich hätte als Heranwachsende meinen Vater um so mehr geachtet, je ehrlicher er über seine Beziehung zum Dritten Reich gesprochen hätte, denn mit dem wenigen Negativen, das er von sich sehen ließ, ging es mir gut. Er erlebte, wie ein Zug jüdischer Elendsgestalten auf einer Straße entlanggetrieben wurde, er mußte in seinem Militärauto am Straßenrand warten. Er war entsetzt. In seinem Auto lag ein Kommißbrot. Er hätte es hinauswerfen oder wie durch Versehen mit dem Fuß hinausschieben wollen, aber er tat es nicht, aus Angst vor seinem Fahrer. Das Entsetzen, das Mitleid und die Angst meines Vaters waren und sind auch noch heute etwas Menschliches für mich, das ich begreifen kann.

Oder dieses: Als die Deutschen in Nordafrika besiegt waren, ließ er mit seiner militärischen Gruppe die Fahrzeuge, die sie hatten, mit Vollgas über die Hafenmauer ins Meer fahren, damit sie nicht die Beute der Sieger würden. Er erschrak zutiefst über die Lust, die er bei diesem Zerstörungswerk empfand, und dachte: »So ist der Mensch.« Er erzählte mir das schon sehr früh, und es ist ein Stück Wahrheit für mich, eine Hilfe fürs Leben.

Leider wußte mein Vater sehr genau, wie ich sein und werden sollte, und er sah es als seine Aufgabe an, mich nach seinem Wunschbild zu formen und alles an mir auszumerzen, was ihm Anlaß zu Mißfallen und zu Befürchtungen bot. Die Gewalt, mit der er seinen Erziehungsbemühungen Nachdruck verlieh, hatte ich schon während seiner Fronturlaube und einem längeren Heimaturlaub wegen einer Verwundung zu spüren gekriegt. Zu meinem zweiten Geburtstag schrieb er am 24. 1. 1940 in mein Erinnerungsbuch:

Liebe kleine Hedwig,
zur Zeit bist Du manchmal recht eigen. Gestern abend solltest Du ins Bettchen. »Nein, Datzilein will Häuslein bauen!« Alles gute Zureden half nichts. Da bekamst Du die Quittung dafür. Du schreist recht arg, aber bald bist Du wieder ruhig und bist dann etwas zugänglicher. Lieber sollen Mama und ich Dir jetzt sagen, was Du zu tun hast. Je älter Du bist, desto schwerer wird es sicher, Dich zum richtigen Verhalten zu bringen.

Wenn ich es auch schrecklich finde, daß man das Schlagen von Kindern in dieser Weise für normal und nützlich halten konnte, so bin ich meinem Vater doch sehr dankbar, daß er es mir nicht verschwiegen hat, denn meine Erinnerung gab mir nur eine einzige Prügelszene preis, und die nur zur Hälfte. Da war ich neun Jahre alt, das kann ich an den Prinzessinnenfotos von damals festmachen, die es von dem Fastnachtsumzug der Kinder in unserem Dorf gibt. Es war Sitte, daß die Kinder sich nach diesem Umzug mit Konfetti und Pappstökken singend und schreiend, tanzend und allerlei Unsinn machend auf der Straße aufhielten. Es regnete ein wenig, und es war schon dunkel geworden. Ich hatte einfach die Zeit vergessen. Die Straßenlaternen warfen ein trübes Licht, da packte mich plötzlich von hinten ein Kerl, beschimpfte mich mit rauher Stimme und zerrte mich herum. Als ich erkannte, daß es mein Vater war, erschrak ich noch mehr, hörte aber auf, mich zu wehren. Ich habe vergessen, ob er mich gleich auf der Straße oder erst zu Hause geschlagen hat. Daß er es tat, und zwar in einer meine Gefühle sehr verletzenden Weise, weiß ich. Denn ich erinnere mich noch ganz genau daran, wie ich mich in die Toilette eingeschlossen und abwechselnd ihn und mich gehaßt und verachtet habe: Dieser Saukerl! erregte ich mich. So ein elender Kerl! Und ich empfand zum erstenmal: Ich bin doch eine Frau. Oft hat er mich damals sicher nicht geschlagen, sonst wäre ich nicht so empört und verwirrt gewesen.

Ich habe kürzlich, als ich von Folter- und KZ-Methoden hörte, mich bei dem Gedanken ertappt: So etwas darf man doch nicht mit Erwachsenen machen... Mein Verstand sagt mir natürlich, daß man ›so etwas‹ mit Kindern auch nicht machen darf, aber meine Erfahrung sagt etwas anderes. Mir fällt auch wieder ein, welche körperlichen Mißhandlungen außer dem Schlagen auf das Hinterteil und ins Gesicht zu den Erziehungsmethoden meines Vaters gehörten: Handkantenschläge an den Hinterkopf, eingeleitet durch die Worte: »Willst du eine ins Genick?«, und er haute meiner Schwester und mir die Köpfe aneinander, daß es dröhnte, und ich dachte, das darf er doch nicht tun, Sybille ist doch noch so klein. Vaters Spezialität waren Kopfnüsse, und sie wurden mit der Ankündigung »So! Jetzt ist die Sache reif!« verabreicht.

»Ja, weißt du denn nicht mehr«, wunderte sich meine Mutter, als ich sie nach den Kopfnüssen fragte, »weißt du denn wirklich nicht mehr, daß ihr euch selbst Kopfnüsse geben mußtet?« – »Wie?« habe ich gefragt, »so...?« und habe mit gekonnten Bewegungen den Mittelfinger der rechten Hand abgewinkelt, ihn durch den gekrümmten Zeige- und Ringfinger gestützt und das Ganze durch den dagegengedrückten Daumen zu einer schlagkräftigen Waffe geformt und mir damit gegen die Schläfe gepocht, vorsichtig zuerst und dann, wie einem Zwang gehorchend, stärker. Dabei geriet ich in einen solchen Aufruhr von Wut und Haß, nicht gegen den Täter, sondern gegen mich selbst, daß ich einen Moment Angst hatte, ich könnte die Kontrolle verlieren. Da wußte ich, was mich – zu meiner Scham – immer wieder gezwungen hatte, die Hand gegen mich selbst zu erheben. Ich mußte es nach dieser Erinnerung nie mehr tun.

Es fällt mir schwer, zu glauben, daß mein Vater so mit uns umgegangen ist, obwohl ich es weiß. Es wurde ja nicht verschwiegen in der Familie. Ich habe ein unbezwingbares Bedürfnis, ihn zu entschuldigen, zu sagen: »Er wurde als Kind sicher noch viel schlimmer geschlagen, wenn man die damaligen Zeiten bedenkt und weiß, daß er eines von zehn Kindern war und daß seine Mutter starb, als er zwei Jahre alt war.« Und ich muß, ob ich will oder nicht, an dieser Stelle sagen: »Er war ein guter Vater. Ich habe ihn sehr geliebt. Er wollte, bis er vor fünf Jahren starb, stets nur das Beste für seine Frau und seine Töchter. Er hat für uns alles getan, was er konnte.«

An Vaters erstem Tag zu Hause gab es die schlimmen Dinge noch nicht. Als es Abend wurde, kam die Mutter zurück. Mein Vater sah die blühende junge Frau mit ihren strahlenden Augen und den kraftvollen Gesten und spürte den Geruch von Sonne und Wind, von Ackerboden und Schweiß. Doch statt daß die Freude ihn übermannt hätte, wie er es erwartet und ersehnt hatte, befiel ihn zu seinem Schrecken der Gedanke: »Ja, sie hatte es gut. Wenn ein Mensch so gut aussieht, dann hat er nicht viel mitgekriegt vom Krieg…! Nichts hat sie mitgekriegt, quasi nichts! Nicht wie ich! Was haben wir mitgemacht, mein Gott! Aber hier? Man sieht es doch: Haus, Dorf, Bahnlinie, Straßen, Sägewerke, Fabrik… alles unbeschädigt. Haben die eine Ahnung von Krieg!« Blitzschnell und ohne sein Zutun schossen ihm diese Gedanken durch den Kopf und verpaßten ihren Briefen aus den letzten Tagen des Krieges einen widerlichen Anstrich von Jammern und Selbstmitleid.

1. 4. 1945

»Mein liebster, bester Ernst, guter Papa,
hast Du, mein Schatz, wohl auch daran gedacht, daß wir heute vor sechs Jahren unsere Hochzeit feierten? Wie rosig und glücklich lag damals die Zukunft vor uns, und wie wenig hoffnungsvoll sieht heute alles aus. Es war damals auch ein so herrlich strahlender Sonntag, genauso wie heute,

damals freute man sich unsäglich darüber, und heute ist ein blauer Himmel unser Verderben. Heute, mein Ernst, fielen hier wieder zwölf Bomben. Wir kamen gerade noch in unseren Keller, weiter hätte es nimmer gereicht, da sahen wir zu unserem Entsetzen, daß acht Flugzeuge im Tiefflug direkt unser Haus anflogen. Mir blieb das Herz stehen, ich riß meine Kinder an mich... Das Haus Deines Kollegen R. bekam einen Volltreffer... Frau R. ist tot, während ihr vierjähriger Jürgen, den sie auf dem Schoß hielt, lebt, ferner ist ein halbjähriges Kind tot sowie ein Freund von Herrn R., der gerade morgens zu Besuch kam. Wen wird es das nächste Mal treffen? Wolle uns doch Gott im Himmel davon verschonen, darum wollen wir beten. Denn ich möchte doch Dich, meinen Liebsten, noch einmal wiedersehen...

Ernst, es wird uns doch nichts passieren, denn ich wünsche und sehne ja so sehr die Zeit herbei, wo wir zusammen mit unseren Mädelchen wieder eine gemeinsame, glückliche Zukunft beginnen dürfen.

Wenn der Amerikaner kommt und von uns evtl. ordentlich empfangen wird, dann ist das nicht so sehr verwunderlich. Denn ist das noch ein Leben? Wir haben es schlimmer als die Tiere. Wir müssen nur noch lauern, ob und wann die Flieger kommen, und schnell in ein Loch verschwinden...«

So hatte sie geschrieben, und er dachte jetzt: Nein! Sie übertreibt! Sie übertreibt, wie nur eine Frau übertreiben kann. Es ist ein Glück, daß endlich wieder ein Mann im Haus ist. Mein Gott, was täten die Frauen ohne die Männer! Ich bin der Mann hier, und ich habe gleich vom ersten Augenblick an zu zeigen, wer hier das Heft in der Hand hat. Ich! Ich bin der Mann. Ich bin der Herr im Haus... Dann nahm er seine Frau in die Arme, ein wenig eckig, ein bißchen hart... Später ging sie in die Küche, um ein richtig schönes Abendessen zuzubereiten. Dies eine Mal, zu seinem Willkommen, sollte an nichts gespart werden, die Butter von den Bauern, die Wurstdose aus dem Keller, die Radieschen aus dem Garten, alles sollte auf den Tisch. Und da konnte sie das Brot nicht finden.

Ich habe es nicht mitbekommen, und meine Mutter erzählt

an dieser Stelle sehr ungenau, aber so wird es weitergegangen sein: Scharf hat er auf ihre Frage nach dem Brot entgegnet, daß es doch wohl sein gutes Recht sei, zu Hause seinen Hunger zu stillen. Sie habe ja keine Ahnung, was Hunger sei. Ich sehe ihn vor mir, wie er sich aufrichtet und die Hände zu Fäusten geschlossen auf dem Rücken kreuzt, um sich stark zu fühlen. Und ich höre sie teils ärgerlich, teils jämmerlich und um Verständnis flehend von der Not sprechen, die er sich vielleicht gar nicht vorstellen könne. Alles, alles sei so knapp, und sie habe ihre liebe Not, jeden Tag etwas zu essen auf den Tisch zu bringen. Da kontert er auftrumpfend, in Wirklichkeit aber ziemlich verzweifelt: »Dann kann ich ja wieder gehen, wenn ich hier nicht einmal das trockene Brot aus dem Schrank zu essen kriege nach einem Vierteljahr Hungern.« Es folgte sein Hinauslaufen nebst Türenschlagen, unser Hinterherlaufen und das Stehenbleiben und Erstarren im Treppenhaus.

Die Lösung wird an diesem Abend nicht anders gewesen sein als in der Folge tausendmal: »Ach, komm«, wird mit weicher Stimme einer von den Erwachsenen – meist war es die Mutter – gesagt haben, »sei doch nicht so; ich hab dich doch lieb.« Dann gaben sie sich beide nach kurzem Zögern fast gleichzeitig einen Ruck und gingen aufeinander zu. Sie umarmten sich. Daß ich mich dazwischendrängte, ließen sie zu; ich glaube, es gefiel ihnen sogar. Meine Schwester war auch da und fand ihr Plätzchen. Wir wiegten uns. Wir hatten uns lieb. So ist der Vater heimgekommen.

Ich bin meinem Vater nicht böse,
daß er so war

Mein Vater hat den Ersten und den Zweiten Weltkrieg mitgemacht. Am Zweiten hätte er nicht aktiv teilnehmen müssen, denn er hatte im Ersten einen Lungendurchschuß davongetragen. Aber er ist gegangen, gegen den Widerstand meiner Mutter, die das nicht fassen konnte. »Du hast drei Kinder hier sitzen, und das vierte ist unterwegs«, hielt sie ihm vor, »mein Gott, was willst du dort? Die brauchen dich doch gar nicht!« Sie hatten richtig Krach deswegen. Aber nichts zu machen! Mein Vater ist in den Krieg gezogen mit den Worten: »Ich lasse mich nicht zum alten Eisen werfen.« Das muß man sich vorstellen! Er hätte im Gymnasium in S. eine Stelle gehabt und hätte dort als zu vierzig Prozent Kriegsbeschädigter in Ruhe seine Arbeit tun können. Aber er war eben vom vaterländischen Denken geprägt.

Meine Eltern hatten relativ spät geheiratet. Mein Vater mußte als promovierter Chemiker wegen der Arbeitslosigkeit Anfang der dreißiger Jahre einige Umwege machen, um Lehrer zu werden. Meine Mutter dagegen war damals schon lange als Studienrätin in Berlin tätig und an ein selbständiges Leben als Frau und einen recht hohen Lebensstandard gewöhnt.

Die Kinder kamen ganz schnell nacheinander, mein ältester Bruder 1933, zwei Jahre später der nächste, dann meine Schwester und Ende 1939 ich. Mich wollte man schon gar nicht mehr haben, war ja auch verrückt in dieser Zeit! Allerdings ahnten sie, als ich gezeugt wurde, noch nicht, daß der Krieg auf sie zukam.

Mein Vater wurde als Offizier an den Westwall geschickt, und als die Nachricht bei ihm eintraf, eine Sigrun sei geboren – der Name hatte längst festgestanden, natürlich ein erzgermanischer, war ja klar! –, da hieß der Bunker »Villa Sigrun«. Das Schild über dem Bunkereingang konnte ich später auf den Fotos sehen. Mein Vater freute sich anscheinend doch sehr über die Geburt, aber meine Mutter mußte nun vier Kinder durch diese schlimme Zeit bringen.

In diesen Jahren wurde uns immer erzählt: »Der Papa, der kämpft an der Front«, und wir bekamen ein wahres Idealbild von Vater suggeriert. Wobei er als Offizier ja sicher immer ein bißchen weiter hinten war. Na, immerhin. Was er wirklich getan und erlebt hat, das hat er uns später nie erzählt. Es belastete ihn wohl sehr, und so brachte man nie etwas aus ihm heraus. Bis auf einmal: Er mußte in Frankreich in einer Kapelle einen Gefangenen bewachen, der am nächsten Morgen hingerichtet werden sollte. Ich weiß aber nicht, wie die Geschichte ausging. Vielleicht wissen es meine Brüder; mit ihnen hat sich mein Vater mehr unterhalten.

Später kämpfte mein Vater im Kaukasus. Dort geriet er Ende 1944 in Gefangenschaft.

Meine Mutter pflegte zu uns Kindern zu sagen: »Ja, wenn der Papa zurückkommt, dann wird das und das gemacht«, oder: »Wenn der Papa erst wieder da ist, dann…!« Von Gefangenschaft, Hunger und Not hat sie nichts erzählt. Diese Wirklichkeit wurde vor uns verschwiegen. Man ließ Kinder nicht an den echten Problemen teilnehmen. Die Erziehung damals war eben autoritär.

Doch hat uns meine Mutter sehr liebevoll erzogen, wenn auch wenig Zeit für uns blieb und meist das Kindermädchen, eine ganz treue Person, für uns sorgte. Im nachhinein habe ich vor meiner Mutter sehr viel Respekt. Vier Kinder, ein voller Lehrauftrag an der Grundschule, Leitung des Kirchenchors, soziales Engagement in unserem Städtchen, Nachhilfestunden, um für uns Nahrungsmittel zu beschaffen, und dann noch die Betteltouren – das »Hamstern«. Meine Mutter war ein positiver und optimistischer Mensch. Sie hat nie geklagt oder sich uns gegenüber gehenlassen. Sie war wirklich vorbildlich und obendrein unglaublich aufgeschlossen. Nicht nur, daß sie Rezepte, sogenannte Sparrezepte, entwickelte – etwa, wie man aus fast nichts Weihnachtskekse macht – oder daß sie, während der Besatzungszeit, als Dolmetscherin für die Franzosen fungierte und mit ihnen verhandelte. Sie pflegte auch während der ganzen Jahre ihre große Liebe zur Musik.

Jeden Mittwoch kam ein damals ziemlich bekannter Musikprofessor zu uns, die ganze Kriegszeit über, jeden Mittwoch um vier. Wir Kinder wurden dann aus dem Wohnzimmer ausgeschlossen, und die beiden musizierten drei Stunden lang. Er spielte Klavier, und sie sang. Meine Mutter war in unserem Städtchen eine wichtige Persönlichkeit.

Einmal erlebte ich meine Mutter wirklich verzweifelt: Sie eröffnete uns Kindern, daß jetzt absolut nichts mehr zum Essen da sei. Da beschlossen wir, alleine hamstern zu gehen. Ich, die Jüngste, sah am unterernährtesten aus. Eine Bauersfrau bekam jedesmal, wenn sie mich sah, Tränen in die Augen. Weil ich so mager war, nahm sie mich mal vierzehn Tage zu sich, um mich mit Haferflocken und Vollmilch und allem möglichen aufzupäppeln. Besagtes Hamstern von uns Geschwistern, mit mir als Hungerkind, war ein ganz großer Erfolg. Wir brachten unserer Mutter als Überraschung eine Tüte Mehl, drei Eier und ein paar Kartoffeln, worüber sie sich wahnsinnig freute – so spontan, wie sie sein konnte. Sie hat sich kein bißchen geschämt, obwohl wir ja eigentlich gebettelt hatten. Wenn sie einmal im Jahr das Honorar für die Leitung des Kirchenchors bekam, war das das Größte vom Größten: ein Freßkorb mit Naturalien von den Bauern ringsum.

Als Kind bewunderte ich die Menschen, die mit »Heil Hitler!« durch die Straßen marschierten, und sagte zu meiner Mutter: »Also, Mama, wenn ich groß bin, darf ich auch ›Heil Hitler!‹ sagen.« Aber meine Mutter war nie nationalsozialistisch eingestellt, auch mein Vater nicht. Er war vaterländisch gesinnt. Meine Mutter war kritisch. Trotzdem sagte sie immer: »Wenn wir den Krieg gewonnen haben, dann können wir uns dies und das leisten, dann ist der Papa wieder da…« Das wurde immer rosig und positiv dargestellt, und mein Bruder fragte einmal mit großen Augen: »Ja, Mama, und wenn wir den Krieg verlieren?« Darauf sie: »…dann müssen wir alle sterben!« Und damit war das Kapitel erledigt. Ich erfaßte das wohl gar nicht richtig. Immerhin hab ich's behalten.

Sehr viel haben wir vom Kriegsgeschehen dort in unseren Bergen gar nicht mitgekriegt. Wir Kinder sind zwar morgens nach nächtlichen Fliegerangriffen überall rumgerannt, um uns den Krieg sozusagen anzuschauen: Bombentrichter und immer wieder mal ein zerstörtes Haus. Aber das war eher interessant. Ich erinnere mich auch an nächtlichen Alarm, daß meine Mutter mich aus meinem Gitterbettchen gerissen hat, und ab ging's in den Luftschutzkeller.

Dann war also der Krieg verloren, und die Besatzungsmächte kamen. In unser schönes großes Wohnzimmer mit Blick auf den Marktplatz und den alten Brunnen, der auch in diesen Zeiten mit Blumen geschmückt war, wurden die Offiziere einquartiert. Praktisch war hier das Hauptquartier der Franzosen, denen es sehr willkommen war, daß meine Mutter ihre Sprache konnte. Sie hatten Respekt vor ihr, und so haben wir insgesamt Glück gehabt. Allerdings ruinierten die Offiziere mit ihren brennenden Zigaretten unsere Polsterbezüge im Wohnzimmer.

Einmal kamen Marokkaner zu uns ins Haus. Wir standen ganz scheu im Flur, da winkte einer der Marokkaner mich zu sich her und wollte mich auf den Schoß nehmen. Die Marokkaner waren sehr kinderlieb. Ich hatte aber eine ganz schreckliche Scheu vor diesem dunklen Mann, der mich bat, ihm einen Kuß zu geben. Zur Belohnung sollte ich von ihm Schokolade bekommen. Inzwischen war die ganze Familie versammelt, und alle redeten auf mich ein: »Mach es doch, los, tu's!« Sie hofften nämlich alle auf ein Stückchen Schokolade. Über meinen Luftkuß hat sich der Marokkaner so gefreut, daß er mir eine ganze Tafel schenkte.

In dieser Zeit haben wir fieberhaft auf die Rückkehr des Vaters gewartet. Auch wir Kinder sehnten ihn herbei, es waren ja durch unsere Mutter so viele Erwartungen mit ihm verbunden worden. Ich hatte zwar keine genaue Vorstellung, wie er wohl aussehen mochte. Aber er hatte mir mal aus Kiew eine Puppe geschickt. Seltsam, das vergißt man nicht. Deutlich ist mir dieses Idealbild von Vater in Erinnerung und das ständige Rennen zum Bahnhof. – Er hätte ja auch ohne Vorankündigung bei den Kriegsheimkehrern dabeisein können. X-mal sind wir runtergepilgert zum Bahnhof und traurig wieder raufmarschiert. Das ging fast ein Jahr lang so. Meine Mutter bekam auch lange keine Nachricht von ihm.

Bis endlich Ende 1946 sein Brief aus Friedland eintraf: »Zu Weihnachten komme ich heim!« Da herrschte natürlich Glückseligkeit bei uns. Wir gingen zur angekündigten Zeit zum Bahnhof, und mir als der Jüngsten sagten sie: »Da, von links kommt der Zug aus der Stadt, und von rechts kommt einer direkt aus Rußland.« Und ich glaubte das natürlich.

Wir waren oft genug am Bahnhof gewesen und kannten auch genug Heimkehrer, um zu wissen, daß sie elend aussahen. Wir waren also vorbereitet, aber als er dann so vollkommen abgemagert vor uns stand, war das trotz allem ein Schock. Das Gesicht eingefallen und grau von den Bartstoppeln, altes Zeug am Leib, kaputte Stiefel – schrecklich! Er sah wirklich schrecklich aus, und mich überkam bei seinem Anblick ein richtiges Angstgefühl. Er hat auch gar nicht viel mit uns Kindern gesprochen. Meine Mutter sorgte dafür, daß er gleich zum Friseur ging. Der hat meinem Vater den Bart abrasiert und die Haare gewaschen und geschnitten. Als er dann noch frische Kleider angezogen hatte – die waren ja alle noch da –, sah er schon ganz anders aus.

Am nächsten Tag war Weihnachtsfest. Das wurde von meiner Mutter immer auf liebevollste Weise vorbereitet. Aus dem Nichts verstand sie was zu machen. Weihnachten war bei uns immer schön! Lieder, Vorlesen, Krippenspiel und die Bastelei vorher... Und nun war der Papa zum ersten Mal dabei, aber er war für mich ein wildfremder Mann. Ich konnte überhaupt nichts mit ihm anfangen. Ich war ja noch ein kleines Kind, gerade sieben Jahre alt, als er kam.

Hätte man damals von der Psychologie schon ein bißchen mehr verstanden, hätten sie gewußt, daß ein Kind einem so fremden Menschen nicht gleich um den Hals fallen und sagen kann: »Ach, du lieber Papa!« Aber genau das wurde von uns erwartet, besonders von mir, weil ich die Jüngste war. Ich will meinen Eltern keinen Vorwurf machen. Ich versteh' sie irgendwie. Sie waren eben entsprechend erzogen worden. Aber für mich wurde dieser Heilige Abend furchtbar kränkend.

Folgendes geschah: Ich war mit meinen Päckchen beschäftigt, und meine Eltern saßen friedlich neben dem Weihnachtsbaum, als meine Mutter mich plötzlich zu sich rief und verlangte: »Setz dich dem Papa auf den Schoß, er möchte sich doch an seinem Töchterchen freuen.« Das habe ich verweigert. Mein Vater reagierte überhaupt nicht darauf. Er hat mich gelassen. Heute denke ich, daß er so erledigt war, so kaputt, daß er mit der Situation nicht so schnell umgehen konnte. Aber meine Mutter schimpfte mich und schickte mich aus dem Weihnachtszimmer. Das tut mir heute noch weh. Sie konnte wahrscheinlich nicht verstehen, daß ich den fremden Vater nicht umarmen, mich nicht auf seinen Schoß setzen und ihm einen Kuß geben konnte. Ich wollte das einfach nicht. – Warum eigentlich? frage ich mich heute. Ich war doch schließlich darauf vorbereitet, daß mein Vater heimkommen würde. Eigentlich versteh' ich es bis heute nicht, warum ich mich dagegen wehrte, warum ich nicht auf ihn zugegangen bin. Aber ich konnte einfach nicht.

Allerdings, von meiner Tochter hätte ich so etwas nie verlangt, ihr gegenüber fände ich das einfach brutal.

Meine Mutter dachte in diesem Moment wohl nicht an mich, sondern an meinen Vater, der es nach so vielen Entbehrungen schön haben sollte. Sie fand es wohl selbstverständlich, daß wir Kinder ihm die Liebe entgegenbringen, die man normalerweise einem Vater entgegenbringt. Vor allem ich! Wo er sich doch so über meine Geburt gefreut hatte. Meiner Mutter hätten ja auch drei Kinder gereicht. Ich hatte da so ein Gefühl – ja! –, als ob sie mich meinem Vater zum Geschenk machen wollte. Angesichts meiner Töchter ist mir völlig klar, daß so etwas nicht geht. »Unsere Kinder sind nicht unser Besitz, sie sind Söhne und Töchter der Sehnsucht, die das Leben hat nach sich selbst«, so fängt ein wunderbares Gedicht an. Wenn meine Eltern das begriffen hätten, hätte ich an diesem Weihnachtsabend nicht vor der Tür gestanden und geheult wie verrückt, in mich reingeheult, damit es niemand hört.

Ich war sowieso ein ziemlich verschlossenes Kind, das sich gern in sein Schneckenhaus zurückzog. Ich fühlte mich eigentlich nie verstanden. Das lag vermutlich daran, daß meine Mutter zum einen nie Zeit für uns hatte, und zum anderen, daß ich als Jüngste immer um Anerkennung kämpfen mußte: Ich hab mich auch später noch oft das »Schlußlicht der Familie« genannt. Es hieß eben: »Ach, die Kleine, die versteht sowieso nichts davon. Die braucht man nicht zu fragen.« Meine Meinung war nie interessant. Einerseits verhätschelt, andererseits nicht ernstgenommen! Ich will aber nicht anklagen. Denn das alles lag mehr in der Natur der Sache und daran, daß meine Mutter wirklich keine Zeit hatte. Es war eigentlich nie Gelegenheit für ein klärendes Gespräch, höchstens einmal abends, wenn sie mit uns gebetet und gesungen hat. Allein die Tatsache, daß meine Mutter sich abends dafür die Zeit nahm, rechne ich ihr hoch an. Und wenn dann doch mal ein Gespräch möglich war, hat sie sich unser in sehr liebevoller Weise angenommen. Das kam zwar, wie gesagt, selten vor, aber im nachhinein weiß ich, mehr wäre über ihre Kräfte gegangen.

Die Erziehungsfragen hat, auch als der Vater da war, mehr meine Mutter geregelt, sie war die Flexiblere, die Vermittelnde. Aber ich bin sicher, in diesem einen Fall am Weihnachtsabend, da hat sie sich überhaupt nicht in mich eingefühlt. Sie hat es ja so schwer gehabt in ihrer Ehe. Mein Vater brachte andere Vorstellungen aus dem Krieg heim, auch über Kindererziehung, ungeheuer strenge. Er machte meiner Mutter grobe Vorwürfe, sie habe uns nicht erzogen, sondern verlottern lassen. Sie hatte es da bestimmt nicht leicht. Wir Kinder bekamen das natürlich auch mit, wenn sie sich im Wohnzimmer ziemlich laut unterhielten. Dazu muß man sagen, daß mein Vater zeit seines Lebens ein wissenschaftlicher Typ war, der ganz hinten in der Wohnung seine Studierstube hatte, wohin er sich zurückzog, wenn er von der Schule kam. Wir wußten, wir dürfen ihn nicht stören, weil er dort Schulgeschäfte erledigte und auch nach dem Essen seinen Mittagsschlaf dort hielt. Er war ja nicht mehr der Jüngste. Mein Vater hatte wesentlich weniger Zugang zu uns als meine Mutter. Er war von seinem Wesen her in sich gekehrt, problematisch und eigentlich recht pessimistisch.

Nach der Entnazifizierung, einem Jahr ungeduldigen Wartens, ist er wieder voll in seinen Beruf eingestiegen und war auch wieder anerkannt. Er trat für mich, auch später noch, eigentlich nur in Erscheinung, wenn es um Ermahnungen ging, um Ratschläge, um moralische und ethische Grundsätze.

Mein Vater hat wenig über seine Kriegserlebnisse gesprochen – vielleicht mit meinen Brüdern, aber doch nicht mit mir! Mich nahm keiner in der Familie für voll. Außerdem konnte ich mit Militär nie etwas anfangen; es war mir fremd und unheimlich.

Ich erinnere mich allerdings, wie sehr es meinen Vater verletzte, daß meine Brüder nicht verstanden, weshalb er in den Krieg gegangen war. Er wollte nicht für Hitler kämpfen, von dem er schon damals gesagt hatte: »Hitler bringt Unglück über unser Volk.« Aber für das Vaterland wollte er kämpfen. Die Ideologie des vaterländischen Denkens hatte er ganz verinnerlicht und merkte, wie viele andere, gar nicht, welchem Betrug er aufsaß. In Wirklichkeit ist er doch mit Leib und Seele und ganzem Herzen Soldat geblieben.

Ich kann mich nicht erinnern, daß mein Vater sich mit uns mal auf den Boden gesetzt und gespielt hätte... Undenkbar! Trotzdem haben wir ihn hochgeachtet und geschätzt, aber es ist immer ein gewisser Abstand zu uns geblieben. Erst später zu den Enkelkindern konnte er herzlichere Gefühle entwickkeln. Ich bin ihm nicht böse, daß er so war. Er hatte selber eine harte Kindheit mit zwölf Geschwistern, mußte sich im Studium durchkämpfen, dann zweimal der Krieg. Er konnte gar nicht anders werden.

So, wie ich meinen Vater als Menschen kenne, ist es für mich unvorstellbar, daß er jemanden getötet haben könnte. Er war ein seelenguter Mensch, der keiner Fliege etwas zuleide tun konnte. Aber in der Kriegssituation, als Soldat mit der dazugehörigen Ideologie, wird er wohl schon in die Lage gekommen sein, auf andere zu schießen. Ich unterscheide da zwischen Menschsein und Soldatsein. Das sind für mich zweierlei Dinge.

Ich hätte vielleicht gerne mit meinem Vater über diese Fragen geredet. Aber daran war nicht zu denken. Das war einfach nicht denkbar! Zum Glück hatte ich einen Onkel, mit dem ich als Kind und Jugendliche diese Gespräche führen konnte. Er hat mich mit meinen Fragen und Problemen ganz ernst genommen und hat getan, was mein Vater nie geschafft hat: Er hat mich fühlen lassen, daß ich wichtig bin und daß mein Leben einen Sinn hat. Dieser Onkel wäre der bessere Vater für mich gewesen.

Aber geredet wurde über
all das Schreckliche nicht

Ich hatte doch nie das Gefühl eines Unrechts bei dem, was ich
während des Krieges und danach erlebt habe. Ich war am
Ende des Krieges gerade sechs Jahre alt und konnte die Dinge,
die um mich herum geschahen, nicht einordnen.

Mein Vater war Betriebsingenieur in einem Zementwerk
am Rande der Schwäbischen Alb, wo auch der vergebliche
Versuch gemacht wurde, aus Ölschiefer Erdöl zu gewinnen.
Er war 1939 als Ingenieur der Firma Krupp beauftragt worden, beim Aufbau des Werkes beratend tätig zu sein. Die Familie lebte in Magdeburg, mein Vater hatte noch zwei ähnliche Aufträge an anderen Orten und war deshalb nicht oft zu
Hause. Als 1942 klar war, daß er im Zementwerk bleiben
würde, zog die Familie nach. Ich war drei Jahre alt. Mein
Bruder ist anderthalb Jahre älter als ich, und meine Schwester
wurde dort, in unserem neuen Zuhause, geboren. Wir wohnten am Waldrand in einer neuerbauten Werkssiedlung mit
Ein- und Zweifamilienhäusern. Vater muß eine wichtige Stellung gehabt haben, denn er war »u. k.«, das heißt »unabkömmlich«, und blieb bis 1944 vom Kriegsdienst befreit.

Zum Zementwerk gehörte ein Kalksteinbruch. Dort arbeiteten russische Gefangene. Ich sah sie jeden Abend, wenn sie
in ihre Unterkunft geführt wurden. In meiner Erinnerung
sehe ich sie in groben Konturen, wie Schattenmänner ohne
Gesichter. Sie gingen ganz nah vorbei, und manchmal warte-
ten sie vor dem Nachbarhaus, bis der Wachhabende, der dort
irgend etwas zu erledigen hatte, wieder herauskam. Das Haus
gehörte dem »Roller«, der eine wichtige Figur in der örtlichen
Parteiorganisation gewesen sein muß. Sein Name klang für
mich bedeutungsvoll.

Manchmal machten sich die Gefangenen, wenn sie so warten mußten, an unserem Abfallhaufen zu schaffen. Meine
Mutter sagte später, sie hätten Kartoffelschalen herausgeholt.

Einmal habe ich einen der Männer dort gesehen mit einer wilden Karotte in der Hand: ich sehe noch das Würzelchen und das viele Kraut.

In der Nähe des Zementwerks war das »Schwarze Lager«. Es muß ein Konzentrationslager oder ein Arbeitslager oder etwas dieser Art gewesen sein. Von dort kamen, soviel ich weiß, die Arbeitskräfte für den Ölschieferabbau, von denen viele starben. Es müssen furchtbare Bedingungen gewesen sein, unter denen sie leben und arbeiten mußten, bis zur Hüfte im Schlamm und solche Dinge. Aber das erfuhr ich erst später. Als Kind und Heranwachsende habe ich nie darüber sprechen hören.

Als ich 1949 ins Gymnasium kam, mußte ich mit dem Zug in die nächste Stadt fahren. An der Strecke sah man unbenutzte, halbzerfallene Baracken stehen, was es war, weiß ich nicht. Man nannte es einfach nur »das Lager«, und ich habe damals munkeln hören, dort sei es nicht geheuer, man finde Totengerippe und es spuke dort. Das Gelände wurde gleich nach dem Krieg wieder aufgeforstet, und heute sieht es wie ein normaler Wald aus. In den letzten Jahren hat sich eine Bürgerinitiative gebildet, die die Reste des »Lagers« als Gedenkstätte erhalten möchte. Ich weiß nicht, vielleicht sollte ich einmal da hingehen. Solche Erinnerungsstätten sind notwendig!

Als ich auf einer Radtour mit meinen Söhnen durch Zufall zu einem KZ-Friedhof dort in der Gegend gekommen bin, der als Gedenkstätte hergerichtet ist, habe ich die Tafeln mit den Namen der vielen Toten gelesen und geweint. Ich bin schnell weggegangen, bin auch innerlich weggelaufen. Ich habe vergessen, was an Zahlen und Angaben dort zu lesen ist. Es war zu schlimm. Es muß aber dokumentiert werden.

Ich habe erst, als ich schon verheiratet war, angefangen, über all diese Dinge nachzudenken. Damals nahm ich mir auch vor, mit meinen Eltern darüber zu sprechen. Aber ich habe es vergessen, oder ich hatte nicht den Mut dazu. Jetzt sind meine Eltern beide tot. Ich hätte schon gerne gewußt, ob mein Vater die Kriegsgefangenen und die Menschen aus dem »Schwarzen

Lager« einsetzte und in welcher Weise er vielleicht mit ihnen zu tun hatte. Als Kind ahnte ich von alledem ja nichts.

Was mein Vater wußte, wie er zum Dritten Reich stand, wie er überhaupt zu den Nazis stand, darauf habe ich keinen Hinweis. Aber wenn er in der Partei war, so kann ich das nicht schlimm finden. Es wird in jener Zeit das Normale gewesen sein. Wie alt waren unsere Eltern in jener Zeit – noch nicht dreißig Jahre! Wie verführbar war ich in diesem Alter? Ich kann doch nicht von meinen Eltern verlangen, daß sie den Weitblick hätten haben sollen, den ich heute als Fünfzigjährige kaum habe. Wir sollten unsere Eltern nicht überfordern! Ich möchte mir heute wünschen, mein Vater hätte mit uns über die Zeit des Dritten Reiches und über den Krieg gesprochen. Aber wie hätte er das tun sollen? Hätte er erzählen sollen? Was hätte er erzählen können?

Ereignisse werden so schnell zu Anekdoten, und die zu erzählen nützt nichts, weil sie über das Eigentliche, nämlich die persönliche Gefährdung jedes einzelnen und die »Sauerei« des Krieges, kaum etwas aussagen.

Für mich wäre es hilfreich gewesen, wenn ich bei dem, was ich selbst erlebt habe, gewußt hätte, was die Beteiligten gedacht und empfunden haben. An dieser Stelle hätten meine Eltern mir helfen sollen. Ich habe einiges mitbekommen und erinnere mich daran: Ein russischer Kriegsgefangener arbeitete häufiger bei uns im Garten. Er war ein väterlicher Mann, der sich äußerlich in nichts von den Bauern in unserer Gegend unterschied. Ich erinnere mich, daß ich ihm einen Apfel brachte. Als es Bombenalarm gab, gingen wir alle in den Keller, nur er blieb draußen. Warum? Er blieb unter der Waschküchentür stehen und beobachtete den Himmel. Plötzlich kam er doch in den Schutzraum. Ich höre noch die Freude in seiner Stimme, als er sagte: »Schwelerei – bum bum!« Die Schwelerei war ein Teil des Zementwerks.

Eine andere Erinnerung ist das Hamstern. Auf dem Rückweg von einer solchen Hamstertour saßen wir Kinder auf dem Leiterwagen, den unsere Mutter zog. Wir kamen an Menschen vorbei, die im Straßengraben arbeiteten, und ich ließ Äpfel oder Birnen aus dem Wagen fallen. Ob meine Mutter mich durch ein Zeichen dazu aufgefordert hatte oder ob ich es aus mir heraus tat, weiß ich nicht mehr. Ich habe jedenfalls noch das Gefühl, daß das, was ich tat, ungewöhnlich war.

Ich weiß nicht, warum mir ausgerechnet in diesem Zusammenhang eine ungute Erinnerung an meinen Vater in den Sinn kommt. Er, der nie viel sagte, hat uns Kinder einmal furchtbar angeschrien, als er Radio hören wollte und wir wohl nicht still genug waren. Ich erinnere mich noch gut an die Stimme im Radio und an ein starkes Kratzen. Dieses Kratzen war so laut und unangenehm, daß er sicher Mühe hatte, etwas zu verstehen. Das war vor der Geburt meiner kleinen Schwester im Dezember 1942. Welchen Sender er wohl hören wollte?

Die nächste Erinnerung stammt auch aus dieser Zeit. Da kam ich ins Zimmer und sah meinen Vater mit meiner Mutter auf dem Sofa sitzen. Er schälte eine Orange und gab sie meiner Mutter Stück um Stück zu essen. Das Zimmer sehe ich noch ganz genau, und ich rieche noch die Apfelsine. Mir ist, als habe meine Mutter die ganze Apfelsine alleine gegessen. Da ist heute noch ein merkwürdiges Gefühl, weil ich nichts davon bekam, wobei ich ihr die Apfelsine rückblickend doch von ganzem Herzen gönne. Sie war sicherlich schwanger und brauchte die Vitamine dringender als ich. Aber ich spüre noch immer, wie dieses Gefühl an mir nagt. Ich war einfach neidisch. Doch denke ich, daß ich damals sicher auch ein Stückchen bekommen habe. Ich mißtraue da meinen Gefühlen eher als meinen Eltern.

Im Herbst 1944 wurde mein Vater doch noch eingezogen und hat es beim Militär nicht weiter als bis zum Gefreiten gebracht. Einen Menschen, der weniger Militärisches an sich hätte als mein Vater, kann ich mir kaum vorstellen. Er mußte nach Rußland. Ich erinnere mich, daß wir ihn in der Kaserne besucht haben. Ich sehe uns noch unter dem Kasernentor stehen. Auf dem Hof sah ich schwarze »Mauern«, wie Blöcke aus schwarz gefärbtem Beton. Es waren die exerzierenden Soldaten, aber das nahm ich nicht wahr. Meine Mutter zeigte darauf und sagte: »Da ist Vati.« Aber ich konnte ihn nicht sehen, und derjenige, der dann auf uns zukam und mich auf den Arm nahm, war für mich zuerst ein fremder Mann. Abends hat mein Vater uns zum Zug begleitet, und meine Mutter ging mit ihm, nachdem sie uns Kinder im Zugabteil untergebracht hatten, noch auf dem Bahnsteig auf und ab. Wir sahen ihnen zu. Als die Lokomotive plötzlich Dampf abließ, der sich zwischen uns und unsere Eltern legte, habe ich laut geschrien.

Unsere Mutter muß wenig später eine schlimme Nachricht bekommen haben, denn sie geriet in einen schrecklichen Zustand. Ich sehe noch das Zimmer vor mir und Mutter, wie sie mit dem Kopf gegen die Wand rennt, nicht einmal, sondern drei-, viermal und so stark, daß es gekracht hat. Ich höre und spüre das heute noch. Ich kann mich nicht erinnern, wie die Szene aufgelöst worden ist. Was für eine Nachricht es war, weiß ich nicht.

Ein anderes Erlebnis muß auch aus der Zeit stammen, als mein Vater fort war. Wir hatten gerade zu Mittag gegessen, und mein Bruder war gerade zum Nachmittagsunterricht gegangen. Da hörten wir, daß jemand zur Haustür hereinkam. »Gerhard, bist du's?« rief meine Mutter, »hast du etwas vergessen?« Aber da antwortete es vom Hausflur her mit einer dunklen Stimme und einem fremdartigen, rollenden »R«: »Mutter! Mutter!« Voller Entsetzen stand meine Mutter auf; die Stimme sagte: »Kartoffel, Kartoffel!« Mutter nahm, was am nächsten stand – den Hundenapf –, und ging hinaus. Wir müssen hinterhergelaufen sein, denn ich sehe sie noch mit ausgestrecktem Arm, in dem sie den Hundenapf hielt, hinter dem Mann herlaufen bis zur Gartentür. Unser Nachbar, jener »Roller«, muß die Szene beobachtet haben, denn – aber das weiß ich nur aus Erzählungen – am Abend kam er zu uns herüber.

Wir konnten aus den Erzählungen heraushören, daß unsere Mutter in Gefahr war, eingesperrt zu werden, weil sie diesem Mann, einem russischen Gefangenen, ein paar ungeschälte Kartoffeln geben wollte. Was mit dem Russen geschehen ist, darüber hat nie jemand etwas gesagt. Wenn ich's heute überlege, wird mir unheimlich zumute. Diese Stimme: »Mutter! Mutter!« hat sich mir tief eingeprägt.

Bei Kriegsende müssen im Dorf schreckliche Dinge passiert sein. Parteileute seien nachts aus den Betten geholt worden, wurde erzählt, sie seien gezwungen worden, auf den Knien die zwei Kilometer bis ins Nachbardorf zu rutschen. Dort seien sie geschlagen worden. Ich habe einmal morgens einen Nachbarn im roten Bademantel von einer solchen Tour zurückkommen sehen. Er war barfuß und schlurfte mit hängenden Schultern auf sein Haus zu. Und ich habe an einem sonnigen Morgen von unserem Gartentor aus auf dem Grundstück gegenüber eine Gruppe von Männern um einen am Boden Liegenden herumstehen und ihn stoßen sehen. Es gab Schreie und Schüsse, und der Liegende versuchte immer wieder, sich mit den Händen an dem Zaun hochzuziehen, vor dem er lag. Mutter kam und zog mich wortlos ins Haus. Ich bin sicher, daß wir auch darüber nie gesprochen haben.

Wir kannten das Grab dieses Mannes. Es waren mindestens vier Parteileute, zu deren Gräbern wir Kinder – ich auch alleine – bei Besuchen auf dem Friedhof hingingen. Irgend etwas Unheimliches war da; wir erfuhren nichts Genaues, aber wir »wußten«, daß sie auf scheußliche Art ums Leben gekommen waren. Eines der Gräber war das von dem »Roller«, eines hatte kein Kreuz und keinen Grabstein, sondern eine Abdeckplatte, und darauf stand: »Tretet hin zu meinem Grabe / Stört mich nicht in meiner Ruh'. / Denkt, was ich gelitten habe, / Als ich schloß die Augen zu.« Ich hatte das Gefühl, daß dies ein ganz bedeutungsschwerer Spruch sei.

Mit dem Kriegsende kamen an einem Abend plötzlich dunkelhäutige Männer ins Dorf, vor denen die Frauen furchtbare Angst hatten. Wir Kinder liefen ihnen entgegen, weil es hieß, sie schenkten den Kindern Schokolade. Ich war bitter enttäuscht, als ich nur ein Stückchen Würfelzucker bekam. Von den Marokkanern hieß es, sie nähmen alles mit und sie würden auch in die Ställe einbrechen. Meiner Mutter brachten sie ein Huhn, das sie zubereiten sollte. Sie hat es zuerst gekocht und dadurch für uns eine Hühnersuppe gewonnen, und es erst danach in der Röhre gebraten. Diese und ähnliche Einzelheiten hörte ich die Frauen in der Nachbarschaft erzählen.

Die Sorge für das alltäglich Notwendige nahm ja damals einen breiten Raum ein, und wir Kinder mußten mithelfen: beim Ährenlesen, beim Beeren- und Tannzapfensammeln, bei der Kartoffelernte... Wir Kinder lasen auch Kohlenstückchen aus den Schlacken der Kalkbrennerei im Zementwerk. Wir taten das den ganzen Sommer hindurch. An die wunden Finger von den scharfkantigen Schlacken kann ich mich gut erinnern.

Vater kam einige Zeit nach Kriegsende zurück. Genau kann ich mich nicht daran erinnern. Ich weiß nur noch, daß es ein kalter Tag zwar. Mein Vater hat später nie vom Krieg erzählt. Wir wußten, daß er aus der Gefangenschaft hatte fliehen können, und war zusammen mit einem Freund, an dem er sehr hing, einem einfachen Mann, der uns später auch besucht hat. Meine Mutter, die ich nach dem Tod des Vaters einmal danach gefragt habe, vermutet, daß die beiden Männer jemanden getötet hatten, um freizukommen. Vater habe einmal angefangen zu erzählen und dann nur noch »und... und... und...« gesagt. Er habe sich nie mehr nach dieser Geschichte fragen lassen.

Mein Vater kam nicht direkt aus der Gefangenschaft, sondern aus der Klinik zu uns. Er muß schwer krank gewesen sein, denn man erzählt in der Familie, daß der fast 1,90 Meter große Mann noch 90 Pfund gewogen habe.

Er wurde dann sofort von der französischen Besatzung als kommissarischer Werksleiter eingesetzt. Ich habe aus dieser Zeit kaum eine Erinnerung an meinen Vater.

Als die anderen, die wegen der Entnazifizierung in Internierungslagern gewesen waren, zurückkamen und ihre Posten im Werk wieder einnahmen, wurde mein Vater arbeitslos. Er fand dann in Norddeutschland eine Stelle und kam jahrelang nur alle vier bis sechs Wochen nach Hause. Ich habe ihn in diesen Jahren sehr vermißt, so sehr, daß ich vor Heimweh krank wurde. Zum Beispiel bekam ich hohes Fieber und mußte ins Bett gebracht werden, nachdem meine Mutter mir aus einem Brief Vaters Extragruß an seine »Knuddel« vorgelesen hatte. Und auch als er einmal anrief, während ich alleine zu Hause war, und mir sagte, daß er am Wochenende nicht kommen könne, hatte ich bis zur Rückkehr meiner Mutter hohes Fieber. Ich hatte danach eine regelrechte Telefonangst und konnte jahrelang kein Telefongespräch annehmen.

Wonach habe ich mich gesehnt, wenn ich Heimweh nach meinem Vater hatte? Sicher nicht nach der Instanz, die für Sauberkeit, Ordnung und Disziplin in der Familie sorgte! Mutter hatte eine wunderbare Art, die Dinge wachsen und werden zu lassen, ohne einzugreifen, auf den kleinen kindlichen Lügen und Untaten nicht »herumzureiten« und es uns selbst zu überlassen, uns damit auseinanderzusetzen. Sie hatte die Fähigkeit, uns ohne äußeren Zwang ihre hohen Erwartungen und ihre genaue Vorstellung von Recht und Unrecht zu vermitteln, während Vater doch ab und zu versuchte, mit Regeln und Sanktionen vorzugehen. Es hat mir auch nicht die Sicherheit und Geborgenheit gefehlt, wenn er nicht da war, denn Mutter umgab uns mit gleichmäßiger Liebe, in der man atmen und leben konnte. Sie war wie ein Band und wie eine Hülle. Mit ihr gab es wenig Konflikte, während ich es häufiger einmal für nötig hielt, mich gegen meinen Vater zu behaupten. Ich war sehr trotzig und konnte ihn damit förmlich zur Weißglut bringen.

Wenn er mir bei den Schulaufgaben half, fand ich das alles andere als schön. Einmal hat er mich, wohl weil er meinte, ich hätte die Sache längst begriffen, wenn ich nur gewollt hätte, am Schlawittich gepackt und mich auf den eiskalten Flur hinausgestellt. Ich bin ins Bett gegangen und eingeschlafen. Irgendwelche besonderen Dinge, Wandern, Spiele, Geschichten, gab es mit Vater nicht. Aber bei ihm auf dem Schoß zu sitzen, das war herrlich. Man saß da und hat mit ihm geschmust. Er hat gar nicht viel gemacht, sondern saß ganz still, das war vielleicht das Gute, Wohltuende. Seinem Atem bin ich ausgewichen, weil er ein starker Raucher war, und den Rauchatem mochte ich schon damals nicht.

Ob ich von meinem Vater genug Liebe und Zuwendung

bekommen habe? Ich glaube schon. Wenn man die Zeit bedenkt, so war ich für meinen Jahrgang, 1939, ein sehr begünstigtes Kind, denn ich habe in meinen ersten Lebensjahren einen Vater gehabt, der zwar nicht immer zu Hause war, aber doch nicht lange in den Krieg mußte und unverletzt zurückkam. Später war er, wenn auch für mich zu selten und zu kurz, doch regelmäßig zu Hause. Und es gab nie einen Zweifel daran, daß er für uns da ist und für uns sorgt. Nein, ich habe nie daran gezweifelt, daß ich Vaterliebe bekommen habe.

Ich kann mir natürlich ein Idealbild von einem Vater machen, dem kein Mensch auf Erden gerecht werden kann. Mein Vater war aber, wie er war, mein Vater, und er hat für uns alle immer getan, was er konnte. Sehr oft stellte er persönliche Wünsche zurück. Mehr Liebe kann keiner geben!

Warum aber haben Vater und Mutter nie über ihre persönlichen Erfahrungen, nie über ihre Gedanken und Gefühle zu Geschehnissen im Dritten Reich gesprochen? Warum haben sie nie versucht, das, was wir Kinder gesehen, gehört, selbst erfahren haben – und von dem sie wußten –, mit uns zu besprechen? Vielleicht war für unsere Eltern alles noch zu nahe?

Wer hat eigentlich unseren Eltern geholfen, mit dem Schrecklichen zurechtzukommen, das da in ihr Leben eingebrochen war? Niemand! Man hat es verdrängt und totgeschwiegen. Aber es war doch da!

Wir müssen unseren Kindern soviel wie möglich von dem vermitteln, was wir noch wissen, woran wir uns erinnern, was wir heute erklären können. Ich fürchte nur, daß wir es ihnen nicht so weitergeben können, daß sie dadurch vor ähnlichen Verführungen und Fehleinschätzungen bewahrt werden.

Ich will ihm seinen Schutzmantel lassen

Meine Eltern hatten verabredet, sich nach dem Krieg bei den Verwandten im Westen zu treffen. Nicht im Osten. Sie konnten sich ja ausrechnen, wie es kommen würde. So ging mein Vater, als er im Spätsommer 1945 aus der Kriegsgefangenschaft entlassen wurde, nach Hildesheim, seiner Geburtsstadt, und war bitter enttäuscht, seine Frau und seine vier Kinder nicht anzutreffen. Da der Briefkontakt aus unerklärlichen Gründen abgerissen war, wollte er sofort in den Osten fahren, in den kleinen Ort Rietz, wohin wir 1944 aus Berlin evakuiert worden waren.

Aber er ließ sich vom Mann seiner Schwester einreden, es sei zu gefährlich für ihn, in die russisch besetzte Zone zu gehen. Die Russen würden ihn als ehemaligen Offizier in ein Internierungslager stecken.

Mein Vater muß sehr verunsichert gewesen sein durch alles, was er erlebt hatte, denn er sah nicht, daß für ihn die Ängste nicht in dem Maße berechtigt waren wie für seinen Schwager, den ehemaligen Kommandanten des KZ Bergen-Belsen, der – am Rande bemerkt –, ohne je seine politische Einstellung wesentlich geändert zu haben, bis zu seinem Lebensende eine gutgehende Rechtsanwaltspraxis in Hildesheim betrieb.

Mein Vater konnte es sich sein Leben lang nicht verzeihen, daß er sich auf den Vorschlag seines Schwagers einließ, einen Mittelsmann nach Rietz zu schicken und nicht selbst hinzugehen, während seine Frau – was er nicht wissen konnte – dort an Typhus erkrankt war und starb. Er war überzeugt, daß er meine Mutter noch lebend angetroffen hätte, wenn er gleich losgezogen wäre. Vielleicht, so meinte er, hätte sein Kommen ihr die Kraft gegeben, die Krankheit zu überwinden. Ich glaube aber, er hat sich zu Unrecht so gequält. Meine Mutter war durch die ganzen Belastungen und Entbehrungen völlig entkräftet. Bei einer Ruhrepidemie im Frühjahr war sie schon schwer erkrankt und gerade noch mit dem Leben davongekommen, während meine Großmutter starb. Aber dem Typhus im Spätsommer waren ihre Kräfte nicht mehr gewachsen.

Der Mittelsmann meines Onkels hat uns beim ersten Versuch in all dem Durcheinander, das im Sommer 1945 in dem kleinen Dorf in der Nähe von Berlin herrschte, nicht gefunden. Er wußte ja nicht, daß die Mutter tot war und wir Kinder bei verschiedenen Leuten untergebracht waren.

Ich weiß fast nichts mehr von dieser Zeit, erinnere mich aber noch genau an den Geruch von saurer Milch, von Getreide und von kochenden Kartoffeln, den ich manchmal auch hier in die Nase bekomme, wenn ich in ein Bauernhaus gehe. Da fällt mir jedesmal unweigerlich dieses Dörfchen in der Mark Brandenburg ein, von dem mir sonst nur ein allgemeiner Eindruck von Regenwolken und etwas Düsterem geblieben ist. Ein einzelnes Erinnerungsbild beweist mir, wie verloren wir Kinder waren: Ich sitze am Bordstein und spiele im Straßenschmutz. Der Lehrer, den ich irgendwoher kenne, kommt vorbei und sagt: »Was treibst du eigentlich? Deine Mutter hat dich doch zur Schule angemeldet.« Kein Mensch hat sich darum gekümmert. Wer wußte das denn noch, als meine Mutter tot war? Der Lehrer hat mich dann tatsächlich in die Schule geholt, so lange, bis der Mittelsmann zum zweiten Mal kam, uns ausfindig machte und uns mitnahm. Aber unsere kleine Schwester mitzunehmen – sie war noch nicht ganz zwei Jahre alt – war ihm zu mühsam oder zu riskant.

Wir fuhren lange, nach meiner Erinnerung unter anderem auf einer Lokomotive. Wir sind auch ein Stück zu Fuß gegangen, und ich glaube, wir sahen ziemlich heruntergekommen aus, als wir mitten in der Nacht in Hildesheim ankamen. Mein Vater hatte ein Zimmer im Haus seiner Schwester und dieses Nazi-Schwagers. Ich kann mich noch ganz genau erinnern, wie wir die breite Treppe zum Hauseingang hinaufgingen. Wie in einem Film sehe ich es vor mir. Es ist mir unvergeßlich, wie die Tür aufging und mein Vater herauskam und wie er nach einem kurzem Schweigen sagte: »...und wo ist

Mutti?« Wir haben alle losgeheult, und mein Vater weinte auch. Das ist für mich heute noch ein großer Schmerz. Ich konnte bis vor ein paar Jahren nicht darüber sprechen, ohne daß mir die Tränen kamen. Meine Erinnerung hört auch an dieser Stelle auf, als ob der Film gerissen sei.

Immer, wenn ich an diese Szene denke, ist mein Vater derjenige, der mir am meisten leid tut, nicht wir Kinder, die wir mutterlos waren. Uns war es ja schon in den Wochen zuvor bitter klargeworden, als wir in diesem Dorf ohne unsre Mutter leben mußten. Aber ihn traf der Schock völlig unvorbereitet! Wenn ich ihn in meiner Erinnerung anschaue, so war sein Entsetzen über die Todesnachricht stärker als sein Empfinden oder gar seine Freude, daß seine Kinder vor ihm standen. Ich glaube aber bestimmt, daß unser Vater uns in die Arme genommen hat, denn er war immer ein Vater, der sich um seine Kinder kümmerte, nicht nur, weil er mußte, sondern auch, weil er es wollte. Aber damals, denke ich, ist etwas in ihm zerbrochen. Obwohl er geweint hat, habe ich ihn völlig versteinert in Erinnerung. Ich glaube, ohne meine Mutter, die ihn gestützt und gestärkt hatte, ist er ein anderer Mensch geworden und zog sich von allem, so gut es ging, zurück.

Es ist unvorstellbar: Gleich am nächsten Tag wurden wir Geschwister auf drei verschiedene Familien verteilt. Ich wollte unbedingt bei meinem Vater bleiben und stellte mir vor, in seinem Zimmer zu schlafen und unter seinem Schreibtisch, an dem er saß, zu hocken. Ich blieb dann im Haushalt dieser Tante.

Mein Vater bemühte sich sehr, eine Wohnung zu finden. Obwohl er als Lehrer und alteingesessener Hildesheimer viele Menschen kannte, war es fast unmöglich, denn die Stadt war zu drei Vierteln durch Bomben zerstört worden. Schließlich fand er aber doch zwei Zimmer. Es wurde eine Haushälterin angestellt, und unsere kleine Schwester wurde aus Rietz geholt, wo sie ein Jahr lang bei fremden Leuten gewesen war. Das dreijährige Mädchen war so klein und mickrig und obendrein Bettnässerin, daß der Arzt meinte: »Sie muß in ein Erholungsheim und aufgepäppelt werden.« Und so war sie noch einmal sechs Monate lang fort. Ich finde das rückblickend unerhört und denke, eine Mutter hätte das nie zugelassen, und wenn sie hundertmal berufstätig gewesen wäre! Aber mein Vater glaubte, es sei dies das Beste, was er für die Kleine tun könne. Sie hatte für ihn ja auch noch gar nicht sichtbar existiert. Als sie zurückkam, war sie tatsächlich viel kräftiger und keine Bettnässerin mehr.

Mit der Haushälterin ging es ein Jahr lang gut. Ich vermute aber, sie wollte unseren Vater heiraten. Wir Kinder fanden das interessant und lauschten an der Tür. Eines Abends gab es großen Krach, Geschrei und Türenknallen. Damit war diese Geschichte vorbei.

Eine entfernte Verwandte meinte daraufhin, ihr wäre es ganz recht, wir zögen bei ihr ein. Damit würde sie einige der fremden Leute los, die man ihr wegen der Wohnraumbewirtschaftung in ihr großes Haus eingewiesen hatte. Sie hatte vier Kinder. Ihr Mann war 1943 in Rußland umgekommen. Bis zu seinem Tod war er ein wilder Nazi gewesen – unglaublich! Zwei Jahre vor Kriegsende wußte man doch, was gespielt wurde! Aber die letzten Holzköpfe hatten wohl immer noch nichts begriffen.

Wir zogen also bei dieser Kusine meiner Mutter ein. Mein Vater tat es vermutlich, weil ihm mit den vier Kindern alles über den Kopf gewachsen war. Zuerst schienen die Dinge auch bestens geregelt, denn im Haus wohnte außer uns noch eine Handarbeitslehrerin mit ihrer Mutter. Die wollte uns den Haushalt führen. Aber wir waren wohl keine sehr ansehnliche Schar, als wir da anrückten, die Handarbeitslehrerin packte das Grausen, und sie und ihre Mutter waren ziemlich schnell weg. Mein Vater stellte ein Mädchen ein, und die Tante übernahm die Oberherrschaft über alles und alle, auch über meinen Vater. Der hat sich mehr und mehr in sein Arbeitszimmer verkrochen wie eine Schnecke in ihr Schneckenhaus.

Heute werfe ich ihm vor, daß er die Verantwortung für uns einfach diesem Dragoner von Frau überließ. Wir Geschwister sind uns heute noch einig, daß sie eine herrschsüchtige Intrigantin und ein wahrer Tyrann war. Was habe ich gegen sie und ihre fürchterlichen Vorschriften gekämpft! Aber es war ein Anrennen gegen eine Wand aus Beton. Auch mein ältester Bruder hat das so erlebt, und meine Schulkameradinnen sagen mir heute, daß ich ihnen leid tat, weil mir alles verboten war. Meine Tante bevorzugte leider ihre eigenen Kinder. Die bekamen – bei der Lebensmittelknappheit damals! – die besseren Stücke.

Wirklich unter dieser Frau zu leiden hatte meine kleine Schwester, die noch so sehr auf Liebe angewiesen war. Aber die Tante hatte ihr eigenes Nesthäkchen, das verwöhnte sie. Mich mochte sie nicht und versuchte, meinem Vater klarzumachen, wie böse, frech und unverschämt ich sei, ich vor allem, aber auch meine Geschwister. Sie merkte gar nicht, daß sie selbst uns dazu brachte, widerborstig und unangenehm zu sein. Es war doch die einzige Möglichkeit, die wir als Kinder hatten, uns wenigstens ein bißchen zu wehren. Wenn mein Vater einmal meine Partei ergriff, so hatte ich es hinterher auszubaden. Ich glaube heute, er wußte gar nicht, was da gespielt wurde.

Heute muß ich sagen, er hat versagt. Er hätte sich nicht damit zufriedengeben dürfen, daß er die Mühe und Verantwortung los war, sondern hätte mal mit der Faust auf den Tisch schlagen und sagen müssen: »Laß meine Kinder in Frieden!« Vor drei Jahren starb mein Vater, und in seinen letzten Wochen ist er aus seinem Schneckenhaus herausgekommen, hat alle die belastenden Dinge ausgesprochen und gesagt: »Ich hätte mit euch ausziehen müssen. Ich weiß, daß es ein Fehler von mir war, zu bleiben.« Sofort hatte ich Mitleid mit meinem Vater, obwohl ich sah, daß er recht hatte.

So wird es mir schon als Kind ergangen sein. Mit meiner Schwester zusammen legte ich um den Vater einen Schutzmantel, durch den er für uns unantastbar und makellos wurde. Vater machte in unseren Augen nichts falsch. Wir hatten ja die Tante Martha, der wir die Schuld an allem häuslichen Übel zuschieben konnten.

Und wenn sie – was häufiger einmal vorkam – sich bei mir beklagte, so in der Art: »Euer Vater! Der ...! Der schenkt mir nie etwas, der vergißt meinen Geburtstag jedesmal!«, dann dachte ich: Ha! Das geschieht dir recht! Und wenn sie mit dem Vorwurf kam: »...wo ich doch alles für euch tue! Ich ruiniere mein ganzes Leben für euch!«, dann dachte ich: Ja, ja, wenn's nur schon ruiniert wäre...! Heute sehe ich das anders. Mein Vater hätte besser mit ihr umgehen und sich selbst mehr einbringen müssen.

Als Kinder hätten wir gerne gewußt, welche Beziehung die beiden zueinander hatten, aber wir haben es nie herausgekriegt, und noch heute würde ich es gerne wissen.

Ich kann mir nicht vorstellen, daß da nichts war. Sie waren doch noch jung! Trotzdem ist mir keine einzige Episode im Kopf, wo sie liebevoll und herzlich miteinander gewesen wären. Meine Erinnerung an meinen Vater und meine Mutter ist da ganz anders. Ich sehe sie beieinanderstehen und zärtlich miteinander sein, höre sie »Hilde-Mäuschen« und »Wolfi« zueinander sagen und sehe mich als kleines Mädchen um sie herumtanzen.

Mir fällt auf, daß die Erinnerungen aus meiner frühen Kindheit alle in einem hellen Licht liegen. Es ist, als ob immer die Sonne geschienen hätte. Da gibt es wunderschöne Erlebnisse: Radtouren mit dem Vater und den älteren Brüdern, Herumklettern auf den Bäumen auf dem Friedhof, mein Vater war dabei und hob uns auf den ersten Ast hinauf. Es war wirklich auf dem Friedhof! Ich sehe noch die Eidechsen, die sich auf den Grabsteinen sonnten, und habe noch den Duft der Taxushecke in der Nase. Auch die Fotos aus der Zeit haben für mich etwas Sonniges.

Ich weiß, daß ich als Mädchen sehr erwünscht war. Meine Eltern hatten schon zwei Söhne, als ich kam, und mein Vater ließ es mich immer spüren, wie glücklich er war, eine Tochter zu haben. Nie habe ich mir gewünscht, ein Junge zu sein.

Leider ging es meiner kleinen Schwester, nachdem die Mutter gestorben war, nicht mehr sehr gut. Ob sie sich jemals bei jener Familie in Rietz und später bei unserer Tante am richtigen Platz gefühlt hat, das arme kleine Mädchen? Im Unterschied zu ihr lebte ich in meiner frühen Kindheit – obwohl Krieg war – auf sicherem Boden, und ich habe einen

Begriff davon bekommen, was Liebe, Ehe und Familie bedeuten.

In meiner Erinnerung war mein Vater eigentlich nie fort, denn als Offizier, der Kurierdienste machen mußte, kam er häufig nach Berlin, wo wir zu Hause waren. Nur während seiner Kriegsgefangenschaft war er lange weg, das war dann auch die Zeit in Rietz, wo wir Kinder ganz verlassen waren.

Mit dem Tod meiner Mutter ist für uns und vor allem für meinen Vater das, was Familie ausgemacht hatte, die Wärme, das Helle, die Ganzheit, verlorengegangen. Es ist merkwürdig, daß ich immer voll Mitleid an meinen Vater und viel weniger an uns Kinder denke! Es tat mir so weh, zu sehen, wie allein unser Vater ohne die Mutter dastand. Sie war, denke ich, die Seele der Familie. Die Mutter konnte er uns nicht ersetzen, denn zärtlich war mein Vater mit uns nicht. Er gab uns zwar abends einen Gutenachtkuß und legte auch mal seinen Arm um eine Kinderschulter. Aber kuscheln und schmusen, das tat er nicht. Später, als er Großvater war, habe ich gemerkt, daß sein Verhalten als Vater einfach auch der damaligen Vorstellung vom Mann entsprochen hatte, der kein Gefühl und nur ja keine Schwäche zeigen durfte. Als Großvater konnte er zum Beispiel seine Enkelkinder im Kinderwagen ausfahren und fand das etwas Nettes, eine ganz neue Erfahrung. »Was hast du denn mit deinen eigenen Kindern gemacht?« fragte ich ihn. »Gespielt, viel mit den Buben gespielt«, war die Antwort. Na ja, für mich war er ohnehin nur ein Episodenvater. Aber ich kann mich daran erinnern, daß ich auf seinem Schoß saß. Liebevoll war er auf seine Art schon, mein Vater. Das kann man auch auf den Fotos sehen.

Und auf den Fotos, auf denen er seine Uniform anhat, sieht man auch deutlich, was mein Vater vom Militärischen hielt. Er hatte da keinerlei Ambitionen. Was er später vom Krieg erzählte, weckte bei mir nicht das Gefühl: Vater ist stark! Vater hat tolle Dinge erlebt! Sondern es hinterließ bei mir den Eindruck, daß Krieg etwas Wahnsinniges und ganz Fürchterliches ist. In den Nächten, als Mannheim zerstört wurde, hatte mein Vater ein »Flugabwehrkommando« in irgendeinem Turm des Schlosses zu kommandieren. Er erzählte, wie sie die feindlichen Geschwader heranfliegen sahen und daß es jedem klar sein mußte, wie sinnlos es war, mit den Kanonen, die sie aufgebaut hatten, danach zu schießen. Er verhehlte nicht, daß ihn das Entsetzen packte, als die Stadt in Flammen aufging und so viele seiner Kameraden neben ihm starben. Er fand das nur schrecklich. Für mich ist Heldentum und dergleichen ausgemachter Quatsch.

Ein Nazi ist mein Vater nicht gewesen, und das mit den Juden war eine große Belastung für ihn. Er war vor dem Krieg Lehrer an einer Diplomatenschule, und seine besten Schüler waren Kinder aus jüdischen Familien. Er war jedesmal erschüttert, so hat er uns gesagt, wenn wieder ein jüdisches Kind weniger zur Schule kam. Damals fanden allerdings noch keine Deportationen statt, sondern diejenigen, die begriffen hatten, was ihnen drohte, konnten noch »freiwillig« das Land verlassen.

Trotz seiner unkriegerischen Haltung und trotz seines Mitgefühls mit den Juden halte ich meinen Vater für einen »Mitläufer«. Er erzählte zwar, und ich glaube das auch, daß er nie mit »Heil Hitler!« gegrüßt habe, auch nicht, nachdem sein Schulleiter ihm deswegen Vorhaltungen gemacht hatte. Und es war für meinen Vater völlig undenkbar, obwohl fast alle Lehrer das taten, in die NSDAP einzutreten. Er verachtete Hitler als einen Schulversager und hielt ihn für einen ganz ungebildeten Menschen. Trotzdem nenne ich meinen Vater einen Mitläufer, weil er nicht aktiv etwas gegen die Nazis unternommen und sich keinem Widerstand angeschlossen hat. Was half es denn, Mitleid mit den Juden zu haben und nicht »Heil Hitler« zu sagen? Ich weiß, ich stelle Anforderungen an ihn, denen ich vermutlich selbst nicht gerecht geworden wäre. Werde ich denn den Herausforderungen unserer Zeit gerecht? Lasse ich es mir nicht ganz gutgehen in unserem unglaublichen Wohlstand, mit dem wir die Natur zerstören und die Menschen in der Dritten Welt bettelarm machen? Was tu ich denn gegen die Ungerechtigkeiten, die ich doch kenne, außer hier und da ohne jedes Risiko ein bißchen was zu unterschreiben?

Wie weit bei meinem Vater der innere Widerstand reichte,

weiß ich nicht. Er erzählte, wie auf ihn der 20. Juli gewirkt hat. Das Attentat auf Hitler war eine totale Verunsicherung für ihn. Er war damals in Frankreich. Jetzt habe ich vorne die Front, habe er gedacht, und im Rücken auch. Er habe sich auch seinen Untergebenen gegenüber sehr verunsichert gefühlt. Ich glaube aber schon, daß er den Versuch, Hitler aus dem Wege zu schaffen, im Prinzip richtig fand.

Ich will nicht behaupten, ich habe als Kind und Jugendliche viel über die Naziverbrechen und den ganzen Irrsinn des Dritten Reiches gehört. Im Gegenteil! In der Schule war es überhaupt kein Thema, und zu Hause kam es nur selten auf den Tisch, zumal meine Tante ein wilder, unbelehrbarer alter Nazi war. Daß ihr Mann von einem russischen Kommando – ich habe nie erfahren, aus welchem Grund – an die Wand gestellt und erschossen wurde, war und blieb für sie wenn nicht das einzige, so doch das größte Kriegsverbrechen. Sie erregte sich denn auch maßlos, als unser Vater mit uns das KZ Bergen-Belsen besuchte und wir so erschüttert nach Hause kamen. Es gibt dort Massengräber für Tausende von Toten. Die Zahlen, die wir nannten, hat sie natürlich angezweifelt.

Leider muß ich, was meine Mutter und den Nationalsozialismus angeht, ihrem jüngeren Bruder glauben, der sagt, daß sie vom Dritten Reich Großes erhoffte. Ich weiß nicht, ob ich sie – wie sagt man denn zu einer weiblichen Anhängerin des Nazi-Regimes? – nun ja, ob ich sie als Nazi bezeichnen muß? Sie war zwar kein Parteimitglied, aber sie genoß es, daß man die Frau und Mutter im Dritten Reich so hoch schätzte. Sie fühlte sich durch das Bronze-Mutterkreuz geehrt, und sie hoffte bis ins bittere Ende auf diese geheimnisvolle Waffe, die die Wende im Krieg bringen sollte. Mein Onkel sagte mir, sie sei da keinem vernünftigen Argument zugänglich gewesen. Das paßt mir heute noch nicht ins Bild meiner Mutter, die ich mir in meinen Kinderträumen zu einer idealen Mutter gemacht hatte, einer Mutter wie im Märchen. Ich glaubte als Kind übrigens nicht, daß sie wirklich tot sei. Sie war verwechselt worden und würde eines Tages wiederkommen. Nur gut, dachte ich, daß wir diesen Treffpunkt Hildesheim ausgemacht haben.

Als der Korea-Krieg ausbrach, war ich überzeugt, mein Vater müsse nun auch in diesen Krieg. Ich habe damals mit keinem Menschen darüber geredet, welch fürchterliche Angst ich hatte, meinen Vater zu verlieren. Ich pflegte jeden Abend im Bett ein Ritual mit Gebeten und Liedern, um Gott zu zwingen, daß er mir meinen Vater läßt. Wen hatte ich denn außer ihm? Ich weiß gut, daß ich ihn mit meiner Schwester zusammen idealisiert und in diesen Mantel der Unfehlbarkeit gehüllt habe. Wir taten das ja auch zu unserem eigenen Schutz. Was würde es mir bringen, ihm heute diesen Schutzmantel wegzuziehen? Ich würde damit nur mich selbst dem kalten Wind der Wirklichkeit aussetzen. Ich will es lassen, wie es ist. Mein Vater war mir wichtig, aber er hat sich oft zurückgezogen, das ist wahr. Doch ich war ihm schon auch wichtig. Das merkte ich zum Beispiel bei meiner Hochzeit. Obwohl ich längst weit weg von Hildesheim lebte, um außerhalb des Herrschaftsbereichs meiner Tante zu sein, tat es meinem Vater sehr weh, daß ich nun endgültig von ihm weggehen würde. Ich sah ihn damals zum zweiten Mal in meinem Leben weinen. Er steckte mir fünfhundert Mark zu und sagte: »...damit du zu mir zurückkommen kannst, falls es dir einmal nicht gutgeht.«

Ich nannte ihn Vater
und habe weiter auf meinen Vater gewartet

Mein Vater ist im Frühjahr 1948 aus der französischen Kriegs-gefangenschaft zurückgekommen. Ich war sieben Jahre alt, und auf einmal war da ein fremder Mann. Ich weiß noch, daß wir an die Tür gegangen sind, weil es geläutet hatte, und da umarmte meine Mutter den Mann, der vor der Tür stand, und zog einen Seesack in den Flur, einen dunklen Seesack, in dem seine ganze Habe war.

Wir hatten Bilder von ihm, und auf der Anrichte stand ein gerahmtes Foto, auf dem er in Uniform zu sehen war, ein schöner, stattlicher Mann, und meine Mutter sagte immer: »Das ist euer Vater.« Aber so sah der Mann an der Tür nicht aus, und für mich war er zuerst ganz fremd. Was er anhatte, muß Gefangenenkleidung gewesen sein, denn mir ist in Erin-nerung geblieben, daß auf seinem Rücken mit weißer Farbe zwei Buchstaben geschrieben waren: »P. W.«. Ich habe spä-ter gehört, das bedeute »Prisoner of War«, Kriegsgefangener. Ich kann kein Englisch.

Mein Vater war Berufssoldat. Als der Krieg ausbrach, war er gerade mit der Militärzeit fertig. Er sollte dann als Beamter zum Zoll kommen, eine der Möglichkeiten, die der Staat den Berufssoldaten bot. Meine Eltern haben geheiratet – vielleicht war meine Schwester unterwegs, das könnte man ja nachrech-nen –, doch gerade da fing der Krieg an. Und statt in aller Ruhe Zollbeamter zu sein, mußte mein Vater in den Krieg. Ich glaube nicht, daß mein Vater besonders gerne Soldat war und daß er den Krieg mochte. Er war der dritte und jüngste Sohn einer Bauernfamilie. Sein Vater war früh gestorben, und seine beiden Brüder durften einen Beruf erlernen. Einer wurde Goldschmied, der andere Heizungsmonteur. Für meinen Va-ter aber hat es nicht mehr gereicht. Die Landwirtschaft, das war klar, würde der Älteste bekommen, trotz Beruf.

Die Soldatenlaufbahn interessierte meinen Vater, weil man

auf diesem Wege Beamter werden konnte. Vielleicht war er doch nicht ganz ungern beim Militär? Ich weiß es nicht. Sie sahen immerhin gut aus in ihren Uniformen. Er war Unteroffizier. Als Kinder entdeckten wir auf dem Dachboden in einer Kiste eine Paradeuniform, die interessierte uns sehr. Eine Schirmmütze gehörte dazu und ein Säbel. Wir haben die Sachen ausgepackt und den Säbel genau betrachtet. Ich weiß nicht, wo er später blieb.

Damals, als er zurückkam, hatte ich meinen Vater natürlich nicht mehr in Erinnerung aus den Jahren, als man noch beisammen war. – Was heißt Jahre? Tage waren es, Urlaubstage, denn Urlaub haben die Männer ab und zu gehabt und kamen dann nach Hause. Ich kann mich auch nicht erinnern, daß meine Mutter viel von ihm erzählt hätte. Sie hat sich wohl nicht solch ein Idealbild von ihrem Mann gemacht, als er im Krieg und danach in der Gefangenschaft war.

In der Gefangenschaft hatten sie es schwer. Manchmal erzählte mein Vater, daß die Bäuerin, wenn sie das Schweinefutter richteten, die Schalen von den Kartoffeln abschnitt. Die bekamen dann die Gefangenen aus einem Eimer zu essen. Sie kriegten den Haß gegen die Deutschen sehr zu spüren und wären häufig am liebsten abgehauen. Aber wie hätte das klappen sollen in der Gefangenenkleidung? Mein Vater hat sich nie darüber geäußert, wie die Demütigungen und die Entbehrungen auf ihn gewirkt haben. Vielleicht hat er das auch gar nicht analysiert. Ich glaube, es gab ihm Halt, an seine Heimkehr zu denken, an seine Frau und seine Kinder.

Ich kann mich nicht erinnern, daß ich Sehnsucht nach ihm gehabt und ungeduldig auf ihn gewartet hätte. Aber ich glaube, meine Mutter wartete schon, und sie wußte auch, wann er kommen würde. Es konnten, soviel ich weiß, Briefe geschrieben werden. Ich kann mich auch nicht erinnern, daß mein Vater, als er bei uns ankam, mit mir gesprochen oder mich in den Arm genommen hätte. Er wird mich auch nicht mehr richtig gekannt haben. Ich weiß nur noch, daß wir zu meiner Großmutter gegangen sind, die zwei Straßen weiter wohnte. Da trug er einen Anzug, und ich nehme an, daß er zuvor ein Bad genommen hatte in der Art, wie es bei uns damals üblich war: Man stellte einen Zuber in die Küche und schöpfte warmes Wasser hinein. Wir hatten ja kein Badezimmer. Dann wird ihm die Mutter frische Kleidung aus dem Schrank geholt haben. Seine Sachen waren ja alle noch da, denn wir sind nicht ausgebombt worden. Das war ein großes Glück für meinen Vater.

Nach der ersten Wiedersehensfreude versuchte mein Vater, sich wieder einzuleben. Aber er war lange ein Fremdkörper in der Familie. Ich weiß noch, daß ich ganz verwirrt war. Dieser Mann war halt »der Vater« für mich, das heißt derjenige, der mir als »Vater« präsentiert worden war, das war ganz klar. Aber was ich mir unter »Vater« vorstellte, konnte ich nicht in Zusammenhang mit diesem Mann bringen, das brachte mich ganz durcheinander. Ich habe begriffen und akzeptiert, daß er der Mann meiner Mutter ist, und nannte ihn auch, wie man mir's gesagt hatte, »Vater«. Und doch suchte ich die ganze Zeit eine zweite Person. Ich kann mich erinnern, daß ich zu meiner Mutter sagte: »Das ist jetzt dein Mann. Aber wo ist unser Vater?« Ich habe innerlich immer noch auf meinen Vater gewartet.

Ich weiß nicht, ob daran, daß mein Vater mir so fremd war, allein der Krieg schuld ist. So etwas passiert, wenn Männer sich zuwenig mit der Familie beschäftigen, egal aus welchem Grund, und wenn sie ihre Gefühle nicht zeigen können. Mein Vater war von zu Hause her kein Familienleben gewöhnt, denn sein Vater war früh gestorben, und die drei Söhne wuchsen der Mutter recht bald über den Kopf, und dazu die viele Arbeit in der Landwirtschaft! Wahrscheinlich war unsere Großmutter froh und glücklich, daß sie ihre Kinder einigermaßen durchbringen konnte. Danach, beim Militär, lebte mein Vater zwölf Jahre lang in der Kaserne. Und als er gerade geheiratet hatte, kam der Krieg und dann die Gefangenschaft. Mein Vater hat wirklich Pech gehabt! Wenn jemand ein so hartes Leben hinter sich hat wie mein Vater, ist es kein Wunder, wenn er seine Gefühle nicht zeigen kann. Es war ja nicht so, daß er keine Gefühle gehabt hätte. Es gab zärtliche Momente, wo er uns auf den Schoß nahm und uns streichelte. Aber oft kam das nicht vor.

Mit Schulproblemen aber konnte man jederzeit zu ihm kommen. Wenn ich einmal eine schwierige Rechenaufgabe zu lösen hatte, war er ganz bei der Sache. Wenn ich ihm mein Buch und mein Heft brachte, hat er nicht nur die eine Aufgabe gelöst, sondern suchte noch nach andern Beispielen und hat die Aufgaben auch gleich mit mir zusammen gemacht. Darüber konnte er die Zeit vergessen.

Aber daß man einmal gemütlich zusammengesessen hätte, das war selten. Hin und wieder machten wir ein Kartenspiel, und er hatte Spaß daran. Es ist ja nicht so, daß er ein Trauerkloß gewesen wäre.

Mein Vater hatte einfach zu viele Sorgen und Probleme. Finanziell sah es schlecht aus. Zuerst stand er ohne Beruf da. Dann konnte er als Beamter zur Post gehen. Das war eine Vergünstigung, etwas mußten sie ja den ehemaligen Berufssoldaten anbieten! Aber verdient hat er zuerst sehr wenig, und es war hart für ihn, als bald Vierzigjähriger dieselbe Ausbildung wie ein Junger zu machen. »Mir gehen die Namen und Zahlen nicht mehr so schnell in den Kopf«, sagte er oft. Meine Mutter mußte, damit es für die Familie reichte, auch arbeiten gehen, und zwar als Putzfrau, weil sie in ihrem Beruf als Verkäuferin keine Stelle fand. Was gab es denn damals schon zu verkaufen?

Kaum war mein Vater ein paar Monate zu Hause, fing meine Mutter an zu kränkeln, und fünf Jahre später, 1953, ist sie an Krebs gestorben.

Manche schoben das auf einen Unfall, den sie im Krieg auf dem Weg zum Luftschutzbunker hatte. Wir wohnten damals in einem Stadtteil mit viel Industrie, da gab es häufig Angriffe, und man mußte in den öffentlichen Bunker rennen. Sie packte uns in den Kinderwagen, damit sie schneller laufen konnte, aber es war immer noch nicht schnell genug. So stolperte sie einmal über einen Schutt- und Scherbenhaufen und fiel in den Schmutz. Sie hat furchtbar geblutet. Das weiß ich noch. Solche Erinnerungen vergißt man nie. Wir haben da unten im Bunker geweint und geschrien. Unsere Mutter war doch unser ein und alles.

Meine Schwester war ein Sorgenkind, von Geburt an leicht

behindert. Sie ist als Siebenmonatskind geboren worden und körperlich zurückgeblieben. Bis heute leidet sie unter Krampfanfällen und Wahnideen. Geistig ist sie nicht behindert, aber sie konnte nie so leben wie andere.

Meine Mutter war eine starke Persönlichkeit; bei ihr konnte man sich geborgen fühlen in der Kriegszeit und bei Tieffliegerangriffen. Man war viel unterwegs, ist aufs Land gegangen zum Hamstern, um etwas zu essen zu beschaffen, und wenn dann die Tiefflieger kamen, rannten wir wie verrückt.

Als meine Mutter krank war und wußte, daß sie bald sterben würde, war der Gedanke schlimm für sie, uns allein lassen zu müssen. – Was heißt ›allein‹? Mit dem Vater eben. Ihre Krankheit war sehr schmerzhaft, aber wir haben bis zum Schluß, bis sie nur noch Morphium bekam, immer einen guten Kontakt mit ihr gehabt. Sie war meist daheim, zwischendurch immer wieder im Krankenhaus, aber die letzten Wochen war sie ganz zu Hause, und dort ist sie auch gestorben.

Die Zeit ihrer Krankheit war für uns alle schlimm, obwohl meine Mutter nicht geklagt und gejammert hat. Es war in manchem härter für mich als die Kriegszeit, von der ich durch meine Mutter gar nicht so viel mitbekommen habe.

Als meine Mutter so krank war und in der Zeit nach ihrem Tod hat sich mein Vater viel Mühe mit uns gegeben. Ihm war klar, daß uns die Mutter fehlen und daß sie auch nicht zu ersetzen sein würde. An dem Tag, als sie starb, war bei uns im Stadtteil Kirchweih. Meine Schwester und ich wollten hin, wir ahnten ja nicht, daß es zu Ende gehen würde mit ihr. Mein Vater ließ uns gehen. Und vielleicht war es für uns Kinder der einfachere Weg. Unser Vater mag gedacht haben: Sie sind noch so jung, wer weiß, was noch alles auf sie zukommt.

Wäre kein Krieg gekommen, hätte mein Vater ganz andere Möglichkeiten gehabt. Gleich nach der Soldatenzeit hätte er einen richtigen Beruf ausüben können, was sicher schön für ihn gewesen wäre. Denn mein Vater war ein fleißiger, rechtschaffener Mann. Er hat gerne gearbeitet und hätte sich eine ganz andere Existenz aufgebaut. Sein Traum war ein kleines Häuschen, etwas Eigenes eben.

Statt dessen kam er auch noch um sein Erbe. Denn sein

ältester Bruder zahlte ihm seinen Anteil an der elterlichen Landwirtschaft noch vor dem Krieg in Reichsmark aus. Dieser Bruder war ein Schlitzohr. Durch den Kriegsausbruch konnte mein Vater dieses Geld nicht mehr anlegen, und bei der Währungsreform ist es ihm dann kaputtgegangen.

Ich kann es nicht anders sagen: Es waren beschissene Umstände! Mein Vater hat alles geschluckt und alles geduldig ertragen und hätte gewiß ein besseres Leben verdient gehabt. Ich hatte vielleicht keine besonders schöne Kindheit und Jugend. Aber das sucht man sich nicht aus.

Ich will das lieber
nicht so genau wissen

»Du bist meine Große«, sagte meine Mutter in der Zeit, als
Vater im Krieg war, zu mir, »auf dich kann ich mich verlassen,
du bist mein Helfer…« Ich war ihr erstes Kind, meine Geschwister waren ein Jahr und drei Jahre jünger als ich; ich bin
1939 geboren. Es war kein Erwachsener da, so nahm sie mich
als Partner, legte mir ganz lieb die Hand auf die Schulter und
sagte: »Schau, was meinst du dazu?« Sie wollte mich, wenn
sie da war, immer neben sich haben. Durch ihren Beruf – sie
war Malerin – war sie allerdings oft nicht zu Hause. Wir hatten deshalb ein Kindermädchen, die Hanni. Meine Schwester
hat sich so sehr an dieses Mädchen angeschlossen, daß sie
praktisch nichts mehr mit der Mutter zu tun hatte. Aber ich!
Wenn Mutter die Nacht über nicht zu Hause war, klaute ich
ihr Nachthemd, nahm es mit ins Bett und kuschelte mich hinein. Ich wollte spüren, daß ich ihr nahe war. Oh, ich habe
meine Mutter wahnsinnig geliebt!

Natürlich war ich stolz darauf, die Große zu sein, und
wenn sie sagte: »Du bist wie der Vati«, dann war ich selig. Ich
habe mir viel Mühe gegeben, so zu sein, wie sie mich haben
wollte. Das hat sie ja auch von mir erwartet, so war die Erziehung damals. »Wenn du so und so bist, dann mag ich dich.«
Ich fühlte mich angenommen von ihr, und wenn sie da war,
war sie eine sehr liebe Mutter für mich. Nur leider war sie so
viel weg, daß ich eigentlich nicht viel von ihr hatte. Und je
älter ich wurde, desto mehr hing es mir zum Halse heraus,
immer die »Große« sein zu müssen.

Als meine Mutter vor kurzem gestorben ist, habe ich nicht
getrauert. Freilich war ich einen Moment lang traurig. Aber
es war in Ordnung so. Wir hatten miteinander gelebt, und
nun war dies zu Ende.

Ganz anders erging es mir, als mein Vater starb. Er starb
sehr plötzlich, und ich bekam einen Wutanfall, so, als ob er

mich im Stich gelassen hätte und als ob jetzt jede Chance verspielt wäre. Welche Chance? Die, den Dingen auf den Grund zu kommen. Aber welchen Dingen? Wozu hätte ich meinen Vater noch gebraucht? Ich machte dann einen langen Spaziergang im Wald, und plötzlich verstand ich, daß dieser rasche Tod der ideale Tod für meinen Vater war. Er war noch munter und aufrecht zum Krankenwagen gegangen, hatte jede Begleitung abgelehnt und uns zugewinkt: »Also, bis bald.« Im Krankenhaus zeigte sich dann schnell, daß es nichts war mit »bald«. Wäre er lange krank gewesen, so hätte er den Falklandkrieg im Sommer 1984 miterleben müssen. Krieg! Das hätte ihn furchtbar aufgeregt, das konnte er nicht ertragen. Erst recht nicht, wenn er krank gewesen wäre: Dann wären vielleicht seine eigenen Kriegserlebnisse hochgekommen und wer weiß, was sonst noch. Er war ja in diese Nazi-Sache hineingerutscht, genauso wie meine Mutter. Vielleicht hat ihm dieser schnelle Tod viele innere Qualen erspart.

Mein Vater wurde gleich zu Beginn des Krieges Soldat, kam aber immer wieder nach Hause, bis er 1943 an die Ostfront mußte. Er muß aber doch im Jahr darauf noch einmal kurz dagewesen sein, denn 1945 wurde meine jüngste Schwester geboren. Ich kann mich erinnern, daß es für mich völlig selbstverständlich war, den Vater weit weg zu wissen und abends zu beten, daß es ihm gutgehen möge. Merkwürdig: Meine Eltern ließen zwar ihre Kinder nicht taufen, und die Mutter ging auch nie in die Kirche, aber um Vaters Wohlergehn hat man gebetet. Meine Mutter hatte noch ein zweites Ritual: Sie stellte sich jeden Abend um zehn Uhr unter die Haustür und schaute nach dem Orion-Sternbild, und sie war sicher, in Rußland schaute mein Vater auch dorthin. So hatten sie es miteinander verabredet.

Das war im Allgäu, wohin uns der Krieg verschlagen hatte. Wir wohnten dort mit meiner Großmutter und meiner Tante und ihrer Familie im Dachgeschoß eines Bauernhauses. Es ging gut ohne die Väter. Meine Mutter malte Porträts von Bauernkindern und bekam pro Bild ein Pfund Butter oder drei Liter Milch und zwei Kilo Mehl. Nach dem Krieg malte sie die Frauen und Kinder der französischen Besatzungssoldaten. Wie ihr dabei zumute war, weiß ich nicht. Sie war doch von Hitlers Kriegszielen ganz überzeugt gewesen! Von den Franzosen bekam sie Kaffee und Zigaretten, und damit handelte sie. Zusammen mit meiner Tante und meiner Großmutter ging sie handeln, hamstern, organisieren und Kartoffeln klauen.

Sie wußten sich zu helfen, die Frauen damals! Zum Beispiel, als die Marokkaner kamen. Da schmierten sie sich das Gesicht schwarz an und zogen sich die Haare in die Stirn. Das weiß ich noch ganz genau. Scheußlich sahen sie aus, wenn sie so aus dem Fenster guckten und Grimassen schnitten. Wenn jemand an die Haustür kam und etwas wollte, war sie zu, mit einem Balken verrammelt, und so eine häßliche Person schaute aus dem Türfensterchen. Hinterher amüsierten sie sich. Ich fand sie einfach scheußlich. Aber ich spürte genau, warum sie das taten. Zu uns sagten sie: »Versteckt euch, Mädchen, die Marokkaner kommen!« – »Die Marokkaner stehlen Kinder«, hieß es, das fällt mir jetzt wieder ein, »die Blonden, die nehmen sie mit.« Ich hatte keine Angst, ich war dunkelhaarig.

Nachdem diese Episode vorbei war, kam mein Vater aus der amerikanischen Kriegsgefangenschaft. Er war auf dem Heimweg aus Rußland in Gefangenschaft geraten. Meine Mutter hatte Briefkontakt mit ihm, so wußten wir, daß er kommen würde. Sie zeigte uns die Fotos aus der letzten Zeit und sagte: »Schaut, so sieht Vati aus.« Deshalb war er eigentlich kein Fremder, und ich habe ihn, so könnte ich sagen, erkannt. Aber auf den Fotos war er in Uniform, mit Mütze und allem Drum und Dran, und als er dann ankam, sah er ganz verlottert aus. Ich erinnere mich an klotzige Schnürstiefel, in die die Hose hineingesteckt war, und an einen merkwürdigen bräunlichen Umhang. Das Gesicht war grau, so grau, daß ich erschrak, aber dann merkte ich, es waren die Bartstoppeln; seine Augen waren total traurig. Er hat auch kaum etwas zu uns gesagt, sondern die Mutter schob uns weg. Wir wurden, daran erinnere ich mich noch sehr gut, so geschoben von ihr, daß wir in einer Reihe hinter ihr standen.

Ich wollte aber neben ihr stehen, wie ich das immer getan hatte.

Oh, ich weiß genau, wie ich mir die Wiederbegegnung mit meinem Vater gewünscht hätte: Er kommt nach Hause und sieht gut aus. Nicht frisch rasiert und gut gekleidet, das nicht. Auch nicht als stattlicher Mann. Aber mit Augen, die uns anschauen und in denen man die Freude sehen kann. Meine Mutter und er umarmen sich, ich bin in der Mitte und werde gedrückt und spüre, daß ich dazugehöre. Aber so war es nicht! Sie werden sich umarmt haben, nehme ich an, heftig sogar, aber ich war zur Seite geschoben und stand nebendraußen. Ja, der Vater wurde eine große Enttäuschung für mich, denn er hat mir die Mutter weggenommen. Die hatte ja nun ihn und brauchte mich nicht mehr. Heute kann ich das verstehen. Aber damals war es scheußlich. Ich wurde ganz verbissen und habe angefangen, voll unterdrückter Wut Nägel zu kauen. Ich habe heute noch manchmal, wenn es schwierig wird, die Finger am Mund. Da ist dann genau das Gefühl von damals: etwas Ängstliches, Verlorenes, irgendwie daneben, so egal, so unnotwendig, so ein Gefühl von nicht gebraucht werden. Und das hat angefangen, als mein Vater nach Hause kam.

Nein, sein Heimkommen hat mir nichts gebracht. Wenn wenigstens die Stimmung im Hause nicht so trübe gewesen wäre! Aber man flüsterte fast und schlich umher und hatte Angst um Vater, denn es ging ihm sehr, sehr schlecht. Die Schwester meiner Mutter behauptet, das habe ganz andere Gründe als Vaters Unterernährung gehabt. Der Zusammenbruch des Dritten Reiches sei für ihn ein ganz persönlicher Zusammenbruch gewesen, denn er war, sagt sie, mit Leib und Seele Nationalsozialist und habe nicht umdenken können. Deshalb sei er so schlecht dran gewesen. Ich kann das nicht beurteilen, ich erinnere mich nur, daß wir sehr besorgt um ihn waren und daß meine Mutter alles für ihn tat und daß es nicht lange dauerte, bis er wieder fit und vergnügt war.

Da gab es für uns Kinder dann schöne Erlebnisse mit dem Vater. Er ging mit uns in die Wälder, und wir bauten zusammen wunderhübsche Holzhäuschen mit Moosdächern; an einem kleinen Bach entstanden Schleusen. Er bastelte Rindenschiffchen für uns, denen wir mit Begeisterung den Bach hinunter nachliefen. Da wurde er wie ein Bub.

Etwas Schönes bei unserem Vater war auch, daß er offene Arme für seine Kinder hatte; man konnte immer einen liebevollen Körperkontakt mit ihm haben. Er nahm mich und meine Geschwister auf den Schoß, trug uns herum, streichelte uns lieb und zärtlich. Und später, als ich in der Pubertät war und langsam weibliche Formen bekam, merkte ich, daß ihm das gefiel. Da war er sehr stolz auf mich und genauso auf meine Schwester, die ja kaum ein Jahr jünger ist. Das machte uns beide als junge Mädchen recht selbstbewußt.

Mein Vater mußte nach seiner Genesung gleich wieder losziehen und Geld verdienen, zuerst nicht in seinem Beruf als Architekt, sondern als Hilfsarbeiter beim Wiederaufbau einer Stadt weit weg von uns. Ob das eine Strafe im Rahmen der Entnazifizierung war, habe ich mir noch nie überlegt. Es ist mir auch gleichgültig. Wenn er alle paar Wochen nach Hause kam, übernahm er das, was er für seine Vaterpflichten hielt: Er sorgte für Ordnung, kontrollierte, ob wir saubere Fingernägel hatten, ob die Schularbeiten ordentlich gemacht waren, wie es in den Schultaschen und im Bücherregal aussah. Er machte das nicht stur; seine Ordnung war verhältnismäßig sanft und hatte nichts von militärischem Drill; lieb hat er es gemacht.

Dabei entdeckte er natürlich, daß ich meine Nägel abbiß. Er drohte mir, wenn ich weiterbisse, male er mir die Nägel rot an, und das Fahrrad male er auch rot an und meinen Stuhl und den Rahmen vom Spiegel – alles rot! Diese Folgen würde es haben. Ich war gut getrimmt, alles mögliche zu tun und zu lassen, um geliebt zu werden. Also war es kein besonderes Problem für mich, das Nägelbeißen aufzugeben. Woher es gekommen war, wollte er nicht wissen.

Denn leider genügte es meinem Vater vollauf, wenn ich in das Muster eines ordentlichen, lieben Mädchens paßte, das sauber ist und seine Eltern liebt, das vernünftig und nicht aufmüpfig ist, das nicht zu viele Fehler macht und den Eltern nicht zu oft widerspricht, sondern – und das war das wichtigste – die Welt so sieht, wie Vater und Mutter sie sehen. Meine Eltern waren sich sehr einig darin, wie die Welt auszusehen hatte. Zum Beispiel die Amerikaner: Die Amis waren doof, Englisch lernen war das letzte! Sie hingen schräg rum, kauten Kaugummi und hörten komische Musik. Mit der »komischen Musik« meinten meine Eltern Elvis Presley, von dem ich einfach begeistert war. Er gefällt mir heute noch. Oh, er reißt mich heute noch mit. Aber ich durfte ihn nicht hören. Damit war ich natürlich nicht einverstanden und mit einigem anderen auch nicht. Mit zwölf Jahren etwa fing ich an, bewußt um die Dinge zu kämpfen, die ich für mich wollte. Ich habe hart gekämpft und bin damals doch nicht zum Ziel gekommen, sondern gab immer wieder auf und blieb die liebe Tochter. Lange blieb ich das! So lange, bis ich mit sechzehn Klaus kennenlernte, den ich fünf Jahre später, am Tag meiner Volljährigkeit, heiratete. Und selbst dann noch. Es war scheußlich.

Eigentlich muß ich über meine Eltern sagen: »Die armen Leute!« Sie wußten gar nicht, wie Kinder und Heranwachsende fühlen und daß sie selbst denken. Ich glaube, für sie galt: »Wenn Kinder nur richtig erzogen sind, haben sie alles, was sie brauchen.« Eines der Erziehungsziele war die Ehrlichkeit. Aber ich habe häufig gelogen; Kleinigkeiten waren's, und ich hatte dabei das schwärzeste Gewissen. Im Grunde log ich gezwungenermaßen, die Kontrolle war einfach zu streng. Meine Eltern hatten kein Gefühl dafür, daß man ein Wesen ist, das Spielraum braucht. Ich konnte das natürlich nicht durchschauen und hatte beim Michherausreden wie auch sonst bei vielem ein schlechtes Gewissen. Weil ich Elvis Presley mochte, zum Beispiel. Daß ich mit meiner Mutter diese Probleme hatte, war eigentlich erst so, seit der Vater bei uns war.

Ich bin der Meinung, man kann Kinder ohne diesen Erziehungsdruck leiten, wenn man mit ihnen über die Dinge redet. Und das fehlte bei meinem Vater. Wir sprachen nie über die wichtigen Fragen. Ich glaube, das hängt mit einer Scheu – fast möchte ich sagen Scham – bei meinem Vater zusammen, über Dinge, die mit Gefühlen zu tun hatten, zu reden. Mit seiner großen Tochter konnte er das schon gar nicht. Wir haben auch nie über religiöse Fragen gesprochen, kein einziges Mal. Das braucht aber ein junger Mensch. Damit, daß mein Vater einmal auf der Seite der Nazis gewesen war, hängt das alles sicher nicht zusammen. Es war eben seine Art. Es wäre ja schrecklich, wenn ich unter den Nazi-Geschichten, die er vielleicht erlebt hat, obwohl es sicher nichts Gravierendes war, zu leiden gehabt hätte und mir vielleicht ein Vaterbild hätte zurechtlegen müssen, wie ich es zu meinem Entsetzen in einem Buch von Ingeborg Bachmann fand. Dort heißt es: »Mein Vater trägt den roten Henkersmantel, er trägt Silber und Schwarz vor einem elektrisch geladenen Stacheldraht, vor einer Verladerampe, auf einem Wachtturm, er trägt seine Kostüme zu den Reitpeitschen, zu den Gewehren, zu den Genickschußpistolen…« Auf solche Gedanken wäre ich nie gekommen.

Mein Vater war doch ein sehr lieber Mensch. Er erzählte uns gerne schöne Geschichten, zum Beispiel über ein Pferd, das er im Krieg in der Ukraine besessen hatte. Das Pferd ist gestorben, und er war darüber sehr traurig. Mein Vater, der als Architekt sehr gut malen und zeichnen konnte, machte für uns ein Bilderbuch darüber. Ich habe das Bilderbuch heute noch. Überhaupt zeichnete mein Vater gerne Tiere und tat das mit sehr viel Einfühlungsvermögen. Das war sehr schön. Nur: Ich war damit nicht zufrieden.

Ich hätte gerne einen Vater gehabt, der es geschafft hätte, aus sich herauszugehen, seine Schale zu zerbrechen und sich zu zeigen, einen Vater, der zu dem, was er sagte und tat, hätte stehen können, den man zu allem hätte fragen können und der seine Antworten auch begründet hätte, zum Beispiel bei meinen Fragen nach Gott. Daß mein Vater nicht so war, hat mir als Kind sehr gefehlt. Heute, als Erwachsene, sehe ich natürlich, daß er es einfach nicht konnte. Das ist auch der Grund, weshalb nie geklärt wurde, wie das mit dem Nationalsozialismus gewesen war. Ich weiß, daß meine beiden Eltern dafür waren. Und sie hatten auch später immer noch ihre Leute einsortiert und waren sich da sehr einig. Ich habe immer mal wieder gehört, wie sie getuschelt haben: »Der war ehrlich und war für eine ›gute Sache‹ und der andere war gegen die ›gute Sache‹.« Eine »gute Sache« war das, was sie vertreten haben, das ist logisch, und ich nehme an, es wird der Nationalsozialismus gewesen sein.

In anderen Dingen war mein Vater, wie ich finde, erstaunlich offen. Ich habe nämlich außerhalb der Familie noch eine Schwester, Hilde. Mit ihr kommen wir viel zusammen, sie ist bei jedem Geburtstag dabei. Die Geschichte kenne ich nur durch meinen Vater, und das ist gewiß einseitig: Er sollte während des Krieges die Frau eines »hohen Tieres« beschützen, solange dieser Mann sich in Polen aufhielt. »Und da erschien die Frau im Négligé in der Tür«, erzählte mein Vater mit einem Augenzwinkern, »– konnte man da widerstehen?« Neun Monate später wurde Hilde geboren. Als sie sechs Jahre alt war, haben meine Eltern Hildes Mutter heimlich besucht. Sie trafen sich immer wieder, und Hilde kam zu uns in Ferien. Das war sehr nett, und seitdem haben wir ein enges Verhältnis. Für mich ist das in Ordnung. Ich finde nichts Unnatürliches dabei, daß so etwas passiert, und freue mich, daß mein Vater Hilde in die Familie brachte. Es wäre doch traurig, wenn wir uns nicht kennen würden.

Unsere Eltern ließen uns gleich nach dem Krieg taufen, alle vier sehr hübsch angezogen, zu Hause, im Wohnzimmer. Aber so recht davon überzeugt – das spürte ich damals und weiß es inzwischen – waren sie nicht. Jetzt wurde eben getauft, so wie vorher nicht getauft worden war, weil es sich besser machte. Ich mag an dieser Stelle nicht in die Tiefe gehen. Da kommt mir alles sehr negativ vor. Ich glaube auch nicht, daß sich meine Eltern eine eigene Meinung dazu gebildet hatten, sie waren eben hineingerutscht und hatten nun ein etwas schlechtes Gewissen.

Ich habe nie mit meinen Eltern darüber diskutiert. Man konnte bei ihnen auch nicht an den schwachen Stellen herumbohren. Sofort hieß es: »Nein, jetzt bitte nicht. Das ist kein Thema heute abend.« Immer wurde abgebogen. Abbiegen, das war ihre Methode. Und wenn Vater sich mal zum Nationalsozialismus und zum Krieg äußerte, dann stellte er es so dar, daß die Juden eine Bedrohung für Deutschland gewesen seien und daß die andern Deutschland angegriffen hätten.

Adolf Hitler hat sich nach Vaters Ansicht eigentlich nur gegen die Bedrohung und die Angriffe zur Wehr gesetzt und eigentlich nur das Land verteidigt. Ich wußte schon, daß es nicht so war. Aber man konnte nicht darüber reden.

Nur einmal, ein einziges Mal, war ich nicht das liebe Kind, sondern furchtbar frech. Meine Schwester hatte einen Freund, mit dem war Vater nicht einverstanden. Wir saßen beim Abendessen, und da sagte er zu meiner Schwester: »Komm mir bloß nicht mit so einem…« Er stotterte ein bißchen rum und ergänzte: »…mit so einem Juden«. Als ich das hörte, ärgerte ich mich und sagte: »Das ist doch vollkommen unwichtig, ob ein Mensch Jude ist oder sonst was.« Darauf mein Vater zu mir: »Das sag ich dir, du kommst mir auch nicht mit so einem…« Da schlug ich mit der Hand auf den Tisch, erhob mich ein bißchen, stützte die Arme auf und sagte: »Wenn du jetzt nicht auf der Stelle aufhörst, dann komm ich mit einem buckligen Neger.« Da wurde mein Vater blaß und sagte kein Wort, und auch meiner Mutter fiel nichts ein.

Als ich dann mit Klaus kam, war es schlimm! Der war zwar weder Neger noch Jude, sondern ein blonder, großer, blauäugiger, sportlicher Schwede, aber abgelehnt wurde er trotzdem. Es reichte, daß ich ihn mochte. Vater hatte große Probleme damit, ob ich jungfräulich bleiben würde. »Denn sonst«, sagte mein Vater, »will dich keiner mehr haben.« Ich glaube aber eher, daß mein Vater mich keinem gönnen wollte. Eigentlich ist es lächerlich! Als ich achtzehn Jahre alt – aber damals noch lange nicht volljährig – war, floh ich aus dem Elternhaus. Es war eine hochdramatische Sache. Ich warf die Koffer aus dem Fenster. Unten hielt das Auto. Mein Vater fuchtelte mit einer Pistole im Treppenhaus herum. Es dauerte dann Jahre, bis überhaupt wieder ein Kontakt mit meinen Eltern zustande kam. Wir waren längst verheiratet und hatten Kinder. Dann ging es gut, weil meine Eltern gelernt hatten, uns zu respektieren.

Obwohl durch meinen Vater große Probleme für mich entstanden sind, war es doch gut, daß er da war, denn meine Mutter war eine so starke Persönlichkeit, und ich war so eng an sie gebunden, daß ich Mühe gehabt hätte, überhaupt ein eigenständiger Mensch zu werden, bis irgendwann einmal der große Schock gekommen wäre. Da war es mir schon lieber, mein Vater war da. Insgesamt bin ich ganz zufrieden damit, wie es gelaufen ist, und froh, daß mein Vater damals wieder nach Hause kam.

Geborgenheit, das ist ein schönes Gefühl

Aus der Zeit, als ich ein kleines Kind war, habe ich nur eine einzige Erinnerung an meinen Vater, und das ist, daß er mich einmal furchtbar geschlagen hat. Ich muß eine Uhr umgeworfen haben, eine große, dunkle Standuhr; das Zimmer kann ich mir noch genau vorstellen; in Westpreußen war das. Ich war noch nicht ganz drei Jahre alt. Die Uhr wird kaputt gewesen sein, und mein Vater hat mich unheimlich verdroschen. Das ist eine sehr deutliche Erinnerung. Ich habe nicht begriffen, daß er so böse sein konnte, und habe auch nicht verstanden, was ich getan hatte. Es war so schrecklich, daß ich dachte: Ich sterbe. Nicht weil er mich verletzt hätte – das tat er nicht, obwohl ich große Schmerzen hatte –, sondern weil mir das Herz und alles wehtat. Meine jüngste Tochter sagte einmal auch: »Mir tut das Herz weh, wenn ich geschlagen werde.« Sie ist da wie ich; aber so etwas glaubt einem ja keiner. Meine Mutter wickelte mich damals in ein großes buntes Tuch, wie es die Frauen im Osten trugen, ging mit mir zur Nachbarin, hat mich getröstet und rumgetragen, damit ich die Schläge und den Schmerz vergesse.

Sonst war ja mein Vater meistens im Krieg, und ich habe ihn als kleines Mädchen eher wie einen Besucher empfunden. Er war zwar in den ersten Kriegsjahren nicht weit von uns stationiert und konnte deshalb fast jeden Sonntag kommen. Aber das hat wohl nicht gereicht, um eine enge Beziehung aufzubauen. So war ich auch nicht traurig, wenn er am Sonntagabend oder nach dem Urlaub wieder ging. Und nachdem er mich so geschlagen hatte, war es ganz aus! »Da bist du von mir weg«, sagte er später, »da bist du nicht mehr hergekommen.« Nach dem Krieg hatte ich einen sehr guten Kontakt zu meinem Vater. Aber damals nicht.

Damals gab es für mich nur die Mutter, und mit ihr ging es mir sehr gut. Wir lebten auf einem Hof in Westpreußen.

Meine Eltern hatten vorher in Bessarabien gelebt. Unsere Familie hatte dort einen schönen großen Hof. Mein Vater kann heute noch im Garten eine Handvoll Erde nehmen, sie anschauen und sagen: »Man soll dankbar sein. Aber daheim war die Erde schwarz und fett!« Hitler holte die Deutschen aus Bessarabien heraus und siedelte sie nach Westpreußen um. »Heim ins Reich«, hieß das, und meine Eltern sagen, bei der politischen Lage damals habe man froh darüber sein müssen. Es sei auch niemand gezwungen worden, und schön sei der Hof, den sie in Westpreußen bekamen, gewesen, wenn sie ihn nur hätten behalten können. Dort bin ich geboren. Ich erinnere mich an den Hof mit dem Nußbaum vor dem Fenster und dem Obstgarten hinterm Haus. Ich hatte ein eigenes Häuschen neben dem Stall, das alte Hühnerhaus. Meine Mutter hatte es mir hergerichtet und weiß getüncht, und ich hatte Bilder an die Wand gehängt. Da konnte ich ganz für mich sein, und in der Nähe waren viele liebe Menschen, die auf dem Hof arbeiteten.

Und dann kam die Flucht. Ich habe die Hektik mitgekriegt, als es hieß: »Jetzt muß man packen!« Da stand ich den Erwachsenen im Weg, die so geschäftig waren. Einmal waren wir tagelang, auch nachts, im Wald und haben uns unter Tannenreisig versteckt. Das war, als die Russen kamen. Ob ich da Angst hatte, weiß ich nicht mehr, aber ich kann mich noch erinnern, wie die Wohnungen aussahen, als wir zurückkamen ins Dorf: schauderhaft. Zimmer und Betten waren verwüstet, und was die mit den Vorräten gemacht hatten... Ich weiß noch, daß die Frauen Angst hatten, auch wenn vor uns Kindern nicht darüber gesprochen wurde. Man hat es als Kind trotzdem gespürt. Meine ältere Kusine und die anderen großen Mädchen und auch die Frauen beschmierten sich ihre Gesichter mit Schmutz und zogen das Kopftuch weit in die Stirn, damit sie älter aussahen. Einmal schlugen Russen bei uns nachts die Türen ein, was dann aber dem russischen Kommandanten gemeldet wurde.

Ich habe damals etwas ganz Schreckliches miterlebt. Ein Mädchen, achtzehn, neunzehn Jahre alt, wurde erschossen. Die jungen Mädchen versteckten sich jedesmal, wenn sie Soldaten kommen sahen, und diesmal gingen sie in ein Kornfeld. Ich weiß nicht, warum die Soldaten da hineingeschossen haben. Meine Lieblingskusine war auch in diesem Kornfeld. Es war ganz furchtbar. Nachher wollte der Vater des Mädchens sie nicht beerdigen. Er hat die Tote tagelang auf dem Leiterwagen mitgeschleppt, damals auf der Flucht.

Auf der Flucht ging es einem schlecht, aber man hielt in dieser Zeit noch mehr zusammen. Man kann sich das vielleicht nicht vorstellen, wenn man es nicht erlebt hat, aber auf der Flucht hatte ich ein Gefühl von Geborgenheit. Ich kann noch heute spüren, wie das war. Wahrscheinlich kam die Geborgenheit für mich als Kind daher, daß jeder für jeden da war. Meine Mutter erzählt heute noch, wie sehr sie zusammengehalten haben, das war ganz selbstverständlich. Ich habe das Gefühl der Verlassenheit nie gehabt auf der Flucht, und wo man gerade war, in einem Haus oder in einem Loch, da war man daheim. Man war in der Familie, und drumherum waren alle die andern, die sich auch um einen kümmerten. So trug eine Frau oft meine kleine dreijährige Schwester kilometerweit.

Den Mann, der unsere Gruppe führte, haben wir alle sehr verehrt, auch später noch, als wir schon hier waren. Er war nicht groß, war recht gut gebaut, konnte gut reden und mit den Leuten verhandeln, auch mit den Russen. Er war ruhig, fast ein bißchen väterlich. Er bestimmte, wo haltgemacht wurde, kümmerte sich darum, daß die Mütter mit kleinen Kindern Milch bekamen, daß die Pferde etwas zu fressen hatten. Er war für alles zuständig und er war zuverlässig. Ich könnte mir gut vorstellen, daß mein Vater das auch alles getan hätte. Aber er war nicht dabei, und ich habe ihn nicht vermißt; ich dachte nie: »Wenn doch mein Vater da wäre…!«

Für mich war es schön, daß auch meine Lieblingskusine mit ihrer Mutter und ihren Geschwistern bei uns war. Es war für mich auch später jedesmal ein Fest, wenn sie zu Besuch kamen.

In Neuhaus an der Elbe war die Flucht für uns dann erst einmal zu Ende. Dort wartete mein Vater auf uns, der durch das Rote Kreuz erfahren hatte, wo wir waren. Mein Vater machte dort Hausschlachtungen, glaube ich.

In Neuhaus sah ich zum erstenmal, was der Krieg angerichtet hatte – die zerstörten Häuser, ganze Straßenzüge, wo nur noch Fassadenstücke standen. Ausgerechnet dort sah ich auch zum ersten Mal in meinem Leben einen Hochzeitszug. Ich war an der Hand meines Vaters, und durch die zerstörten Häuser hindurch sahen wir ein paar Straßen weiter die Braut in ihrem weißen Kleid und die vielen feierlichen Leute. Da habe ich mich gefürchtet.

In Neuhaus fing ich auch noch einmal an, das Bett naß zu machen. Ich habe mich sehr geschämt, das weiß ich noch genau. Man sagt ja heute, so etwas passiert, wenn ein Kind seelisch etwas nicht verkraftet. Aber was bei mir die Ursache war, weiß ich nicht. Vielleicht hatte ich einfach zuviel Angst? Ich bin nämlich ein Mensch, der viel Angst hat. Die Welt kommt mir oft sehr bedrohlich vor. Vielleicht rührt das von den ganzen Erlebnissen auf der Flucht her?

Wir sind nicht lange in Neuhaus geblieben. Meine Mutter wollte in den Westen, weil es einem in der sowjetischen Zone schlecht ging. Im Winter 1946 sind wir hier in Breitenberg angekommen. Ich war noch nicht ganz sechs Jahre alt und mußte in den Kindergarten gehen. Ich kann mich aber noch gut erinnern, wie schlimm es für mich war, von der Familie weggehen zu müssen. Ich hab mich am Treppengeländer und an der Mutter festgeklammert, obwohl mir die Spielsachen dort gefallen haben. Ich hätte sie gerne zu Hause gehabt.

Ob das noch von der Flucht kam? Da mußte man sich an der Mutter festhalten, wo man sie gerade erwischte, am Ärmel oder am Rockzipfel, wenn sie die Hände nicht frei hatte, um nicht verlorenzugehen, wenn man durch ein Lager oder sonst durch die Menge mußte. So ein Kind gerät ja durch die Flucht auch ganz durcheinander: immer die Hektik, die vielen Menschen, kein geregelter Schlaf! Ich erinnere mich zum Beispiel noch an eine große Halle, der Boden voller Menschen, die schlafen wollten. Meine Mutter schob mich zu einer Frau hin, die auf dem Boden unter einer Decke lag. Eine Decke! Das war damals etwas! Aber ich wollte nicht neben der fremden Frau liegen. Ich wollte bei meiner Mutter sein, die saß aber auf einem Stuhl, und ich war doch so müde. Das fühle ich heute noch.

Anfangs war es für mich schlimm in Breitenberg. »Ich bin nur ein Flüchtling« – das steckte mir als Kloß im Hals. Zu Hause hat man zwar darüber gesprochen, wie schlecht wir als Flüchtlinge dran waren und wie schlecht wir behandelt wurden. Aber von der Verachtung konnte ich niemandem etwas sagen! Die war viel schlimmer, als daß wir in Trainingshosen herumlaufen mußten, und die anderen Mädchen hatten schöne Kleider, oder daß wir in einer engen Wohnung mit Wasserflecken an der Decke und Schimmel an den Wänden leben mußten. Vielleicht war es ja nur die Unkenntnis der Menschen? Nicht alle waren so, und heute spielt es für mich im Dorf keine Rolle mehr, daß wir einmal Flüchtlinge waren.

Damals aber war es bedrückend für mich. Das einzige, was man hatte, war die Familie. Alle gehörten dazu, die Geschwister meiner Eltern, der Vater meiner Mutter, alle. Meine Großmutter ist auf der Flucht gestorben und auch zwei kleine Schwestern von mir.

In Breitenberg war mein Vater zum ersten Mal wirklich mit uns zusammen. Anfangs war er mehr eine Randfigur. Er mußte wie viele von uns in der Landwirtschaft helfen, eine andere Arbeit fand er nicht. »Für ein Butterbrot und ein Stückchen Wurst…« sagten sie immer. Für mich war das viel! Ich hätte das gerne gehabt. Die Bauern, bei denen mein Vater arbeitete, waren gute Menschen. Sie gaben uns auch Milch und ab und zu ein Brot. Einmal bekam mein Vater eine Ente. Das war ein Fest! Das Leben wurde allmählich normal. Mein Vater fand bald eine Stelle als Textilarbeiter. Da hatte er abends Feierabend und am Sonntag frei und konnte sich viel um uns kümmern.

Nach dem Krieg hat er mich nie mehr geschlagen, kein einziges Mal. Ich gab auch keinen Anlaß dazu, ich war ein stilles Kind. Manchmal hätte ich zwar gerne etwas gesagt, aber ich war lieber vorsichtig. Ganz anders meine Schwester. Bei ihr war's schlimm! Sie hat von unserem Vater viel Schläge bekommen. Sie war ein lebhaftes Kind und konnte den Mund nicht halten. Nicht, daß sie ein schlimmes Kind oder besonders frech gewesen wäre. Aber damals mußte man halt still sein und gehorchen. Da ging's noch streng her. Ich habe oft gebibbert, weil ich wußte, jetzt kriegt sie gleich Schläge. Sie hat's auch gewußt, aber sie konnte einfach nicht still sein. Wenn sie dann geschlagen wurde, hat es mir so weh getan! Dabei haben wir uns gar nicht besonders gut verstanden. Aber sie tat mir schrecklich leid.

Ich wurde nach dem Krieg ein richtiges Vater-Töchterchen. Dabei kann ich überhaupt nicht sagen, was geschehen ist, daß ich ihm plötzlich so nahe war. Ich bin ständig auf seinem Schoß rumgerutscht und habe mit ihm geschmust. Wenn ich ein Problem hatte oder in der Schule einmal nicht richtig mitkam, bin ich zu meinem Vater gegangen, und er half mir. Er hatte immer Zeit für mich. Das war ein schönes Gefühl. Wenn ich nachts Angst hatte – oh, was habe ich nachts Angst gehabt –, bin ich zu meinem Vater ins Bett gekrochen, nicht zu meiner Mutter, obwohl ich meine Mutter sehr gern hatte. Ich hatte wirklich ein ganz inniges Verhältnis zu meinem Vater. Nicht wie meine jüngste Tochter, die von ihrem Vater überhaupt nichts wissen will.

Irgend etwas Besonderes wie Basteln, Spielen oder Wanderungen hat mein Vater nicht mit uns gemacht, sondern wir machten einfach mit, wenn er etwas zu tun hatte. Wenn er zum Kirschenpflücken fuhr, lud er uns aufs Fahrrad, eine vorne, eine hinten. Das war schön! Wirklich wichtig aber war, daß er immer Zeit für mich hatte, wenn ich ihn brauchte. Mehr kann ein Vater gar nicht geben, und das werde ich ihm nie vergessen. Für mich war er ein guter und liebevoller Vater. Ich mochte ihn, seine Stimme, daß er so groß war, alles. Das gute Verhältnis, das sich zwischen ihm und mir entwickelt hat, ist bis heute so geblieben, das kann mir so schnell niemand zerstören.

Aber eins war schlimm bei uns: Die Kinder mußten bei manchen Themen einfach raus. »Jetzt sprechen die Erwachsenen miteinander«, hieß es dann, »das geht euch nichts an.« Das fand ich nicht gut. Aber so war es eben damals üblich. Es gab Dinge, die waren tabu, und man wußte als Kind genau, worüber man mit den Eltern sprechen konnte und worüber nicht.

Politik war bei uns kein Thema und auch nicht der Krieg. Nur von den Feldküchen erzählte mein Vater gerne. Er hatte ja Glück und mußte nicht an die Front, sondern wurde als gelernter Metzger in den Küchen eingesetzt. Als er einmal beinahe doch an die Front gekommen wäre, muß es sein Küchenchef durchgesetzt haben, daß er ihn behalten konnte. Von meiner Mutter erfuhr ich, daß mein Vater bei der Waffen-SS war. Sie sagte, er konnte nichts dafür; weil er ein großer, gutaussehender Mann war, taten sie ihn zur Waffen-SS. Aber weil er nach dem Krieg nicht in Gefangenschaft kam, weiß ich, daß er sich nichts hatte zuschulden kommen lassen und nicht zu solchen Taten gezwungen worden war. Da war sicher Glück dabei.

In Breitenberg geht es uns gut, seitdem wir hier ein Haus haben. Der Lastenausgleich war eine Hilfe, durch die man überhaupt ans Bauen denken konnte, und die ganze Verwandtschaft, Männer und Frauen, hat geholfen. In dem Haus wohnen meine Eltern, meine Schwester mit ihrer Familie und ich mit meiner Familie. Es ist schön. Manchmal gibt es eine Unstimmigkeit, die räumt man wieder aus. Ich bin hier heimisch geworden, habe vieles über die Geschichte des Dorfs und der Gegend gelernt und fühle mich dazugehörig.

Mein Vater kommt oft abends zu mir herunter, wenn mein Mann fernsieht. Wir setzen uns dann an den Küchentisch und reden. Für meinen Vater bin ich noch immer das Kind, und darauf bin ich stolz. Das ist vielleicht der Nachteil, wenn man so ein gutes Verhältnis hat und in einem Haus zusammen wohnt: Man nabelt sich nicht richtig ab. Aber man empfindet Geborgenheit. Das ist ein schönes Gefühl.

Darf man denn etwas Schlechtes
über den eigenen Vater sagen?

Was ich zu erzählen habe, ist banal, und ich denke, es wird niemanden interessieren. Es ist doch Dutzendware; wie viele haben in denselben Jahren ähnliche Erlebnisse gehabt!

Mein Vater war das fünfte von acht Kindern aus einer armen Familie in Oberschlesien, und ich muß ihm allen Respekt dafür zollen, wie er sich ganz aus eigener Kraft hochgearbeitet hat. Wie für Kinder aus seinen Verhältnissen üblich, mußte er den Schulbesuch nach vier Jahren abbrechen und arbeiten gehen. Aber er besuchte eine Abendschule bis zum Volksschulabschluß, und danach machte er eine Schlosserlehre und verdiente nebenher das dazu erforderliche Geld. Denn damals, kurz nach dem Ersten Weltkrieg, bekam man als Lehrling noch keine Entlohnung, sondern man mußte Lehrgeld zahlen, was die Eltern meines Vaters niemals hätten aufbringen können. Als fertiger Schlosser kam er zur Reichsbahn, holte im Abendstudium das Abitur nach, hat, neben der Arbeit, ein Studium absolviert und wurde höherer Beamter bei der Reichsbahn. Alle seine Geschwister haben sich aus der Armut und der Not herausgearbeitet, aber mein Vater hat es am weitesten gebracht.

Neben dem Beruf hat er sich abgerackert, um zu einem Haus zu kommen. Er besitzt ein großes Haus auf einem schönen Grundstück in Dresden. Aber so, wie die Verhältnisse bei uns in der DDR sind,* ist er zwar stolz auf sein schönes Haus, aber er muß hoffen, es loszuwerden, weil er für die Reparaturen zu viel Geld hineinstecken muß. Denn die Mieten sind so niedrig, daß sie die Kosten nicht decken. Dafür war also die ganze Mühe!

Manchmal sehe ich kleine Anzeichen, daß mein Vater sich in seinem Alter noch besinnt und endlich spürt, was wichtig

* Das Gespräch wurde im September 1989 geführt.

74

ist im Leben: Nicht Geld und Erfolg, sondern Liebe. Ich glaube, er hat in seinem ganzen Leben nie innerlich gespürt, was Liebe ist.

In seiner Sorge für uns hat er keine Mühe und Anstrengung gescheut, um uns das zu verschaffen, wovon er meinte, daß wir es haben sollten. Dieses Sorgen und Mühen und unsere Abhängigkeit hat mein Vater, wie es viele Leute tun, mit Liebe verwechselt. Er hat getan, was er konnte, um uns – meine zwei Jahre jüngere Schwester und mich – den Beruf erlernen zu lassen, den er für uns vorgesehen hatte. Und jetzt, nachdem unsere Mutter tot ist, sorgt er für die Frau, mit der er lebt, in genau derselben Weise und ordnet ihre Verhältnisse. Ich hoffe immer, daß er am Ende seines Lebens mit dieser Frau, die aus ähnlich einfachen Verhältnissen stammt wie er, noch erfährt, was Liebe ist.

Seine Mühe und Fürsorge sind ja auf eine gewisse Art lieb und gut, und man sollte ihm eigentlich dankbar sein. Aber – darf man denn etwas Schlechtes über den eigenen Vater sagen? – mich widert die Art und Weise an, wie er immer schon zu erreichen suchte, was er erreichen wollte. Ich zum Beispiel war für meinen Vater Sohn-Ersatz, und als solcher mußte ich einen Männerberuf erlernen und Bauingenieur werden. Zu Weihnachten 1955 hat er mich, ohne mein Wissen und ohne mit meiner Mutter auch nur darüber zu reden, von der Oberschule ab- und zu einer Maurerlehre angemeldet, was damals für ein Mädchen auch bei uns in der DDR noch ungewöhnlich war. Einmal abgesehen davon, daß ich weiter zur Schule gehen und Ärztin werden wollte, war es für mich hart, mit fünfzehn Jahren das einzige Mädchen zwischen neunundzwanzig Jungen zu sein, mit total abgelederten Fingerspitzen und aufgerissenen Händen zur Tanzstunde zu gehen...

Ich arbeite als Bauingenieur in einem Krankenhaus in Dresden, und mir gefällt mein Beruf inzwischen sehr. Beim Studium lernte ich meinen Mann kennen, und wir haben zwei erwachsene Kinder, die sich heute gerne mit uns zusammensetzen. So ist eigentlich alles gut geworden, aber trotzdem macht es mir heute noch zu schaffen, daß mein Vater damals so über mich verfügt hat. Ich glaube, mein Vater ist nicht fähig, einen anderen Menschen wirklich wahrzunehmen, und das schockiert mich jedesmal aufs neue. Ich finde es unmoralisch, wenn jemand nicht deshalb einen andern Menschen achtet, weil er ein Mensch ist, sondern nach oben schielt, nach der Position, dem Titel, dem Wohlstand eines Menschen. Ein einfacher Mensch gilt bei meinem Vater nichts. Aber hätte genau derselbe einen guten Anzug und einen klangvollen Titel, so wäre er in den Augen meines Vaters jemand.

Ich kann es zur Not akzeptieren, wenn Menschen, die in übergroßer Armut leben, in einer solchen Armut, daß sie sich selbst verachten möchten, vielleicht meinen, der Besitz eines Menschen mache den Menschen selbst aus. Doch das ist nicht sehr klug. Aber mein Vater ist doch klug! Und er ist doch längst nicht mehr in dieser Lage! Ich bemühe mich stets, den Menschen selber zu sehen, sein Inneres, das, was den Menschen eigentlich ausmacht, und da sehe ich bei meinem Vater immer zuerst die Unehrlichkeit, sehe, daß er Dinge tut, für die er sich eigentlich schämen müßte.

Mein Vater war Mitglied der Hitler-Partei, der er ja leider mit seiner Menschenmißachtung ziemlich nahestand, aber ich glaube, er hat sich trotzdem später dafür geschämt und wollte es nicht mehr wahrhaben, denn ich fand alte Familienbilder, auf denen man, wenn man genau hinschaut, entdeckt, daß etwas wegretuschiert wurde: das Parteiabzeichen und das Hakenkreuz, nehme ich an.

Als die Nazizeit zu Ende war, trat mein Vater so schnell wie möglich wieder in die Partei, in die, die eben dann das Sagen hatte, ein. Zuerst die Nazi-Partei und dann die SED! Wenn ich ein Nazi war, kann ich dann direkt ein Friedenskämpfer werden? Mich stört diese Unehrlichkeit ganz enorm. Wenn ich ihn danach fragte, sagte er: »Ach, weißt du, Heidrun, dadurch bin ich vorwärtsgekommen. Was die taten, wollte ich ja nicht; ich hatte mir das eigentlich anders gedacht...« Damit meinte er wohl die Nazis. Mit der SED war er auch nicht einverstanden und schimpfte – aber nur zu Hause – auf die Partei, deren Mitglied er doch ist, und sagte: »Ach, wenn die nicht wollen wie ich und wenn ich sehe, daß alles anders läuft, als ich's mir vorgestellt habe, dann kann ich austreten, und wir können ja auch in den Westen gehen.«

Das mit dem Westen sagte er, solange der Weg nach Westberlin noch ohne großes Risiko offenstand, also vor 1961. Aber den Mut dazu hätte er nie aufgebracht, und er hing auch an seinem Besitz. Jetzt, in den Tagen im September (1989), verlassen Tausende von Menschen – Ärzte, Arbeiter, Genossen und Christen – ihren Besitz und ihre Freunde. Den meisten geht es nicht um wirtschaftliche Vorteile. Nein! Sie hatten in der DDR eine gesicherte Existenz. Aber sie sehen keine Zukunft für sich und vor allem für ihre Kinder, und sie suchen etwas mehr Freiheit.

Ob nicht mein Vater damals nach dem Krieg aus genau denselben Gründen mit vielen andern Menschen zusammen die Partei gewechselt hat und alles vergessen wollte, was gewesen war? Darf ich über die Vergangenheit meines Vaters richten? Jeder Mensch muß in seinem Leben Kompromisse eingehen, und im Laufe seines Lebens müssen sich auch Überzeugungen ändern: Man entwickelt sich ja weiter. Aber das muß auf eine Weise geschehen, daß man es vor sich und vor Gott verantworten kann. Genau das habe ich bei meinem Vater aber nicht gespürt. Als junger Mensch ist man auf Eltern angewiesen, die für das, was sie tun, geradestehen und die das tun, wovon sie innerlich überzeugt sind. Bei meiner Mutter war das so, und ich hoffe, ich habe von ihr gelernt.

Hätte mein Vater nicht auf die Vorteile verzichten müssen, die er sich von der Parteimitgliedschaft erhoffte, wenn er mit den Zielen und Methoden der Partei nicht einverstanden war? Meine Schwester und ich haben schon gar nicht mehr mit ihm über politische und moralische Fragen zu reden versucht, sondern es als Tatsache hingenommen, daß der Vater uns nie die Wahrheit sagte und sich nicht nach der Wahrheit richtete.

Ich glaube, es war gut, daß ich meine ersten Lebensjahre ohne ihn verbrachte. Mit der Mutter zusammen: Das war eine herrliche Zeit! Wenn ich daran denke, werde ich heute noch froh, und es wird richtig hell in mir. Meine Schwester und ich hatten unsere Mutter wie einen Schutzmantel um uns herum. Es war so frei und ehrlich zwischen uns, und ich erinnere mich an die Wärme und die Geborgenheit. Während des Krieges, als es in Dresden kaum noch Heizmaterial gab, haben wir mit meiner Mutter und meiner Tante und ihren Jungen, die zu uns gekommen waren, an der warmen Wand in der Küche gesessen und erzählt, die Frauen strickten oder flickten, und es war einfach schön. Die Wand war warm, weil auf der andern Seite, im Hinterhaus, gerade an dieser Stelle der Backofen einer Bäckerei war. Ich glaube, diese Zeit hat mich und meine Schwester geprägt, und ich bin sicher, es wäre anders gewesen, wenn unser Vater dagewesen wäre. Ich finde das schrecklich, aber es ist wahr.

Daß Krieg war, empfand ich eher als etwas Äußerliches. Ich möchte behaupten, daß das sogar auf die Bombardierung Dresdens zutrifft. Wir wohnten an einer Ausfallstraße nach Osten, und vor dem Haus wurden Panzersperren gegen die Russen errichtet. Meiner Mutter erschien das so gefährlich, daß sie uns zu ihren Eltern fast am andern Ende der Stadt brachte. Sie wollte aber die Wohnung nicht unbeaufsichtigt lassen und ging zurück. Das war am Nachmittag des 12. Februar 1945. Abends ging mein Großvater mit mir aufs Dach, und ich sah den Himmel voll roter und grüner Weihnachtsbäume. Es sah für mich wunderschön aus. Mein Großvater wußte, was das bedeutete: daß irgendwo Bomben abgeworfen werden würden. Aber ich glaube heute noch, es kam ihm nicht in den Sinn, das könnte Dresden gelten. Wir gingen alle schlafen. Als die Sirenen heulten und wir in den Keller mußten, packte Großmutter meine Schwester und mich in einen Wäschekorb mit Federbetten obendrauf.

Als dann die Bomben fielen und es wohl ganz furchtbar war, hat sie sich mit ausgebreiteten Armen über uns gelegt. Ich bekam ganz aus der Ferne, wie im Traum mit, daß mein Großvater einige Frauen ohnmächtig schlagen mußte, weil sie die Nerven verloren und durchgedreht hatten. Ich weiß nicht mehr, ob ich mitbekam, daß wir durch eine Sprengbombe verschüttet wurden. Hinterher erfuhr ich es. Ich erinnere mich nur an die Großmutter über uns und an das Gefühl:

»Uns kann überhaupt nichts passieren, sie beschützt uns.« Das andere konnte nicht an mich heran. Meine Schwester war noch zu klein, als daß ich sie fragen könnte, ob sie genauso empfand.

Am Morgen kam meine Mutter, und sie hat uns von außen freigeschaufelt, während mein Großvater und einige Männer von innen den Schutt wegräumten. Meine Mutter fuhr uns im Wäschekorb auf dem Handwagen nach Hause, mit nassen Tüchern über uns, es brannte ja überall, und ich sah, was Furchtbares passiert war: Tote, entsetzlich aussehende tote Menschen, schreiende Leute in Flammen, an den Fenstern hängende Leichen. Das war so schrecklich, daß ich es nicht fassen konnte, ich kann es heute noch nicht fassen! Ich war jedesmal froh, wenn ich wieder ein nasses Tuch übers Gesicht bekam und nichts mehr zu sehen brauchte. Viel später erzählte mir meine Mutter: »Weißt du, Heidrun, als ich zu euch durch die brennende Stadt gelaufen bin... Wenn ihr tot gewesen wäret, wäre ich in die Flammen hineingegangen und wäre verbrannt.« Ganz lieb und ruhig sagte sie das. Als wir zu Hause waren, kam der zweite Angriff. Ich wollte nicht wieder runter in den Keller. Aber es mußte sein.

Ich mochte lange Zeit nicht durch Dresden bummeln, auch als die Stadt schon wieder aufgebaut war. Ich sah auch an den neuen Häusern und in den neuen Straßen noch das Grauenhafte dieses Angriffs. Aber Angst ist mir nicht geblieben. Ich glaube, meine Mutter und meine Großeltern haben mich davor bewahrt.

Ich erinnere mich noch ganz deutlich, wie mein Vater kurz nach Kriegsende zurückkam. Ich war fünfeinhalb Jahre alt. Er war in amerikanischer Kriegsgefangenschaft gewesen. Von den Amerikanern wurden die Gefangenen nach der Entlassung bis Leipzig gebracht, und von dort mußten sie selbst weiterkommen und sich vorsehen, daß sie nicht unterwegs von den Russen gefangengenommen wurden.

Wir waren nach der Zerstörung Dresdens auf einem Bauernhof in der Nähe von Leipzig einquartiert worden, und an einem Nachmittag im Spätsommer waren wir zusammen mit vielen andern Leuten bei Erntearbeiten auf einem riesigen Feld, das sich fast bis zur Mulde hinunter erstreckte. Wir lasen da ganz friedlich Kartoffeln auf, als ein Mann mit einer Hacke über der Schulter auf uns zukam, einen Augenblick bei meiner Mutter stehenblieb und weiterging in Richtung Hof. Daraufhin nahm meine Mutter, sonst eine sehr gelassene Frau, uns ganz überstürzt bei der Hand und sagte, wir müßten jetzt nach Hause. Dort habe ich begriffen, daß der fremde Mann mein Vater sei. Er war über den Fluß gekommen und hatte sich zur Tarnung von einem Buben die Hacke ausgeliehen.

Ich glaube, wenn ich ehrlich sein soll, daß mit seinem Kommen ein Schatten über unser Leben fiel. Denn ich begriff bald, daß Vater ein Despot war. So, wie er es wollte, so mußten die Dinge laufen. Seine Herrschaft durfte nicht in Frage gestellt werden, und Schwächen gab er nicht zu. Mit meiner Mutter konnte ich mich über Schwächen meines Vaters aussprechen, sie versuchte nicht, mir das Gefühl auszureden, daß manches, was er tat oder sagte, nicht richtig sei. Obwohl ich nicht sicher bin, ob eine Mutter zulassen sollte, daß die Kinder in manchen Punkten nicht so gut über den Vater denken, hat sie uns durch ihr Verhalten doch geholfen, mit seiner Art zurechtzukommen. Sie sorgte für Klarheit in unseren Gefühlen und in unserem Wissen. Aber daß auch für sie selbst manches sehr bitter war, was von unserem Vater kam, das ließ sie uns nicht spüren.

Das Furchtbarste für mich war – weil ich spürte, wie meine Mutter darunter litt –, daß mein Vater sie mit andern Frauen betrog. Ich konnte ihm das auch bis heute nicht verzeihen, obwohl man doch alles verzeihen soll.

Er hat Mutters feine Art, ihre feine, tiefe Sprache nie verstanden und war nicht in der Lage, ihre Liebe zu spüren. In diesem Punkt habe ich Mitleid mit Vater. Meine Mutter hat diesen Mann geheiratet, weil sie schon dreißig und er wohl überhaupt der erste Mann war, der sie zur Frau haben wollte, denn sie war von Geburt an schwerhörig. Er konnte nie anerkennen, daß sie ihm überlegen war, sondern hat sich auf ganz primitive Art darüber hinweggesetzt, indem er anderswo seine Befriedigung suchte und sich zu Hause als Herrscher benahm. Mein Mütterlein ertrug das alles, um uns die Familie zu erhalten. Es tut mir weh, wenn ich daran denke, daß ich meinen Vater nicht so achten kann, wie ich ihn gerne achten möchte. Ich kann versuchen, meinen Vater zu verstehen und damit viele Menschen aus der Generation unserer Eltern. Er hat getan, was er konnte, um sich durch die verschiedenen gesellschaftlichen Prozesse durchzuarbeiten und die beiden Kriege und ihre Folgen zu verkraften. Er hat es versucht. Nur: So wie er's gemacht hat, weckt es in mir keine Achtung.

Ach, der kann ruhig fortbleiben

Als ich ganz klein war, hat mein Vater mich oft auf den Arm genommen und herumgetragen. Wenn er von der Arbeit kam, rief er »hallo« und »kommt her«, und wir sind auf ihn zugestürmt. Wir haben uns an ihn gehängt wie die Kletten, er hat uns lieb über den Kopf gestreichelt und oft abends mit uns gespielt. Sonntags ging er mit uns über die Felder und in den Wald, und er hatte sichtlich seinen Spaß daran, uns alles, Tiere, Pflanzen, Steine und Wolken, zu erklären. Er wußte die tollsten Geschichten und half uns auf die Bäume hinauf. Mir natürlich noch nicht, ich war ja noch ganz klein.

Wir waren damals fünf Kinder: die vier Großen und ich. In den nächsten drei Jahren kamen noch drei dazu, so daß ich die größte von den vier Kleinen war. Zu der Zeit hatte mein Vater noch eine gute Beziehung zu meiner Mutter. Wer weiß, wenn der Krieg nicht gewesen wäre, hätte ich vielleicht eine glückliche Kindheit gehabt. Ich erinnere mich doch noch, wie schön es war; ich erinnere mich auch, wie ich als kleines Mädchen sehnsüchtig an jene Zeiten zurückdachte. Das kann doch nicht reine Phantasie gewesen sein!

Als der Krieg kam und mein Vater Soldat werden mußte, wurde alles anders. Ich weiß nicht, was geschehen ist, aber wenn er auf Heimaturlaub kam, Fronturlaub nannte man das, hatte ich plötzlich ganz großen Respekt und eine gewisse Angst vor ihm. Ich sehe ihn noch, wie er zur Tür hereinkam in seiner Uniform, den hohen Stiefeln und der Soldatenmütze. Ich habe ihn immer gleich erkannt, aber er wirkte riesengroß in dem Türrahmen und irgendwie finster und fremd. Er hatte kein großes Interesse mehr an uns Kindern, und seine Stimme klang hart. Mit der Zeit bekam er einen richtigen Befehlston, sogar der Mutter gegenüber. Ich glaube, anfangs, wenn mein Vater auf Urlaub kam, war es noch besser, aber später saß ich oft voller Angst unter dem Tisch. Ich war ja so ein lebhaftes kleines Teufelchen. Wir Kleinen sagten schon immer: »Wenn der Papa kommt, ist's nimmer schön.« Und die Großen meinten: »So geht das auf keinen Fall«, wenn er in diesem Befehlston Dinge von uns verlangte, die unmöglich waren.

»Wehe, wenn morgen früh das Bett wieder naß ist!« drohte er mir beim Einschlafen, »dann kannst du was erleben!« Er hat mich auch geschlagen, und ich weiß noch, daß meine Mutter immer beizeiten kam und alles schön trocken gemacht hat. Ich weiß aber nicht, was der Grund für das Bettnässen war, es hat sich auch bald gegeben. Wenn ich es mir recht überlege, so passierte es eigentlich nur dann regelmäßig, wenn mein Vater da war.

Vielleicht hat er sich durch das, was er als Soldat erlebt hatte, so verändert? Er erzählte einmal vom Fliegen, wie alles von oben herunter aussah, und von der Angst, wenn das Flugzeug beschossen wurde. Er erzählte es den Großen, oder er sprach mit der Mutter, wenn man beim Essen saß. Die Kinder hatten da zu schweigen. Er wird bei der Luftwaffe gewesen sein. Ob er wohl Bomben geworfen hat? Irgendwer hat sie schließlich geworfen! Ich könnte mir vorstellen, daß er es tat, ja, doch, zu ihm würde das passen!

Er hat allerdings nicht alles getan, was in der Nazizeit von einem Mann wie ihm verlangt wurde. Irgend etwas muß er verweigert haben. »Das mach ich nicht mehr mit!« hat er einmal beim Essen gesagt und dabei mit der Faust auf den Tisch gehauen, daß die Teller hüpften. »Das mach ich nicht mehr!« Ich kann mich gut daran erinnern, und ich muß sagen, in diesem Punkt bin ich direkt stolz auf meinen Vater. Danach kam er lange nicht nach Hause, und als er wiederkam, hatte er, so meine ich, keine Uniform an und sah schlecht aus. Seine Hose war ihm zu weit, und alles hat an ihm herumgeschlottert. Damals habe ich gehört, daß vom Gefängnis gesprochen wurde. Er mußte dann auch bald wieder gehen. Ich glaube, mein Vater hat den Krieg und die ganze Nazizeit nicht verkraftet. Jedesmal, wenn er auf Urlaub kam, war er noch mürrischer, und die Beziehung zwischen ihm und uns wurde immer schlechter.

Aber unsere Mutter! Sie war immer bei uns, sie hatte immer Zeit für uns Kinder, und sie hat jedem seine Pflichten zugemessen. Es tat mir schon als kleines Kind gut, Pflichten zu haben, da fühlte ich mich wichtig; die Mithilfe eines jeden war ja auch notwendig bei acht Kindern und den schweren Lebensbedingungen im Krieg. Bei meiner Mutter fühlten wir uns geborgen, und daß Krieg war, das ging fast an uns vorbei. Wenn meine Mutter in der Stadt etwas zu erledigen hatte und uns zu Hause ließ, erschien uns das oft wie eine Ewigkeit, wir fühlten uns alleine und bekamen Angst. Ich kann mich erinnern, daß wir einmal in Panik gerieten. Deshalb nahm sie uns häufig mit. Man ging, soweit irgend möglich, durch den Wald, denn auf der Straße waren die Soldaten, und am Himmel waren die Tiefflieger. Wenn wir kurz vor der Stadt den Wald verlassen hatten, konnte es geschehen, daß sie uns, ehe wir auch nur irgend etwas gesehen oder gehört hatten, zu Boden drückte. Wir wußten schon: dann kam ein Tiefflieger, da mußte man sich ganz flach auf den Boden legen. Unsere Mutter legte sich mit dem ganzen Körper über uns. Da waren wir geborgen.

Als ich dreizehn Jahre alt war, ist unsere Mutter gestorben. Das jüngste Kind war neun. Ach, sie war eine so gute Mutter! Sie konnte sich hinsetzen, die Kinder alle um sie herum, auf einem uralten Sofa, das wir von meiner Großmutter hatten, und dann hat sie erzählt. Oder wenn ein Gewitter war und man hat sich zu ihr hingekuschelt, da war alle Angst weg. Ich hatte furchtbar Angst vor Gewittern. Da konnte ich schreien und toben: »Die Bomben fallen! Die Bomben fallen!« Dabei wußte ich genau, daß es nicht stimmte, aber die grellen Blitze und der Knall danach, die haben mich so geängstigt. Diese Angst hielt an, bis ich erwachsen war. Man sagt ja, daß übergroße Angst vor Gewittern aus Furcht vor dem Vater entsteht.

Unsere Mutter schenkte uns die Geborgenheit, die ein Kind braucht. Ach, mit der Mutter schmusen, das war schön! Abends, wenn wir schlafen gingen, hat sie mit uns gebetet und gesungen. Am liebsten hatte ich das Lied: »Vöglein fliegt dem Nestchen zu / Hat sich müd' geflogen. / Schifflein sucht im Hafen Ruh / Vor den schwankenden Wogen.«

Ich seh noch das Zimmer, in dem wir geschlafen haben, ein

helles, großes Zimmer. Die Bettchen von uns vier Kleinen standen so, daß man hin- und herspringen konnte. Da fällt mir ein Erlebnis aus dem Krieg ein, das bei einem anderen Kind das größte Entsetzen hätte wecken können. Aber für mich und meine Geschwister war es, weil unsere Mutter uns so viel Sicherheit gab, ein schönes Erlebnis. Das kann ein anderer vielleicht kaum glauben, aber es war so. Wenn nachts, was ja häufig vorkam, Bombenalarm war, so holte sie uns aus den Betten, pferchte alle Kleinen in den Kinderwagen und rannte, die Großen vornedraus, mit uns in den Bunker. Eines Abends hatte sie uns zu Bett gebracht, wir waren schon eingeschlafen, da gab es Alarm. Gerade, als unsere Mutter ins Zimmer kam, gab's einen Mordsschlag, es staubte, und die Hauswand war weg. Wir saßen in unseren Bettchen und guckten hinaus ins Freie. – Wir haben noch lange in diesem Zimmer gewohnt, und wenn ich nachts aufwachte, sah ich den schwarzen Himmel mit den vielen Sternen.

So wäre ich eigentlich trotz Krieg ganz glücklich gewesen, wenn nur nicht die Beziehung zu meinem Vater so schlecht gewesen wäre. Ich bekam so nach und nach das Gefühl, er habe mich besonders auf dem Kieker. Bei meiner Mutter war ich der Wildfang, sie akzeptierte mich so, wie ich war. Sie sagte: »An dir sind sieben Buben verlorengegangen.« Das hat mir natürlich gefallen. Wenn sie mich schimpfte, weil ich mit zerrissenen Kleidern nach Hause kam, fand ich das in Ordnung. Sie hatte die ganze Arbeit, und daß es nichts zu kaufen gab, hatte ich auch schon gemerkt. Aber bei meinem Vater war ich die Schlimme, und als meine älteste Schwester beim Abendgebet einmal darum bat, der Papa möge gesund und heil nach Hause kommen, dachte ich: Bloß nicht! Wenn er bloß nicht kommt!, und ich sagte: »Nein! Der kann ruhig fortbleiben! Der braucht überhaupt nicht mehr zu kommen!« – »Das darfst du nicht sagen!« mahnte meine Mutter, »der Papa gehört auch zur Familie.« Aber ich dachte es trotzdem und hatte überhaupt kein schlechtes Gewissen.

Als er dann da war, durften wir nicht mehr sein, wie wir waren, wie Kinder eben sind: lebhaft und laut. Er ertrug es nicht. »Marsch, raus mit euch«, hieß es, »draußen könnt ihr toben und schreien, aber nicht im Haus! Und wehe, wenn ich was höre!« Weil meine Mutter ihren Mann liebte und hoffte, es würde wieder besser werden, oder vielleicht auch aus Angst vor seinem Befehlston hat sie da mitgemacht und uns mehr zurechtgewiesen als sonst.

Mein Vater war vielleicht so unduldsam und herrisch, weil er damals nach dem Krieg ständig in Angst lebte. »Hoffentlich kommen die nicht zu uns…« sagte er, sobald er Amerikaner in Uniform sah. Wir lebten in der amerikanischen Besatzungszone. Unter dem Arm hatte er ein merkwürdiges Zeichen in die Haut eingraviert, es sah aus wie ein Dreieck. Ich habe ihn mit jämmerlicher Stimme sagen hören: »Wenn ich doch das nur los wäre…« Ich kann nicht mehr genau sagen, wie es aussah, aber ich habe einmal gehört, die SS-Leute hätten unterm Arm die Blutgruppe eintätowiert bekommen. Der Form nach könnte es ein »A« gewesen sein. Vielleicht hatte er die Blutgruppe A. Also wäre er bei der SS gewesen, bei der Waffen-SS. Das könnte sein. Er war ein großer, stattlicher Mann. Daß ich daran noch nie dachte! Ein SS-Mann! Ja, doch, das wird er gewesen sein, und das war der Grund für seine Angst! Aber freiwillig ist er sicher nicht zur SS gegangen. Er wird unter Druck oder Zwang dazu gekommen sein. Er mußte damals nach dem Krieg auch ständig auf Ämter gehen, vielleicht wegen der Entnazifizierung. Ich habe das als Kind nicht so mitgekriegt. Schließlich wurde er, wie er es befürchtet hatte, von den Amerikanern abgeholt.

Ich erinnere mich, daß er lange weg war und daß er, als er zurückkam, wieder lachen konnte und auch nicht mehr so herrisch war. Mir kam es damals vor, als sei er von irgendeiner Last befreit, und heute denke ich, daß er vielleicht in einem Internierungslager war, wo sie über die Taten im Dritten Reich aufgeklärt wurden und wo er einsah, daß es nicht richtig war, was Hitler und er und alle andern getan hatten.

Leider hat sich im Familienleben trotzdem nichts gebessert, und ich erinnere mich gut, daß ich mir gewünscht habe, mein Vater wäre nicht da. Er lernte dann eine andere Frau kennen und kam kaum noch zu uns. Aber nie hat meine Mutter irgendetwas Schlechtes über ihn gesagt. Nie.

Ich weiß nicht, wie meine Geschwister das alles sehen, denn nach dem Tod der Mutter wurden wir auseinandergerissen, und ich habe alle meine sieben Geschwister aus den Augen verloren.

Mich hat mein Vater am wenigsten von allen akzeptiert. Ich konnte machen, was ich wollte, mich anstrengen, da war's nichts, wild oder still, schmusig oder frech sein, es war eben nichts. Wie ich's gedreht und gewendet habe, ich bekam keine Anerkennung von ihm. Und gerade die Anerkennung vom Vater ist doch für ein kleines Mädchen so wichtig. Weil ich die nicht bekam, bin ich sehr bockbeinig geworden. Es war mir egal, die Leute vor den Kopf zu stoßen. Wichtig war mir nur, mich selbst zu behaupten. Wenn ich die Leute mit dem, was ich tat oder sagte, zu Tode erschreckte, war ich halt wieder einmal die Schlimme. Das war ich schon gewohnt. Das hängt mir heute noch nach, und erst langsam lerne ich, daß ich solches Verhalten nicht brauche, um mich zu behaupten.

Als meine Mutter gestorben war, steckte mich mein Vater in ein Kinderheim. Nur mich, die andern nicht. Ich höre mich noch schreien, als ich erfuhr, daß ich dahin gebracht werden sollte. Ich hab hoch oben auf dem Dachfirst gesessen und geschrien: »Ich komme nie mehr da runter!« Ich bin wieder runtergekommen. Und weil ich geglaubt habe, daß das Kinderheim eine Bestrafung für alle meine Übeltaten war, wollte ich meinen Vater um Verzeihung bitten und schrieb ihm von dort einen Brief. Der kam ungeöffnet zurück. Da fing ich an, meinen Vater zu hassen. Dir kann sonst was passieren, dachte ich, um dich kümmere ich mich nicht! Ich hatte nie wieder Kontakt mit ihm. Das Schlimme ist nur, daß ein Kind nicht so ohne weiteres auf den Vater verzichten kann.

Alles, was ich von ihm nicht bekommen habe, habe ich später bei einem Mann gesucht, der um einiges älter war als ich und verheiratet, fast dreißig Jahre war er älter. Heute weiß ich: Dieser Mann war für mich eine Vaterfigur, wie sie im Buche steht. Da war viel Beschützendes, Liebevolles, Verstehendes. Nur leider: ich habe einen Vater gesucht und habe zwei Kinder bekommen. Die habe ich zwar mit Freuden bekommen, aber Heiraten war nicht möglich, denn die Frau wollte sich nicht scheiden lassen. Ich habe alles versucht, um den Kindern den Vater zu erhalten. An jedem Wochenende und in jedem Urlaub fuhren wir in seine Stadt. Aber es war wohl nicht genug. Mein Sohn ist tot, im Alter von sechsundzwanzig Jahren gestorben. Ob es Selbstmord war? Ich weiß es nicht. Und meine Tochter ist seit Jahren bei den Drogen. Aber ich lebe, und mein Beruf, der Umgang mit den Kindern im Kindergarten, hält mich aufrecht.

Vor fünf Jahren habe ich geheiratet. Mein Mann ist herzensgut. Aber der Knacks, den ich durch meinen Vater bekam, ist heute noch nicht geheilt. Ich kann zu meinem Mann nicht sagen: »Du, ich habe einen Wunsch!« Ich kauf mir die Dinge halt selbst. Ich bin ja berufstätig. Aber Wärme und Geborgenheit kann man nicht kaufen, und ich kann meinem Mann nicht zeigen, wie sehr ich mich danach sehne, zum Beispiel mal außer der Reihe in den Arm genommen zu werden. Ganz von alleine kann er das ja auch nicht immer merken.

Was mir meine Mutter mitgegeben hat fürs Leben, ihre Liebe, ihre Stärke, ihr Durchhaltevermögen, das ist unbezahlbar. Aber mein Vater? Welche Chance hat denn ein Kind, eine Beziehung aufzubauen, wenn es der Erwachsene nicht tut? Ich wünschte mir heute noch, es hätte keinen Krieg gegeben und ich hätte einen Vater.

Als er kam, war's vorbei
mit dem Frieden

Der Nikolaus hatte gerade das Haus verlassen. Er hatte im Buch nachgeguckt, ob wir brav gewesen waren, wir hatten unsere Sprüchlein gesagt, und er hatte, für jedes von uns fünf Kindern, zwei Äpfel, drei Nüsse und ein paar Weihnachtsgutsle dagelassen. Ich war nicht ganz acht Jahre alt, und mit den Klassenkameradinnen rätselte ich darüber, ob es den Nikolaus gebe oder nicht. Diesmal hatte ich den starken Verdacht, daß es ein Nachbar gewesen sei. Da klopfte es wieder, und herein kam noch ein Nikolaus. Da überlegte ich nun, ob es nicht doch einen echten gebe, und bekam Angst. Dieser zweite Nikolaus schüttete sofort einen riesigen Sack voller Spielsachen und Äpfel vor uns auf den Boden und sagte mit tiefer Nikolausstimme:

»Von drauß' vom Walde komm ich her...«

Ich bekam immer größere Angst. Er sagte:

»Ich muß euch sagen, es weihnachtet sehr
Und noch etwas, liebe Kinder und Leute:
Euer lieber Vater kommt heute.«

So etwa in dieser Manier: Ich hatte irre Angst und schaute nach meiner Mutter. Sie hatte Tränen in den Augen, und meine Großmutter tuschelte ihr etwas zu.

Als dieser Nikolaus gegangen war, klopfte es noch einmal, und mein Vater kam zur Tür herein. Soviel ich weiß, waren meine Mutter und meine Großeltern genauso überrascht wie wir Kinder. Dabei hätte er sich gut in aller Ruhe ankündigen können, denn er kam gar nicht aus der Kriegsgefangenschaft, sondern aus einer ganz guten Position.

Er war gleich nach dem Krieg einmal kurz bei uns aufgetaucht, woran ich keine Erinnerung habe, und ist auf der Stelle wieder abgehauen, weil die Amerikaner schon nach ihm gefragt hatten. Sie wollten ihn wieder an die Russen ausliefern, denen er mit Hilfe eines Löffelstiels und einiger Geschicklichkeit, deren er sich sehr zu rühmen pflegte, aus dem Gewahrsam entkommen war. Die Engländer haben nicht ausgeliefert, und deshalb ging er dann in die britische Besatzungszone. Da wurde er lediglich eine Weile interniert. Und die Sache mit der Entnazifizierung, die hat mein Vater gut hingekriegt. Er verfügte über die notwendigen Verbindungen und besaß die Fähigkeit, Dinge ins »richtige« Licht zu rükken. Ich denke, er hat beides gebraucht, denn er war von Anfang an ein überzeugter Nazi.

Drei Jahre lang blieb er in der britischen Zone, in einem kleinen Ort an der Ostsee, wo eine psychiatrische Klinik in ein Lazarett umfunktioniert worden war. Er nutzte die Gelegenheit und machte seinen Facharzt für Orthopädie. Den für Chirurgie hatte er während des Krieges bekommen; er war Sanitätsoffizier. Mein Vater, der es verstand, alle Gelegenheiten zu nutzen, die sich ihm boten, betrieb dort an der Ostsee eine Hundezucht und unterhielt einen kleinen landwirtschaftlichen Betrieb. Damit hat er sich noch Geld dazuverdient, von dem wir allerdings keinen Pfennig gesehen haben. Er brachte alles mit seinen Freundinnen durch.

Dort an der Ostsee haben wir ihn auch besucht. 1946 fuhren wir alle zusammen rauf. Es gibt wunderschöne Fotos eines liebevollen Vaters mit seiner Kinderschar. Meine Mutter hat meine Schwester Sigrid und mich für etwa eine Woche alleine bei ihm gelassen und ist mit den drei jüngeren Kindern weitergefahren zu ihrer Mutter.

Ich fühlte mich jedoch bei meinem Vater nicht wohl und erinnere mich an eine Szene, wo er die Sigrid schlug, bis er nicht mehr konnte, wobei ich schier gestorben bin, weil ich mit ihr mitgelitten habe und ihr nicht helfen konnte. Und was war sein Grund? Das fünfjährige spindeldürre Mädchen war eine schlechte Esserin, und er hatte sich Mühe gegeben, für seinen Besuch Nahrungsmittel herbeizuschaffen. Er hatte sogar Blut gespendet; solch ein Opfer hatte er gebracht, der Arme! Und da fand er einige von seinen ach so schönen Butterbroten hinter den Polstern seiner Schlafcouch und rastete völlig aus. Heute noch, wenn ich nur daran denke, wird mir ganz flau zumute! Es war ein schlimmer Schock. Es war wirklich furchtbar.

Wir sahen ihn dann nicht mehr, bis er 1948 für uns ganz überraschend zurückkam. Warum er das so inszeniert hat mit dem Nikolaus, das weiß ich nicht. Wenn man drei Jahre oder eigentlich zehn Jahre weg war, wäre es doch normal, sich anzukündigen und sich vom Bahnhof abholen zu lassen. Aber er brauchte diesen irren Auftritt, während am Güterbahnhof in einem Waggon, zusammen mit seinem Hausrat sein ganzes Getier wartete: fünf später von mir heißgeliebte Hunde, eine Schar Hühner und drei Dutzend Hasen.

So kam mein Vater bei uns an, und er war immer noch der Offizier, der seinen Burschen gehabt hatte, und zwar vorwiegend zu seiner persönlichen Bedienung. Außerdem war er der Herr Stationsarzt im Krankenhaus, dem die Krankenschwestern unterstanden und der den Kaffee serviert bekam und sich auch sonst noch verschiedener persönlicher Dienste erfreute. Mit dieser Haltung begegnete er seiner Frau, und es war keine Frage für ihn, daß er von ihr bedient würde und daß er befehlen würde, wie er es gewohnt war. So etwas wie persönliche Autorität hatte er zwar nicht, aber befehlen konnte er. Darin war er groß!

Ich habe nie begriffen, warum meine Mutter, die jahrelang unter allerschwierigsten Bedingungen ihr Leben selbst geregelt hatte, sich das hat gefallen lassen.

Während des Krieges, als wir noch in Wismar lebten, führte sie – von Beruf Ärztin – seine Praxis weiter. Dann kamen die Russen, und wir sind nach Heilbronn übergesiedelt zu Vaters Eltern. In ihrem Haus konnten wir unterkommen, wenn auch nicht sehr gut. Wir bekamen drei Zimmer, um dort, als Vater wieder da war, mit sieben Personen zu wohnen, während die andern Zimmer auf demselben Stock nicht benutzt werden durften. Im Keller, wo die nicht mehr benutzte Werkstatt des Großvaters war, durfte meine Mutter vor der Rückkehr des Vaters ihre Praxis einrichten. Während sie in Wismar ziemlich viel Hilfspersonal hatte, war sie wohl nach der Flucht ziemlich überfordert, denn die Großmutter war alles andere als eine Hilfe. Sie hat meine Mutter mit ihrer schwäbischen Hausfrauenperfektionsüberlegenheit konfrontiert und ihr, genauso wie später der zweiten Frau meines Vaters, nachgewiesen, daß ihr Herr Sohn nicht gut genug versorgt werde.

Mein Vater hatte nur am Anfang des Krieges Fronteinsätze, danach war er als Arzt in verschiedenen Lazaretts immer so weit hinter der Front, daß er von Zeit zu Zeit nach Hause kommen konnte. Die Folge war: »In jedem Urlaub ein Kind!«, und das bei zwei Medizinern! Da mein Vater überzeugter Nationalsozialist war, könnten es allerdings auch Kinder für Führer, Volk und Vaterland gewesen sein.

Solange wir ohne Vater waren, gab es Freiräume für uns. Meine Mutter hatte einfach keine Zeit, uns dauernd zu beaufsichtigen. Ich habe stundenlang mit Nachbarskindern auf der Straße gespielt und bin mit ihnen nach Hause gegangen. Ich glaube, mit manchem wäre meine Mutter, wenn sie es gewußt hätte, nicht einverstanden gewesen. Aber sie konnte sich nicht ausreichend um uns kümmern, denn sie hatte in der Praxis sehr viel zu tun. So schauten die Mütter der Spielkameraden nach uns.

Mein Vater hat uns finanziell, wie schon gesagt, nicht unterstützt, und meine Mutter, in lieber, guter Manier, entschuldigt ihn auch noch und sagt, er sei eben gewohnt gewesen, daß die Praxis Geld einbrachte, und habe gedacht, sie laufe ja. Nun war aber meine Mutter nicht geschäftstüchtig und behandelte die armen Patienten – und das waren damals viele – umsonst. Ich wußte davon nicht viel und habe die Freiheiten, die wir hatten, genossen. Für mich waren sie ein Glück, denn ich war ein sehr angepaßtes, folgsames Kind, und so kam ich doch zu eigenen Erfahrungen.

Von dem Tag an, als mein Vater wieder zu Hause war, herrschte eine völlig andere Ordnung. Der Tag war strukturiert durch das, was er wollte. Er war es gewohnt, um sechs Uhr aufzustehen, um sieben Uhr mit der Arbeit zu beginnen und um zwölf Uhr Mittag zu essen. Danach fand bis vier Uhr nachmittags kein Leben statt, denn da machte der Herr Vater seinen Mittagsschlaf. Meine Mutter machte bereitwillig seinen Lebensrhythmus mit, nur nicht den Mittagsschlaf. Den konnte sie sich nicht leisten. Sie machte während der Zeit die Hausarbeiten, für die keinerlei Hilfskräfte da waren. Uns Kinder ermahnte sie: »Pst! Leise! Seid leise! Der Vater schläft.« Denn meine Mutter war nun Hausfrau, Mutter und Bedienerin des Herrn Gemahl.

Die Praxis meiner Mutter übernahm er vom ersten Tag an, und sie durfte dort nicht mehr erscheinen. Er hat das, was sie geschaffen hatte, auf eine sehr tüchtige und gewandte Art ausgebaut, und die Praxis fing schnell an, sehr gut zu laufen und etwas einzubringen. Nach und nach stellte er Hilfskräfte ein, zuerst seine Schwester, die die Massagen machte und später nach der Scheidung ein halbes Jahr lang den Haushalt versorgte, dann eine Krankengymnastin, eine Sprechstundenhilfe und die Schwester Ursula, die bei uns wohnte. Daß sie seine Freundin war, war mir gleich klar. Wenn er eine Geliebte ins Haus brachte, wußte ich immer: Da ist etwas, was nicht richtig ist. Auch als mein Vater seine Freundin Hilde, seine spätere zweite Frau, mit ins Haus brachte, hab ich sofort gemerkt, daß da wieder einmal was nicht stimmte. Und zwar merkte ich's an der Art, wie er Mutter angegiftet hat.

Was ich nicht fassen kann, ist, das meine Mutter sich das alles hat bieten lassen. Sie, die doch Ärztin war, stand stundenlang in der Küche und kochte für die ganze Praxis. Alle haben an unserem Tisch gesessen! Sie putzte und wusch, für etwas anderes war sie nicht mehr gut genug. Auch nicht, um mit ihrem Mann ins Bett zu gehen. Dafür hatte er ja die Geliebte unterm selben Dach. Meine Mutter tat so, als merke sie nichts. Aber das ist doch nicht die Möglichkeit, wenn sogar ich als Kind, das von sexuellen Dingen keine Ahnung hatte, spürte, daß da etwas faul war.

So vieles von dem, was sich zwischen meinem Vater und meiner Mutter abspielte, war für mich unbegreiflich. Da waren ständig Spannungen, auch auf seiten der Mutter, plötzlich knallte es, Türen flogen, es wurde geschrien. Meine Mutter ließ sich ja auch nicht alles gefallen. Und immer waren die andern dabei, immer haben Fremde alles mitgekriegt. Die Atmosphäre war furchtbar. Meine jüngste Schwester brachte es im Alter von drei Jahren auf den Punkt: »Bevor der Vater kam, war es schön. Man konnte bei der Mutter ins Bett kuscheln, und man konnte fröhlich sein. Aber jetzt ist alles anders.«

Ich habe das Gefühl, von dem Tag an, als mein Vater da war, ist etwas in mir gestorben. Es gab so vieles, was einfach zu schlimm für mich war. Um die Schmerzen und die Wut nicht spüren zu müssen, habe ich mich geweigert, überhaupt etwas zu spüren, habe sogar meinen Körper nicht mehr wahrgenommen; es war der totale Verdrängungsprozeß. Das ist schwer zu beschreiben, weil es nicht *etwas* war, sondern *nichts*. Einfach *nichts*.

Ich habe eine jahrelange Therapie gebraucht, weil ich mit der mangelnden Selbstwahrnehmung Schwierigkeiten bekam, die mich auf der ganzen Linie lähmten, in der Ehe, bei der Erziehung meiner vier Kinder und im Beruf. Ich war, wie meine Mutter, Ärztin, habe aber diesen Beruf nicht lange ausgeübt und bin jetzt mehr im sozialen Bereich tätig.

In der Therapie spürte ich, daß es falsch wäre, meinem Vater die ganze Verantwortung für mein Mich-selbst-nicht-Spüren aufzuladen. Eine andere Ursache liegt sicher auch darin, daß ich als Kind zweimal ein Vierteljahr lang von der Familie getrennt war. Das erste Mal hatte ich Masern und Scharlach und war im Krankenhaus. Während dieser Zeit wurde ich nicht ein einziges Mal besucht. Heute weiß ich, wie das damals von den Krankenhäusern aus gehandhabt wurde: Die Eltern durften die Kinder gar nicht besuchen. Und als Erwachsene sehe ich auch, daß meine Mutter berechtigte Angst vor Ansteckung hatte, denn sie war schwanger und hatte außerdem ihre Kinderarztpraxis. Aber für mich als Kind war es ein Gefühl totaler Verlassenheit. Das zweite Mal lag meine Mutter mit Kinderlähmung in der Klinik. Sie war wieder einmal schwanger, und es wurde während der Krankheit ein Kind geboren. Wir durften sie kein einziges Mal sehen. Das war ein so schlimmes Gefühl von Heimweh und Alleingelassensein! Und jedesmal war am Schluß der Trennung ein neues Kind in der Familie, süß und klein und ach wie goldig! Aber getröstet über das, was man durchgemacht hatte, wurde man nicht.

Statt dessen wurde man geprügelt. Mein Vater war ein jähzorniger Mensch. Die Veranlagung dazu hatte er von seinem Vater, aber der Zorn des Großvaters war kalkulierbar. Man wußte, es war gefährlich, auf seinen Gemüsebeeten herumzulaufen oder die Türen des Hasenstalls offenzulassen. Der Jähzorn meines Vaters und seine Prügel trafen einen völlig unvorbereitet. Zum letztenmal schlug er mich, als ich sechzehn war. Da mußte ich mit einem blauen Auge in die Schule. Ich bin sicher, daß ich auch als kleines Kind von ihm wüst geschlagen wurde, aber daran habe ich keine Erinnerung. Wenn ich an die Szene denke, als ich sechzehn war, wäre es eine Befreiung, Wut und Haß zu empfinden. Aber es stellt sich heute noch kein Gefühl ein.

Ereignet hatte sich damals folgendes: Ich habe sehr, sehr gerne gelesen. Lesen war das Schönste auf der Welt. Vier bis fünf Bücher in der Woche mußten es sein. Es war ein schöner Sommerabend, am Fenster war es noch etwas hell. Da saß ich und las. Plötzlich steht mein Vater im Zimmer und schlägt auf mich ein, schlägt mit einem Schuh, ganz ohne Vorwarnung. Es war mir oft nicht klar, warum er mich schlug, aber irgendwie fühlte ich mich jedesmal schuldig. Als Erklärungen wurden, wenn überhaupt, nur solche nachgeliefert, die den Kindern die Schuld zuschoben. Und irgend etwas hatte man ja getan: geredet, und ihm war's zu laut, gelächelt, und er fühlte sich auf den Arm genommen – dieser bärenstarke Mann fühlte sich von einem Kind auf den Arm genommen, absurd! –, man hatte zu viel oder zu wenig gegessen und was weiß ich... Wenn ich erklären sollte, wofür ich mich schuldig gefühlt habe, müßte ich sehr suchen, ich war ja so ein lammfrommes Kind, von dessen Lebendigkeit und Temperament kaum etwas nach außen drang. Ich weiß, daß mein Vater ein überzeugter Nationalsozialist war. Er war von Anfang an Parteimitglied und hat mindestens bis zur Entnazifizierung voll dahintergestanden.

Weil er so brutal und unberechenbar war und ein solch alles

niedertrampelnder Egoist, war es für mich eigentlich egal, welche Position er im Krieg eingenommen hatte und wie er zu den Nazis stand.

Als der Krieg begann, hat er sich sofort freiwillig gemeldet. Und wenn er nach dem Krieg mit seinen Kriegskameraden zusammen war, sind die »großen Zeiten« wiederauferstanden. Dann war mein Vater der Held. An konkrete Geschichten, außer der, wie er mit Hilfe besagten Löffelstiels den Russen entkommen ist, erinnere ich mich nicht. Mich haben seine Heldentaten nicht sehr beeindruckt. Ich war so ohne Gefühl, und eigentlich hätte er für mich gar nicht wiederzukommen brauchen, weder als Nikolaus noch sonstwie. Im Grunde hat er uns nur gestört, mit oder ohne Nationalsozialismus.

Meine Mutter war der Ansicht, über Politik spricht man nicht, und ich glaube, ihre diesbezüglichen Mechanismen haben so gut funktioniert, daß für sie der Krieg gar nicht richtig stattgefunden hat. Es gab zwar Fliegeralarm und Gasmasken und ab und zu ein zerbombtes Haus und unglücklicherweise auch ein paar Tote, aber das war halt so. Und daß zum Schluß die bösen Russen kamen und man fliehen mußte, war irgendwie ein schlimmer Zwischenfall, aber nicht die tatsächliche Wirklichkeit. Das muß auf mich abgefärbt haben, denn all diese Ereignisse hatten für mich als Kind nichts Beängstigendes, nicht einmal, als das Nachbarhaus zerbombt wurde.

Als ich einmal mit meiner Mutter über die Nazis und den Krieg sprach, sagte sie: »Ich wußte, daß das, was der Hitler über die Juden erzählte, nicht stimmt, denn wir wohnten, als ich ein Kind war, in einem Haus, das einem Juden gehörte, und der hat uns in den schlimmen Hungerjahren regelmäßig mit Nahrung versorgt und uns Kleidungsstücke beschafft.« – »So?« hätte ich sagen sollen, »und warum hast du dich dann nicht für ihn zur Wehr gesetzt?« Aber auf die Idee, daß meine Mutter sich für irgend jemand – für sich selbst oder für andere – zur Wehr setzen könnte, bin ich nicht gekommen bei ihrer Wehrlosigkeit meinem Vater gegenüber.

Kurz vor seinem Tod hatte ich ein Gespräch mit meinem Vater, bei dem ein bißchen Wahrheit an den Tag kam. Da erzählte er, daß sie zwischen den Fronten Menschen erschossen hätten, und zwar sagte er: »*Wir* haben erschossen.« Den Mut, genauer nachzufragen, hatte ich leider nicht, und ich frage mich nun, ob er auch daran beteiligt war. Ein Mann, der Frauen und Kinder erschießt oder auch »nur« als Arzt dabei ist, um den Tod festzustellen, der muß doch irgendwie kaputt sein. Ich hatte bei diesem Gespräch das Gefühl, daß es ihn schon sehr belastete, denn er sagte: »Das haben *wir* getan, *wir Deutsche*.« Ich muß sagen, Gott sei Dank, daß er mir das nicht in meiner Kindheit erzählt hat. Es hätte sonst sein können, daß ich mich mit den unter der Mitwirkung meines Vaters ermordeten Kindern identifiziert hätte.

Den nationalsozialistischen Rassentheorien hing mein Vater auch nach dem Ende des Dritten Reiches noch an, wenn er auch kein ausgesprochener Judenhasser war. Aber es war für ihn ein Problem, daß seine Schwester nach dem Krieg einen Mann heiratete, der einen jüdischen Großvater hatte, und die Schwarzen, zum Beispiel die Marokkaner, waren in seinen Augen mindere Menschen.

Aber, wie gesagt, mein Vater war für mich eine solche Katastrophe, daß es schon gar nicht mehr wichtig war, welche Meinungen er vertrat.

Einmal schenkte er mir einen seiner Hunde, einen Setter. Es war ein schöner Hund, wenn er auch die Staupe gehabt hatte und deshalb seine Hinterbeine etwas lahm waren. Ich habe den Hund mit aller Liebe versorgt und gepflegt und bin jeden Tag mit ihm ins Freie gegangen. Doch dann verkaufte mein Vater das Tier, ohne daß ich irgend etwas davon wußte. Da mußte ich begreifen, daß er den Hund immer noch als seinen eigenen Besitz betrachtet hatte. Ich mußte das akzeptieren. Was hätte ich anderes tun können? Ich wußte ja: Mein Vater war der Herr und Meister, und was in der Familie war, gehörte alles ihm. Er hat nie irgendwelche Forderungen oder Wünsche geäußert, denn es war klar, daß alle wissen, was er braucht, und daß er das auch bekommt. Es war auch ganz einfach: Er brauchte alles, alles, alles!

Mein Vater war ein solcher Egoist, daß er sich zu einer Zeit, als es für das Notwendigste in der Familie vorne und hinten nicht reichte, einen Trenchcoat und eine Ledermappe kaufte und noch einiges sonst, was er zum Repräsentieren brauchte, und wir hatten kaum etwas Akzeptables zum Anziehen.

Zwei Jahre nachdem er zurückgekommen war, ist meine Mutter von ihm buchstäblich aus dem Haus geschafft worden. Sie merkte gar nicht so richtig, was los war, als Vater ihr so sehr behilflich war, eine Stelle als Ärztin zu finden und so einig damit, daß sie, um überhaupt eine Stelle zu haben, sehr weit von zu Hause wegging. Er wollte sie los sein. Wir Kinder mußten alle bei ihm bleiben, weil er sich ausgerechnet hatte, nehme ich an, daß ihn das nicht so teuer zu stehen kommt, und weil er es als Beweis seiner Unschuld bei der Scheidung zu verwenden hoffte. In Zeitungen gab er immer wieder Anzeigen etwa des folgenden Wortlautes auf:

Vater von fünf Kindern, Arzt, sucht
liebe Frau zur Versorgung der Kinder.
Heirat nicht ausgeschlossen.

Er mußte immer wieder inserieren, weil wir die armen, hoffnungsvollen Frauen jeweils in kürzester Zeit systematisch vergrault hatten in der Hoffnung, dadurch unsere Mutter wiederzubekommen.

Kaum zu fassen, daß meine Eltern zunächst einmal geheiratet hatten, weil sie sich mochten. Wenn ich die Verlobungsbilder ansehe, wie sie sich da anlachen: Das war nicht nur für den Fotografen, das war schon echt. Ich glaube sogar, daß meine Mutter sich nach dem Krieg auf ihn freute und noch die Hoffnung auf eine gute Beziehung hatte. Ob mein Vater ohne den Krieg, ohne die schrecklichen Erfahrungen, die er doch als Arzt gewiß machen mußte und von denen er nie gesprochen hat, ein anderer Vater, ein richtiger Vater hätte sein können...? Gewünscht hätte ich mir's! Ein Vater, der seiner achtzehnjährigen Tochter – wie ich es bei anderen beobachtet hatte – den Arm um die Schulter legt und sagt: »Na, wie geht's dir denn?« Statt dessen fuhr er die teuersten Sportautos und gab mir nicht einmal fünfzig Pfennig Taschengeld. Das einzige, was bei ihm sicher war, war, daß man nie sicher sein konnte, ob er nicht plötzlich losschlagen und losschreien würde.

Da war's für meine Mutter noch schwerer

Mein Vater kam erst im Sommer 1948 aus der französischen Kriegsgefangenschaft. Wir hatten die ganze Zeit brieflichen Kontakt mit ihm, und ich glaube, meine Mutter konnte ihm sogar Päckchen schicken. Wir haben auch einmal ein Familienfoto für ihn machen lassen: meine Mutter, eine recht resolute Frau, und ihre drei Töchter mit den langen Zöpfen – doch leider fehlte ein Sohn.

Ich war neun, als mein Vater zurückkam. Wir wußten den Tag, den hatte unser Vater uns geschrieben, aber nicht die Uhrzeit, und so rannten ich und meine siebenjährige Schwester von morgens sieben Uhr an x-mal zu jedem Zug und haben es schließlich aufgegeben. Zum Glück schaute meine Mutter gerade aus dem Schlafzimmerfenster, als wieder ein Zug einfuhr, und sie sah den Vater winken. Da rannten wir zwei Mädchen natürlich los und kamen atemlos am Bahnhof an. Wir hätten es schlimm gefunden, ausgerechnet jetzt, wo er kam, nicht da zu sein. Die ersten Leute kamen uns schon entgegen, darunter ein Mann mit einer Soldatenmütze. Den schauten wir an und dachten: Soll das unser Vater sein? Das ist er nicht. – »Wartet ihr auf euren Vater?« fragte dieser Mann. »Ja.« – »Er kommt dort hinten.« Wir liefen los, und es war ganz sonderbar. Wir sahen einen Mann in einem alten Soldatenmantel, der Mann sah furchtbar mager aus. Wir dachten: Das muß er sein, und wußten nicht, sollten wir lachen oder weinen. Er wird uns an der Hand genommen haben, und wir sind heimgegangen. In der Scheune zog er sich aus, »wegen der Flöhe«, sagte er, und meine Mutter brachte ihm frische Kleider.

Für alle hatte er etwas mitgebracht. Ich erinnere mich noch an die getrockneten Datteln. Während wir auspackten, fragte unsere Mutter plötzlich: »Wo ist denn die Kleine?« Wir fanden sie schließlich im Hühnerstall. »Was machst du denn da?« – »Ich habe Angst, daß ich vom Papa Hiebe krieg.« Da fiel unserer Mutter ein, daß sie ab und zu, wenn sie sich nicht mehr anders zu helfen wußte, zu der Kleinen gesagt hatte: »Warte nur, bis Vater kommt…!«

In der ersten Zeit gab unser Vater sich Mühe mit uns und war sehr nett. So konnten wir Vertrauen zu ihm fassen, und auch die kleine Helga konnte ihre Angst überwinden und ging in seine Nähe. Aber nach und nach zeigte er sich von seiner anderen Seite, und es wurde schlimm. Daß er, als er wieder zu Hause war, so furchtbar genau mit dem Essen war, das kann man ja verstehen. Er hatte jahrelang gehungert und Rübensuppe gegessen und konnte es nicht ertragen, wenn irgend etwas Eßbares in den Abfall geworfen wurde, obwohl wir Schweine hatten, die das alles fraßen. Und auch den kleinsten Überfluß duldete er nicht. »Zum Brot gibt's entweder einen Apfel oder Butter, aber nicht beides zusammen!« sagte er. Ich hätte, wenn Schlachttag war, so gerne zum Wurstbrot eine Handvoll Grieben gegessen. »Nichts da!« sagte er. Bei allem Verständnis finde ich, er hätte einmal nachdenken und merken können, daß wir auf unserem Bauernhof und nicht in einem französischen Kriegsgefangenenlager lebten.

Aber es war ja nicht nur das, sondern er war ein autoritärer Patriarch, und alles mußte nach seiner Pfeife tanzen. Ob meine Mutter überhaupt noch eine eigene Meinung hatte, konnte ich nicht feststellen. Auch meine Großmutter, sonst eine beherzte Frau, traute sich nicht, ihrem Herrn Sohn zu widersprechen. Ich hatte den Eindruck, daß nur der Gedanke an einen Streit mit ihm ihr Angst und Schrecken einjagte. Sie hatte ihren Mann im Ersten Weltkrieg verloren, und mein Vater übernahm bei ihr schon im Alter von sieben Jahren die Rolle des Mannes, wurde tüchtig und zuverlässig und angsteinflößend. Das hat sie erzählt.

Die Frauen in unserer Familie waren immer nur um Ausgleich oder, besser gesagt, Unterordnung bemüht. »Kommt, schnell, schnell«, hieß es, »der Vater wartet!« Oder: »Seid stille, Kinder, keinen Mucks…« Die Frauen waren verängstigt wie die Hühner. Mir ging es manchmal auch so. Wenn ein Gewitter aufzog, während man beim Einbringen des

Heus war, habe ich nicht wegen des drohenden Regens so viel geschafft, wie ich konnte, sondern wegen des Donnerwetters, das von meinem Vater über uns hereinbrechen würde, wenn wir das Heu nicht trocken in die Scheune kriegten.

Mein Vater konnte unheimlich schelten. Geschlagen hat er uns nur selten. Einmal aber hat es uns alle drei Mädchen erwischt. Wir sollten Garbenstricke ordnen, die sich verheddert hatten. Wir saßen in der Küche und kriegten es nicht hin, bis ich herausfand, daß es ganz gut ging, wenn man das Durcheinander am Kamin entlangzog. Daß es dabei Kerben in den Putz gab, haben wir nicht gemerkt. Als mein Vater uns schlug, wußten wir zuerst nicht, warum. Ich werde das nicht so schnell vergessen.

Bei meinem Vater strotzte es nur so von Vorschriften und Verboten. Man konnte fast sicher sein: Wenn ich etwas will, so darf ich's nicht, vor allem als Mädchen. Ich als Älteste hatte es dabei am schwersten. Ich hatte lange das Gefühl, alles erkämpfen zu müssen. Als die Nylonstrümpfe aufkamen und ich welche zur Konfirmation geschenkt bekam, war ich »der Mode-Affe« und durfte sie zuerst nicht anziehen. Wollte ich mein silbernes Kettchen oder die Armbanduhr tragen, so sagte er: »Jetzt wird's heiter! Schaut nur die gnädige Madame! und das am Werktag!« Damals gab es die Schuhe mit den Bleistiftabsätzen. Die hätte ich gar zu gerne gehabt, aber die waren tabu. Und man durfte, was mir heute absolut unbegreiflich vorkommt, die Fingernägel nicht putzen; da hieß es gleich: »Der Putz-Affe!«

Nach und nach habe ich vieles erkämpft, sogar die Tanzstunde. Aber eins war ganz und gar verboten: als Mädchen sich die Haare schneiden zu lassen. Was habe ich alles versucht mit den langen Haaren: Zöpfe, ein Zopf oder zwei, Zöpfe als Gretchenfrisur um den Kopf gewickelt, Zöpfe als Knoten im Nacken, genannt »Glaubensfrucht«, denn der Grund, warum die Haare lang bleiben mußten, war, daß dies angeblich in der Bibel stand. »Ich zünde das Haus an«, drohte mein Vater, »wenn du dir die Haare schneiden läßt!« – So ein dummes Geschwätz! Als ich achtzehn war, hab ich sie mit Zittern und Beben schneiden lassen, und meine Tante kam abends tatsächlich, um zu schauen, ob das Haus noch stand. »Na, hör mal, Tante«, habe ich da nur gesagt. Aber ich ließ mir die Haare doch wieder wachsen. Es war nicht auszuhalten, und ich habe klein beigegeben.

Doch im allgemeinen habe ich mich tapfer gewehrt. Ich konnte nicht anders. Ich mußte mich durchboxen. Dafür war ich bei ihm »das Lumpentier«. Als Mädchen galt man bei ihm ohnehin nicht viel. »Da hat man einen Hof und keinen Erben!« schimpfte er, »und statt dessen laufen einem drei Menscher zwischen den Beinen herum.« »Menscher«, sagte er, nicht »Mädchen«. Nun ja, zum Glück für ihn wurde neun Monate nach seiner Rückkehr unser Bruder geboren. Da hatte unser Vater dann sein »Söhnchen«. Natürlich wurde das Söhnchen bevorzugt und verwöhnt. Nicht sehr, dazu war der Ton zu rauh. Aber es war klar: der Junge war sportlich, intelligent, handwerklich begabt und er konnte gut singen. Ob meinem Vater irgend etwas an mir gefiel, außer wenn ich ordentlich, brav und fleißig war, weiß ich nicht. Bei mir und meinen Schwestern wurde auf Begabungen oder Interessen nicht so sehr geachtet. Für uns als Mädchen war es nicht besonders schön, beim Vater so gar nichts zu gelten. Daran hatte ich lange zu tragen.

Ob Mädchen oder Junge, mit uns Kindern redete unser Vater nicht. Etwas Genaueres hörten wir von ihm höchstens dann, wenn er mit den Männern von der Bibelstunde sprach. Am Sonntagnachmittag, wenn die »Stunde« zu Ende war, kamen sie ins Reden. Da ging's los über den Krieg und das Dritte Reich, das war das Thema, bei dem sie sich am meisten ereiferten. »Die Hand an Gottes Volk zu legen«, hörte ich meinen Vater sagen, »ist eine große Schuld.« Die andern äußerten sich ähnlich, und sie machten sich Gedanken, wie es möglich war, daß Christen nicht dagegen aufgestanden sind. »Man ist verblendet worden«, sagten sie, »der Hitler hatte eine solche Macht, daß man ganz verblendet wurde.« Wenn sie so redeten, saßen wir Kinder dabei und spitzten die Ohren. »Den Größenwahn hatte der Hitler«, sagten sie, und ich hätte gerne gefragt, was »Größenwahn« ist, aber ich war still, sonst wäre ich vielleicht hinausgeschickt worden. Sie waren sich einig, daß der Teufel seine Hand im Spiel gehabt habe und daß die Kommunisten, von denen es ein paar in unserem Dorf gab, auch schlimm seien. Das habe ich geglaubt, aber ich wußte natürlich nicht, was Kommunisten sind.

Über die Russen sagte mein Vater eigentlich nur Gutes, sie hätten das Herz auf dem rechten Fleck und so. Auch über die Franzosen, obwohl er dort in der Gefangenschaft gefroren und gehungert hatte, redete er gut. Was sie sagten, war im Grunde schön und gut, und man hätte als Kind etwas dabei lernen können, wenn die, die so redeten, nur selbst nicht solche Patriarchen gewesen wären, bei denen man nichts galt.

Solange mein Vater im Krieg und in der Gefangenschaft war, bewältigten die Frauen, die er nachher herumkommandierte – meine Mutter, meine Großmutter und meine Tante –, die ganze Arbeit ohne ihn, wobei meiner Mutter die schwerste und die meiste Arbeit zufiel und meine Großmutter das Sagen hatte. Weil meine Mutter nur eingeheiratet und selbst keinen Besitz mit eingebracht hatte, war das so. Sie steckte ihre ganze Kraft in den Hof und hatte es schwer. Als ich sie einmal darauf ansprach, sagte sie: »Ich bin froh, daß ich's tragen konnte.« Auch mit den Kriegsgefangenen, die zur Mithilfe auf die Höfe geschickt wurden, mußte meine Mutter sich mühen. Der eine war tüchtig, der andere faul und ungeschickt, ein dritter mäkelte am Essen herum und war dauernd krank. Einen, der längere Zeit bei uns war, den Louis, betrachteten wir ein bißchen als Vater, weil er sich ein wenig um uns kümmerte. Als sich unsere kleine Helga einmal im Wald verlaufen hatte, zog er los und kam mit dem schlafenden Kind in den Armen zurück.

Vom Krieg habe ich als Kind nicht viel mitgekriegt. Bei Bombenalarm ging man in den Keller, dort hatten wir es uns mit Stroh ganz gemütlich eingerichtet. Es sind auch nur drei Häuser im ganzen Dorf von Bomben getroffen worden, und ab und zu machten Tiefflieger Jagd auf die Züge. Aber mir ist nicht bekannt, daß jemand zu Schaden gekommen wäre, und ich wüßte nicht, daß ich Angst gehabt hätte.

An den Einmarsch der Amerikaner kann ich mich gut erinnern. Wir waren bei meiner Tante in der Talsiedlung und standen an der Dachluke. Plötzlich sagte sie: »Jetzt schaut her, da drüben beim Schlößchen kommen die Amis runter!« Wir haben geguckt, und es war sonderbar, alle haben sie gesehen, nur ich nicht.

Die Nazis hatten die Brücken gesprengt, nur eine kleine Brücke überm Kanal des Sägewerks stand noch, es waren aber Sprengladungen angebracht. »Nur über meine Leiche«, sagte der Sägewerksbesitzer und verhinderte, daß sie gezündet wurden. Die Amis kamen mit ihren Panzern auch ohne Brücke leicht über unser Flüßchen. Vor der nicht gesprengten kleinen Brücke machten sie halt, der Bürgermeister und der Pfarrer standen dort, das weiß ich noch, denn wir Kinder sind ja alle sofort hingerannt. Die Tochter des Bürgermeisters konnte Englisch. Sie verhandelte mit den Amerikanern und hat das Dorf übergeben.

Zum Wohnen suchten sich die Amis die besten Häuser aus; die waren in der Talsiedlung. Das Haus meiner Tante wurde auch beschlagnahmt. Sie wollte retten, was noch zu retten war, nahm einen Pritschenwagen mit zwei Kühen von unserem Hof und zog zusammen mit meiner Mutter los, um ihren Eichentisch, die Polsterstühle und das Ledersofa zu retten. Die Amis haben dagestanden und gemeckert, als die Frauen das Zeug auf den Wagen wuchteten. Aber meine Mutter sagte: »Nix, nix, nix!...«, nahm die Kühe, drehte den Wagen um und fuhr in Richtung Dorf. Meine Tante, die nicht wollte, daß das Haus verkam, bat sich aus, zweimal in der Woche dort zu putzen. Wir Kinder gingen dann mit. Die Amis saßen auf den Fenstersimsen, ließen die Beine baumeln und kauten Kaugummi. Das lernte ich damals kennen, und wir bekamen auch immer Schokolade geschenkt.

Als mein Vater nach Hause kam, sah es bei uns so aus, als wäre der Krieg an unserem Dorf vorübergegangen. Der Hof war bestens in Ordnung, allenfalls hatte man mit der Erneuerung von ein paar Dachbalken im Stall auf den Mann gewartet. Er hatte nicht das geringste Verständnis für das, was die Frauen – und vor allem meine Mutter – während seiner Abwesenheit geleistet hatten. Er bildete sich vielmehr ein, nur er habe unter dem Krieg und dessen Folgen gelitten. Das ließ er meine Mutter deutlich spüren. Daß sie den Hof instand gehalten hatte, zählte nichts, es war eine Selbstverständlichkeit, und die drei Kinder? Das waren ja nur Mädchen. Statt seiner Frau wenigstens ein bißchen Anerkennung zu schenken, warf er ihr vor, daß sie den Hof nicht vergrößert und den Viehbestand nicht erweitert habe. Und ich muß sagen, als mein Vater wieder da war, hatte es die Mutter schwerer als zuvor. Er wollte es unbedingt den Großbauern im Dorf gleichtun, mühte und rackerte sich ab, kaufte immer wieder ein Fleckchen Land dazu und mußte doch einer der kleineren Bauern bleiben.

Meine Mutter war überzeugt, sein Ehrgeiz sei der Grund gewesen, warum er als junger Mann in die Partei eingetreten ist. »Gustav«, hatten die Leute zu ihm gesagt, »wenn du heutzutage im Gesangverein oder im Gemeinderat oder überhaupt was werden willst, dann mußt du in die Partei.« Er ging also in die Partei, war aber nie in einer Parteiversammlung und tat auch nichts für sie, und »was geworden« ist er auch nicht.

Einen Mann wie meinen Vater –
nie im Leben!

Ich bin 1939 geboren, und mein Bruder kam drei Jahre später. Bei meiner Mutter war der Sohn die Nummer eins, und weit hinten kam ich. Sie sagte: »Du bist beim Vater das liebe Kind, und mir gehört der Ernst.« Mir kam es nicht so vor, als ob der Vater mich besonders lieb hätte, sondern ich bin von ihm geprügelt worden. Wenn mein Vater zuschlug, dann gute Nacht! Er verlor völlig die Kontrolle! Sonst hätte er auch nicht immer wieder das ganze Geschirr zerschlagen. Alkohol spielte dabei keine Rolle, es war der Jähzorn. Er war so jähzornig, daß er oft hinterher nicht mehr wußte, was er getan und gesagt hatte. Daß er mich besonders gemocht hätte, das hat sich, glaube ich, meine Mutter eingeredet und manchmal fast einen Haß auf mich gehabt, wenn sie Streit hatten. »Du!« schrie sie, »du Luder! Du bist wie dein Vater«, und schlug auf mich ein.

Inwiefern ich so gewesen wäre, weiß ich nicht. Vielleicht war ich ein wenig störrisch und habe ihr widersprochen. Das kann schon sein. »Du bist genau wie er!« schrie sie, »wenn du doch fortgeblieben wärest!« Ich hab's mir nicht zu Herzen genommen. Erst als ich älter war, so mit achtzehn, wurde mir bewußt, was sie da gesagt hatte! Sie konnte sich aber schon auch mal dazwischenstellen, wenn mein Vater gar zu rabiat auf mich losging. Das tat sie schon. Aber im großen und ganzen hat mich niemand in Schutz genommen. Mit fünfzehn ging ich aus dem Haus. Da gab's für mich nichts anderes.

Ich war ein Jahr lang in Stellung bei einer Familie und wohnte auch dort. Danach versuchte ich's noch mal zu Hause und ging in die Fabrik. Aber die häuslichen Verhältnisse haben mir nicht geschmeckt, und nach anderthalb Jahren – so lange hatte ich's ausgehalten – ging ich wieder weg. Ich ging nach Konstanz, wo ich vier Jahre lang in derselben Stellung war, zuerst im Haushalt und nach einem halben Jahr fast nur noch im Laden. Ich habe für den Laden nach und nach den

Einkauf und alles andere gemacht, denn meine Chefin wurde krank, sie hatte Krebs. Da sagte niemand, wie ich es von zu Hause gewohnt war: »Das kannst du nicht!« Da war ich ein fröhlicher und freier Mensch, richtig frei und fröhlich!

Mit achtzehn Jahren lernte ich in Konstanz meinen Mann kennen. Da habe ich zum ersten Mal Liebe gespürt und daß sich jemand ein wenig um mich sorgt. Ich habe mich an ihm festgeklammert und war überzeugt: Der muß es sein. Trotzdem war ich vorsichtig und habe es mir genau überlegt. Vier Jahre lang sind wir miteinander gegangen, ehe wir geheiratet haben. Denn so, wie meine Eltern fünfzig Jahre lang miteinander gehaust haben, bis meine Mutter starb, das kam für mich nicht in Frage, das hätte ich nicht verkraftet.

Mit zwölf Jahren schon hatte ich den Vorsatz gefaßt – in der Kirche habe ich mich niedergekniet und gesagt: »So machst du's nicht!« Ich wußte, daß man es anders machen kann. Ich hielt die Augen offen und sah, daß es Ehen gibt, die gut sind. Ich glaube, wenn man so etwas erlebt hat wie ich, macht man es bewußt anders.

In Konstanz haben wir geheiratet, nicht in meinem Heimatdorf bei meinen Eltern. Wir fanden eine nette Wohnung, und beide hatten wir eine Arbeit. Da war ich glücklich. Das war meine schönste, meine allerschönste Zeit. Da hat uns kein Mensch dreingeredet, da war Harmonie. Nein, das Lieblose wie bei meinen Eltern, das gibt es in unserer Ehe nicht. Wir machen alles gemeinsam. Auch heute noch. Wenn es etwas zu kaufen oder sonst zu entscheiden gibt, setzt man sich zusammen und spricht miteinander. Nicht, daß ich mit meinem Mann immer einer Meinung wäre, das kann ich nicht behaupten. Aber ich habe schon als Kind den festen Vorsatz gefaßt, wenn ich einen Mann finde, den ich mag, dem möchte ich mich anpassen. Was nicht heißen soll, daß ich mich hingebe, bis ich willenlos bin. Ich bin ein Mensch mit einem eigenen Willen und sage nicht zu allem »ja und Amen«. Ich kann mich schon behaupten. Aber meistens machen wir es dann doch so, wie mein Mann es vorgeschlagen hat, es gefällt mir dann auch, weil es doch das Bessere ist.

Aber daß wir zu meinen Eltern ins Haus gezogen sind, das war ein Fehler. Daß wir das gemacht haben, kann ich nicht mehr verstehen. Als wir drei Jahre verheiratet waren, kamen sie und wollten unbedingt, daß wir zu ihnen ins Haus ziehen: »Es ist alles anders«, sagten sie. Mein Bruder hat auch auf mich eingeredet, und mein Mann konnte sich nicht vorstellen, daß es solche Verhältnisse gibt. Er konnte einfach nicht glauben, was ich erzählt habe. Schließlich habe ich ihm zuliebe ja gesagt, denn er wollte so gerne etwas Eigenes haben. Unser zweites Kind war unterwegs. Du kannst nicht mehr arbeiten, dachte ich, und nur mit dem Lohn von einem schaffen wir es nicht, ein Haus zu bauen. Wenn wir bei ihnen wohnen, können wir anbauen. Sie hatten uns das angeboten. Und ich dachte: Den Bruder auszahlen, das schaffen wir schon, und dann hat mein Mann doch, was er sich wünscht. Aber das war falsch gedacht!

Jetzt gehört uns das Haus. Seit fünfundzwanzig Jahren schaffen wir dafür, jedes Jahr wird etwas anderes in Angriff genommen. Ich habe schon meine Freude daran, aber kein bißchen Anerkennung von meinem Vater. Nichts davon, dauernd Einmischerei und Kritik, das Geschrei und der Streit in der oberen Wohnung, bis vor einem Jahr meine Mutter starb. Ich muß sagen: Es tat mir dann doch weh, als sie die Augen zugemacht hat. In den anderthalb Jahren, die ich sie gepflegt habe, war es ganz anders zwischen uns, und ich habe sie richtig liebgewonnen. Das ändert nichts daran, daß es ein Fehler war, in das Haus zu ziehen. Mein Mann würde es auch nicht noch einmal tun, aber er konnte so etwas wirklich nicht für möglich halten.

Mein Vater hat damals, als er aus dem Krieg kam, ziemlich bald angefangen zu bauen. Da hatten sie es schwer, denn es mußte gespart werden, und das Haus war ihm wichtiger als Frau und Kinder. An allem wurde gespart. Ein Zipfel Wurst wurde in vier Teile geschnitten. Brötchen oder so was kannten wir nicht. Das Brot hat die Mutter selber gebacken – aber wehe, sie tat es, wenn er von der Arbeit heimgekommen war. Das mochte er nicht, und da konnte er den ganzen Teig auf den Boden schmeißen, was aber für sie kein Grund war, es das nächste Mal nicht wieder so zu machen, so dickköpfig war sie, leider. Es wurde an allem gespart. Einmal hatte meine Mutter Stahlwolle gekauft, um die Treppe zu spänen. Da hat mein Vater ihr eine runtergehauen, weil er's für unnötig hielt. Wie sollte sie denn putzen? Mit den Fingernägeln? Wie können Menschen nur so werden wie meine Eltern? Bei meiner Mutter muß man bedenken: Sie hatte nacheinander drei verschiedene Mütter; die sind alle gestorben. Sie wird mit Illusionen in die Ehe gegangen sein. Sie war schon dreißig, als sie geheiratet haben, und sie hat vielleicht gedacht: Jetzt wird alles anders! Jetzt gibt es keine Probleme mehr. Sie glaubte wohl, daß nur noch eitel Liebe und Sonnenschein herrschten. Obwohl ich dann wieder denke, daß da vielleicht nicht viel mit Liebe war, sondern mehr Torschlußpanik. »Ich habe keine Liebe bekommen in meinem Leben«, sagte sie immer, »ich hab noch nie Liebe bekommen...« – »Ja«, hab ich gesagt, »Oma, du hättest auch mal ein bißchen Liebe geben müssen.« Bei meinem Vater hieß es: »Eine Frau ist recht zum Arbeiten und fürs Bett.« Das war seine Devise. Er ist kein liebevoller Mensch. Ich glaube, auch wenn ich seinen Bruder so ansehe, daß es bei denen zu Hause rauh zugegangen ist. Die haben untereinander keine Beziehung. Man kommt höchstens alle vier, fünf Jahre einmal zusammen.

Als meine Mutter gestorben war, ging mein Mann mit meinem Vater ins Dorf, um den Sarg auszusuchen. Aber mein Mann kam alleine zurück. »Ja, wo ist denn der Opa?« – »Der ist ins Gasthaus gegangen.« In der »Krone« war an dem Tag Schlachtfest, und dort ist er hin. »Wieso?« sagte er, »das hab ich jedes Jahr so gemacht.«

Meine Mutter sagte zwar: »Vor dem Krieg war er ganz anders.« Aber sie erzählte auch, daß sie am Anfang der Ehe einmal Theaterkarten hatten, und an dem Abend kam der Holzsäger. Da wollte er nicht mehr ins Theater, und sie haben eine fürchterliche Szene gehabt. Oder daß er den ganzen Nähkasten in der Stube herumgeschmissen hat, als sie ihn einmal erziehen wollte und sagte: »Heute machst du das Frühstück.«

Da habe es ihr im Bett nicht mehr gefallen. Also hat schon vor dem Krieg etwas nicht gestimmt mit der Ehe. Sein Gesprächsthema Nummer eins ist der Krieg. Der Krieg und das Haus-Bauen. Wenn man mit meinem Vater zusammensitzt, geht es los über den Krieg. Den ganzen letzten Heiligen Abend hat er's vom Krieg gehabt. Welche Einstellung er hatte, ob er vielleicht so was wie ein Nazi war, das weiß ich nicht, auch nicht, wo er im Krieg war. Er erzählt Heldentaten, wie sie Hühner geklaut haben oder wie ihnen irgendwo auf weiter Flur das Benzin ausging und lauter solches Zeug. Abenteuer. Und von Frauen. Damit haben sie immer wieder geprahlt, mit den »Weibern«. Wie sie die ausgezogen haben, und wie sie's gemacht haben. Die Frauen haben angeblich freiwillig mitgemacht. »Freiwillig!« sagten sie. – Es ist eine Schande: So etwas haben sie vor uns erzählt, vor meiner Mutter und meinem Bruder und mir! Die hätten schon so dagelegen und hätten die Beine auseinandergetan, wenn sie gekommen seien. Ich war zwölf oder vierzehn, als ich das vom eigenen Vater anhören mußte, und es war nicht gerade schön.

Mit meiner Mutter konnte ich über diese Sachen nicht sprechen, da war kein Vertrauen. Und aufgeklärt wurde man von den Erwachsenen damals auch nicht. Wir Mädchen haben uns in der Schule gegenseitig aufgeklärt. Was die eine nicht wußte, wußte die andere. Ich hatte auch etwas aufgeschnappt. Ein Vetter von uns, der hat es ein bißchen bunt getrieben. Der wollte an uns rumgrapschen, an meiner Kusine und mir. Ihm wäre es am liebsten gewesen, wir hätten uns vor ihm ausgezogen. Von dem haben wir viel erfahren und sind ihm ansonsten aus dem Weg gegangen.

Wir hatten unsere Betten im Schlafzimmer der Eltern. Das war auch so eine Sache! Da hat man alles gehört, da horcht man genau als Kind. Aber wie das im einzelnen war, weiß ich nicht mehr. Das will ich nicht mehr wissen! Liebevoll war es auf jeden Fall nicht.

Trotzdem hingen sie so aneinander. Es war dem einen nicht wohl ohne den andern, aber miteinander ging es auch nicht. Und wieviel Schlechtes haben sie übereinander gesagt!

»Jetzt kommt der Sauhund wieder«, hieß es abends, wenn der Vater von der Arbeit kam.

Als er im Krieg war, wird sie auch nicht besonders gut über ihn geredet haben. Man mußte zwar jeden Abend beten, daß der Vater zum Schluß wieder gesund heimkommt und so. Aber ich vermute, das geschah nur aus Pflichtgefühl. So kam es mir auch damals vor. Überhaupt, das Beten und die Kirche und das ganze fromme Getue! Jeden Sonntag rannte man in die Kirche, wir Kinder mußten mit, ob wir wollten oder nicht, da gab's nichts! Und dann kam man heim, und das Schelten und Schreien und der Haß gingen los! Das wollte mir schon in frühester Jugend nicht in den Kopf. Es war sehr bedrückend, und mir ist dadurch als Kind der Glaube an die katholische Kirche verlorengegangen. Nicht der Glaube an Gott. Das wäre ja schlimm, wenn man leben müßte ohne den Glauben an einen Gott, der etwas Höheres ist. Nicht wie ein Vater, so hab ich mir das nie vorgestellt, sondern wie jemand, der alles ein wenig lenkt und auch mich nicht ganz vergißt.

Wir gehen in die Kirche, mein Mann und ich, aber selten, hauptsächlich im Urlaub. Zur Beichte gehe ich auf keinen Fall. Wie war es denn: Erst ist man häßlich zueinander, dann geht man zur Beichte und sagt's dem Pfarrer. Nachher meint man: »Jetzt hab ich's erzählt, jetzt sind alle meine Übeltaten erlassen und vergessen!« Nein! Das glaube ich nicht. Ich glaube, daß man auch selbst etwas dazu tun muß, Reue zeigen und sehen, daß man das gleiche nicht wieder tut. Dieser Meinung war ich schon als Kind.

Ich habe auf jeden Fall schon als Kind den Vorsatz gefaßt: Bei mir muß es einmal anders sein! Meine Kinder werden nicht so aufwachsen. Das darf sich nicht wiederholen. Auf keinen Fall. Mein Bruder sagte dasselbe. Ich weiß nicht, ob es mir immer gelungen ist, aber ich hoffe, im großen und ganzen schon. Wenn man so was mitgemacht hat, macht man die gleichen Fehler nicht auch. Und ich habe mir vorgenommen, meinen erwachsenen Kindern nicht dreinzureden. Die würden das allerdings auch nicht zulassen. Die gehen ihre eigenen Wege und »die Fehler, die wir machen«, haben sie uns erklärt, »wollen wir selber machen.« Aber so viele Fehler haben sie bis jetzt nicht gemacht. Sie waren alle drei gute Schüler. Der Älteste ist Betriebswirt. Die beiden andern sind noch im Studium.

Ich wäre so gerne Säuglingspflegerin geworden. Aber da hieß es: »Du lernst Haushalt und heiratest!«, wie's eben früher üblich war. Außerdem war ich ziemlich schwach in der Schule, wie mein Bruder auch. Manchmal denke ich, das ganze Drum und Dran und die ständige Angst, daß jetzt wieder ein Streit losgeht oder daß es Prügel gibt, das hat mich ein bißchen kleingemacht. Was haben meine Eltern von uns erwartet? Dankbarkeit. Und daß man tat, was sie wollten, und zwar sofort. Sonst gab's Schläge, auch sofort. Eigentlich waren wir meinem Vater nicht wichtig. Er hat sich nicht viel mit uns abgegeben. Das war Sache der Mutter. Bei ihm liefen wir am Rande mit, und wenn ich etwas wollte, sagte er von vorneherein: »Das kannst du nicht!« Das hat meinem Selbstvertrauen geschadet. Ich habe zum Beispiel das Autofahren nie richtig gelernt, obwohl ich den Führerschein habe. Ich bin zu unselbständig. Mir ist am liebsten, wenn mir jemand sagt: »Tu das und tu das...« Daß so etwas ein Fehler ist, weiß ich.

Natürlich hat man sich damals nach dem Krieg darauf gefreut, daß der Vater wiederkam. Auf seinen Vater freut sich doch jedes Kind. Und bei uns gab es noch einen besonderen Grund: Mein Vater war Lastwagenfahrer. Man hatte damals diese Holzvergaser. Und wie man als Kind ist: Man konnte vor den Nachbarskindern auftrumpfen, daß man mit diesem Auto fahren darf. Das hat mir gefallen! Die Nachbarskinder hatten zwar von allem mehr als wir, aber einen Vater mit einem Lastwagen hatten sie nicht, das hatten wir! Wie es dann war, als er gekommen ist, daran habe ich keine Erinnerung. Er wird uns halt geprügelt haben, und es wird Streit und Zank im Haus gegeben haben. Davor habe ich heute noch panische Angst. Wenn mein Mann mit meinem Vater arbeitet, muß ich aufpassen, sonst werde ich depressiv vor lauter Angst, was jetzt gleich wieder passiert. Mein Mann läßt sich nämlich auch nicht alles bieten, der kann auch einmal stur sein, und dann gibt es Krach!

Vor sieben Jahren hatte ich eine ganz schlechte Zeit mit Depressionen. Aber der Arzt gab mir keine Medikamente. »Dann werden Sie abhängig«, sagte er, »und überleben vielleicht Ihre Eltern nicht einmal. Sie müssen auf den Standpunkt kommen, auch mal zu denken: ›Leck mich am Arsch!‹«

Als Kind kann man das natürlich nicht. Da ist man ausgeliefert. Ich habe mal mit einer Freundin zusammen einen Topflappen gehäkelt. Ihre Mutter hatte es uns gezeigt. Ich war unheimlich stolz und hab's schön eingepackt und wollt's der Mutter schenken. »So was brauch ich nicht!« sagte sie. Da bin ich weggelaufen und wäre auch nachts nicht heimgekommen, wenn ich im Wald in der Dunkelheit nicht Angst gekriegt hätte. Es ist auch dem Arzt klar, daß der Grund für die Depressionen in diesen Erlebnissen liegt. Wenn man als Kind geliebt wird, kann man davon noch zehren, wenn man schon längst erwachsen ist.

Der Stern da oben –
das ist dein Vater

»Ach, ihr armen Kinder«, haben die Leute gesagt, »wenn euch euer Vater sehen könnte...!« Meine ganze Kindheit hindurch hatte ich das in den Ohren. Mein Vater ist 1944 in Rußland ums Leben gekommen. Er ist in einem Kriegsgefangenenlager verhungert, das hat uns später sein Freund erzählt, der davongekommen ist und der sich rührend um uns gekümmert hat.

Weil mein Vater noch während der Zeit der Nazi-Herrschaft starb, starb er »für Führer, Volk und Vaterland«, und es fand ein Gefallenengottesdienst statt. Ich war vier Jahre und sieben Monate alt. Ich werde die makabre Heldengedenkstunde, die ich damals erlebte, nie vergessen. Vor dem Altar lagen ein Stahlhelm – ich werde natürlich gedacht haben, der meines Vaters – und die Fahne; es sah schaurig aus. Wenn ich mir das heute überlege: die Hakenkreuzfahne in der Kirche und mein Vater tot »für Führer, Volk und Vaterland«! Meine Mutter hat hemmungslos geweint. Es war furchtbar! Ich werde wohl mit geweint haben. Zum Schluß standen wir drei Kinder da neben unserer Mutter, und alle kamen zu uns, strichen uns Kindern über den Kopf und sagten: »Ihr armen Kinder...!« Ich habe gespürt, daß für diese Leute etwas Schlimmes geschehen war, aber ich habe nicht begriffen, was.

Solange mein Vater am Leben war, war er uns gegenwärtig, auch wenn er weit weg in Rußland war. Meine Mutter erzählte von ihm. Auch später hat sie das gerne getan, und aus ihren Erzählungen kenne ich meinen Vater als einen fröhlichen Menschen, der gerne Spaß machte. Wenn sie gestöhnt hat übers Putzen, hat er gesagt: »Laß es doch! Sobald mir das erste Staubfädchen unter die Augen kommt, helfe ich dir!« Er war großzügig, das hätte mir gefallen. Und er war stolz auf seine drei Kinder, auf die beiden Töchter nicht weniger als auf unseren kleinen Bruder, der 1943 geboren wurde und den er nur aus den Briefen meiner Mutter und von Fotos kannte. Er schrieb immer, wie riesig er sich gefreut habe über die Bildchen, die ich ihm malte. Das weiß ich heute noch. Ich war damals drei, vier Jahre alt. Unsre Mutter sagte oft: »Oh, das erzählen wir dem Vater!« oder: »Was soll ich dem Vater von euch schreiben?« Als er dann tot war, daran erinnere ich mich noch deutlich, war da – nichts. Es waren für mich als Kind kein Schmerz und keine Trauer, sondern eben – nichts.

Ich hatte als Kind große Schwierigkeiten, die Traurigkeit meiner Mutter, die oft bis zur Depression ging, auszuhalten. Ich konnte es nicht ertragen, sie so nah an den Tränen zu sehen, und wollte sie mit allen mir zur Verfügung stehenden Mitteln aufmuntern. Vielleicht habe ich versucht, ihr etwas von unserem verstorbenen Vater zurückzubringen. »Du warst die Fröhlichkeit in Person«, sagen unsere Verwandten. Aber die Wahrheit ist, daß ich mir die Rolle des Familienclowns erfunden habe, weil Mutters Traurigkeit zu schlimm für mich war. Wenn ich gesehen habe, wie es meinen Freundinnen mit ihren Vätern erging, fand ich es ganz angenehm, keinen Vater zu haben. Die Mutter führte uns an einer sehr langen Leine. Das haben wir genossen, und ich bin überzeugt, daß es uns gutgetan hat, daß es Kindern überhaupt guttut, so viel Freiheit zu haben.

Mein Vater hätte uns sicher strenger gehalten. Und das meiste von solch väterlicher Strenge, wie ich sie auch bei meinem Mann unsern Kindern gegenüber erleben muß, halte ich für überflüssig und sogar schädlich.

Welchen Verlust der Tod unseres Vaters für uns bedeutete, habe ich erst begriffen, als ich erwachsen war und selbst Kinder hatte. Da habe ich gemerkt, was es für meine Mutter bedeutete, drei Kinder ohne den Vater aufziehen zu müssen. Vom Finanziellen will ich nicht an erster Stelle reden, obwohl das eine große Rolle spielte. Man unterschätzt das heute aus unserem Wohlstand heraus. Ich will von der Tragfähigkeit sprechen, die von einer solchen Frau verlangt wird. Sie muß ja mit den Kindern alleine durch dick und dünn gehen.

Wir Kinder versuchten, Rücksicht auf die Mutter zu nehmen. Ob die Art, wie wir das taten, immer gut war, möchte ich bezweifeln. Einmal hatte ich in der Schule irgendwas angestellt; heute würde man sagen, es waren Lappalien. Aber damals drohte mir der Rausschmiß. Ich hatte das Gefühl, das kannst du deiner Mutter nicht antun, und log, daß sich die Balken bogen. Eine Großmutter, die es gar nicht gab, mußte mit einem Hirntumor ganz elend zugrunde gehen, und meine Tränen flossen. Ich schäme mich noch heute der Lügen. Doch meine Mutter blieb verschont. Immerhin!

Erst als erwachsene Frau habe ich um meinen Vater getrauert und Sehnsucht nach ihm gehabt, und zwar nach dem Gespräch mit ihm, einem Gespräch, bei dem ich Tochter sein könnte, so unerfahren und den Herausforderungen des Lebens gegenüber so ratlos, wie ich es als junge Frau war und auch heute noch oft bin. Ja, da hätte mir ein Vater gutgetan, den ich um Rat fragen kann, auch heute noch.

Ich weiß, ich weiß! Ich bin heute zwanzig Jahre älter, als er bei seinem Tode war. Und ich weiß, daß die Erfahrungen von vielen gegen ein solches Vaterbild stehen, daß es solche Väter wahrscheinlich gar nicht gibt. Aber dieses Bild habe ich. Es ist geprägt durch meine Mutter, und zwar nicht in erster Linie durch das, was sie von meinem Vater erzählte, sondern dadurch, daß wir zu ihr ein vertrauensvolles Verhältnis hatten, das ich infolgedessen vom Vater auch erwarten würde.

Unser Großvater väterlicherseits wurde – das brauchte man ja damals noch – unser Vormund und in gewisser Weise Vaterersatz. Allerdings nicht so, wie ich mir meinen Vater wünschen möchte. Seine Erziehungsprinzipien stammten teils aus der Wilhelminischen Epoche, teils aus dem schwäbischen Pietismus. Da hatte man beim – selbstverständlich verboten! – Kartenspiel das prickelnde Gefühl, eine Sünde zu begehen, und beim sonntäglichen Stricken von Pullovern und Socken – das natürlich heimlich geschehen mußte – meinte man, gegen Gottes Gebot zu verstoßen. Der Großvater selbst hielt sich an alle seine Gebote, die er für Gottes Gebote hielt. Er war ein strenger und gerechter Mann. Nie habe ich ihn ein Schimpfwort gebrauchen hören oder einen der vielen Ausdrücke, in denen Gott vorkommt, wie etwa »…um Gottes willen!« Mir wird heute noch ganz flau, wenn ich, wie gerade eben, so einen Ausdruck benutze. Zu Großvaters Grundprinzipien gehörten Fleiß und gute Leistungen. Man mußte »freudig« und ohne Murren Äpfel auflesen. Die Jungfräulichkeit war etwas grundlegend Wichtiges. Sie bis zur Hochzeitsnacht zu erhalten war eine solche Selbstverständlichkeit, daß man darüber kein Wort zu verlieren brauchte. Jedoch hatte man mit Hilfe der entsprechenden Frisur und des geeigneten Schuhwerks dafür zu sorgen, daß sie nicht Gefahr lief verlorenzugehen.

Unser Großvater hat uns ab und zu ein wenig für die Entbehrungen entschädigt und ein kleines Fest für uns veranstaltet, wo es gut und reichlich zu essen gab. Da bekamen wir auch Wurst, was sonst nie geschah, und Süßigkeiten. Daran denke ich heute noch mit Freuden. Aber den Vater konnte uns niemand ersetzen, weder die beiden Brüder meines Vaters noch der Bruder meiner Mutter, auch der Freund meines Vaters, der ihn hatte sterben sehen, nicht. Sie haben sich, bis auf den Freund, meiner Meinung nach auch etwas zu wenig um uns gekümmert. Obwohl der Großvater immer in der Nähe war, waren wir doch ein männerloser Haushalt. Da hat etwas Wichtiges gefehlt, und das Erfahrungsfeld, das ich als Kind hatte, war eingeengt.

Wir Kinder haben unsere Mutter zweimal auf nicht allzu sanfte Weise daran gehindert, eine neue Ehe zu schließen. Ich weiß, daß viele verwitwete Frauen sich in dieser Sache nach ihren Kindern gerichtet haben, die nicht bereit waren, einen neuen Partner in die Lebensgemeinschaft mit der Mutter hereinzulassen. Heute mache ich mir das ein wenig zum Vorwurf, denn heute ist meine Mutter alleine.

Nachdem das alles gesagt ist, will ich vom Geld reden, von dem Mangel an Geld! Wir waren wirtschaftlich schlechter dran als diejenigen von meinen Freundinnen, deren Väter aus dem Krieg zurückkamen oder – manchmal als Nazi! – überhaupt nicht im Krieg gewesen waren. Während es bei uns äußerst bescheiden zuging, haben sie schon ziemlich gut gegessen. Ich habe damals die ersten Bananen und Orangen gesehen. So etwas Außergewöhnliches konnten wir uns nicht leisten. Hätten wir unseren Vater noch gehabt, hätten wir leben können wie die andern auch, denn er hatte als gelernter Mechaniker einen guten Beruf und arbeitete nebenher bei seinem Vater in dessen Weinbaubetrieb mit, wo er nun auch sehr fehlte.

Wir mußten mit der Rente und dem, was die Mutter dazuverdienen konnte, zurechtkommen: Sie besaß zwei große Gärten, die bewirtschaftete sie und verkaufte das Gemüse. Wir waren auf Ermäßigungen beim Schulgeld, bei Klassenfahrten und solchen Dingen angewiesen. Gedankenlos erwarteten die meisten Lehrer dafür eine Gegenleistung von uns in Form von Fleiß und Wohlverhalten. Zum Glück gab es aber auch Lehrer, die mir freundlich, und ohne daß die Mitschüler etwas davon merkten, sagten: »Du brauchst nichts zu zahlen« und mir die Demütigung ersparten, so arm dazustehen.

Damals haben wir unsere Armut hingenommen. Aber wenn ich mir's heute überlege, so finde ich es nicht in Ordnung, daß zuerst der Mann den Kopf hinhalten mußte für eine Sache, die nicht seine war, und daß dann der Familie auch noch der finanzielle Rückhalt fehlte. Mein Vater hätte gut für unseren Lebensunterhalt gesorgt. Warum ließ man uns, die schon den Vater verloren hatten, auch noch für diese Folgen des Krieges zahlen? Das hat mich geärgert! Als das Erbe meines Großvaters verteilt wurde, galten meine Geschwister und ich nicht als direkte Erben und kamen in eine schlechtere Steuerklasse, als mein Vater gekommen wäre. Das muß man sich einmal überlegen: Wir mußten, genaugenommen, noch Strafe dafür zahlen, daß unser Vater im Krieg umgebracht worden war. Da könnte man sich krummärgern.

Etwas sehr Lästiges in meiner Kindheit war das nicht enden wollende Mitleid der Leute, dieses: »Ihr armen Kinder...«, das mir das erste Mal bei dem Gefallenengottesdienst begegnet ist. Es vermittelte mir den Eindruck, wir seien, so wie wir waren, nichts Vollständiges, uns fehle etwas. Und jedesmal wühlte dieses Mitleid alles in mir wieder auf. Es war immer die gleiche Formel: »Ihr armen Kinder, wenn euch euer Vater sähe…!« Das sagten die Leute, wenn sie fanden, wir seien ganz nach Wunsch geraten: lieb, anständig, groß, gesund, ordentlich, gute Schüler und so weiter. Statt zu sagen: »Du, ich finde dich gut!« sagten sie: »…wenn dich dein Vater sähe!«

Und, es ist kaum zu fassen, mir wurde, ich weiß nicht mehr von wem, eingeredet, er sehe mich tatsächlich. Mir wurde eingeredet, ein bestimmter Stern am Nachthimmel sei mein Vater. Ich habe das geglaubt und gedacht: Der Stern da, das ist mein Vater. Der guckt runter vom Himmel und sieht alles, was ich tu, auch wenn ich etwas nicht recht mache. Vor kurzem sprach ich mit meiner Schwester darüber. Sie hatte diese Vorstellung auch. Unser toter Vater war also gefährlich nahe an die Vorstellung von einem göttlichen Wesen gerückt. Aber heute gehört für mich zum Begriff »Gott« das Mütterliche genauso wie das Väterliche.

Was die Einstellung zum Dritten Reich anging, so gab es bei uns zu Hause keinen Zweifel: Meine Eltern waren keine Nazis und keine Mitläufer, so wenig wie mein pietistisch geprägter Großvater. Ein Bruder meines Vaters war allerdings ein Nazi. Meine Mutter wußte durch einen Onkel, der Auslandssender hörte, schon früh Bescheid darüber, was mit den Juden geschah.

Als mein Vater tot war, hat meine Mutter nicht »in stolzer Trauer« seinen »Heldentod« bekanntgegeben, sondern in der Zeitungsanzeige sprach sie von der »für uns alle unfaßlichen Nachricht« und davon, daß wir, seine Familie und seine Freunde, »für all seine Liebe und Treue danken«. So konnte man, wie man sieht, das damals auch formulieren. Man mußte nicht schreiben »für Führer, Volk und Vaterland«.

Wenn ich heute die liebevollen Großväter mit ihren Enkelkindern sehe, so denke ich: Das hat man ihm und uns und meinen Kindern ja auch gestohlen. Ich halte, nach allem, was ich erlebt habe, den Krieg für etwas Sinnloses und Schädliches und Militär für etwas Unnötiges und Bösartiges. Mit Waffen und Gewalt lassen sich Konflikte nicht lösen. Diese Einschätzung konnte ich meinen Söhnen vermitteln, und beide verweigern zu meiner Freude den Kriegsdienst.

Nun bist du mein kleiner Vati, Annette …

Mein Vater ist am 17. März 1948 an einer Lungenentzündung gestorben. Aber im Grunde genommen ist er daran gestorben, daß er in Polen eine so schwere Verwundung erlitten hat, daß ihm das Bein amputiert werden mußte. Mein Vater, der einige Semester Medizin studiert hatte, wußte, daß durch eine solche Amputation der korrespondierende Lungenflügel stark belastet ist, weil ein Drittel des Kreislaufs für ihn ausfällt. Trotzdem war er keineswegs ängstlich oder auch nur vorsichtig, sondern ist, obwohl er einen grippalen Infekt hatte, für die Spitzenfabrik seiner Brüder mit Krücken und Rucksack zur Leipziger Messe gezogen. Hätte es zu der Zeit dort schon, wie im Westen, Penicillin gegeben, so wäre mein Vater vielleicht noch am Leben, und vieles wäre für mich anders gelaufen.

Über meinen Vater hörte ich immer wieder von verschiedenen Seiten, daß er ein ganz brillanter Kopf gewesen sei. Bereits 1926, ein Jahr vor seinem Abitur, zeigte er in einem Schulaufsatz die Gefahren auf, die von Hitler ausgingen, und warnte vor ihm. Mein Vater kam von der Jugendbewegung her und war durch eine starke englische Tradition in der Familie – seine Großmutter war Engländerin – grundlegend demokratisch geprägt und politisch nicht auf eine bestimmte Richtung festgelegt, sondern von großer Offenheit nach allen Seiten.

Er absolvierte in sehr kurzer Zeit sein Jura-Studium, obwohl er sich während der Weltwirtschaftskrise als Zeitungsverkäufer Geld dazuverdienen mußte. Denn der väterliche Betrieb, der den Mode- und Luxusartikel Spitzen herstellte, war von der allgemeinen Wirtschaftslage in besonderem Maße abhängig.

Irgendwann in dieser Zeit muß mein Vater bei der SA gewesen sein, was sich für ihn sicherlich bald als Irrtum herausstellte, denn er war kein Nazi.

Nach Abschluß seines Studiums wurde mein Vater durch einen Freund aus der Jugendbewegung zusammen mit anderen aus derselben Freundesgruppe ans Auswärtige Amt berufen. Er wurde bald Assessor, aber als die Nazis an der Macht waren, verschwand die ganze Gruppe im Gefängnis. Das fiel in diplomatischen Kreisen, besonders bei den Engländern, auf, so kamen sie wieder frei, mußten Lügen unterschreiben und wurden, nunmehr etwas weniger auffällig, nach und nach einzeln aus dem Amt entfernt. Mein Vater blieb im Staatsdienst, aber seine Karriere war gestoppt, und er wurde ans äußerste Ende des Deutschen Reiches in eine Kleinstadt in der Nähe von Dresden versetzt, wo er gerade noch Regierungsrat wurde.

Meine Eltern kannten sich schon vor der Verhaftung, und meine Mutter stand so fabelhaft zu ihm, daß, wie sie mir erzählte, sogar der Staatsanwalt ihr seinen Respekt bekunden mußte.

Ich glaube, es war die Gestapo, die herausfand, daß mein Vater – ich weiß nicht, in der wievielten Generation – der Abkömmling eines getauften Juden war, dessen Familie als Protestanten vor Alba aus Antwerpen hatte fliehen müssen. Der Taufpate jenes Juden war übrigens ein Schwager von Goethes Mutter.

Meine Mutter wurde zur Gestapo bestellt, und man sagte ihr, sie könne jeden andern Mann heiraten, aber bitte nicht diesen, sonst müsse sie mit Konsequenzen für ihre Brüder rechnen. Sie aber ließ sich nicht einschüchtern. Meine Mutter erzählte mir, daß sie am Vorabend ihrer Hochzeit von ihrem Vater beiseite genommen wurde und gesagt bekam, wie ihre Frauenrolle auszusehen habe. Sie habe von nun an ihren Tageslauf so einzurichten, daß sie von dem Moment an, in dem ihr Mann abends das Haus betrete, ganz für ihn da sein könne. Sollte der Mann allerdings abends ohne sie ausgehen wollen, so habe sie keine Einsprüche zu erheben. Mein Großvater wollte indessen auf keinen Fall, daß sie den Mann bedienen solle, vielmehr war seine Vorbedingung an den zukünftigen Schwiegersohn die Beschäftigung eines Dienstmädchens vom ersten Ehetag an. Meine Mutter, die wie eine Herzogin auftreten kann, nahm diese Rolle, in der sie ja großgeworden war, an. Mein Vater lebte im entsprechenden männlichen Rollenmodell, und so war es eine glückliche Ehe. In meiner Kindheit war es die glücklichste Ehe, die ich kannte.

Das Glück wurde auch nicht durch die Krankheit meiner Mutter, einer Neigung zur Überfunktion der Schilddrüse, die uns nach dem Tod des Vaters so belasten sollte, gestört. Diese Krankheit, unter der ich auch zu leiden habe, bricht dann aus, wenn das psychische Gleichgewicht nicht gewährleistet ist, und führt zur Beschleunigung des Stoffwechsels bis hin zum Abmagern trotz überreichlicher Nahrungszufuhr und zu Nervosität verschiedenen Grades. Solange mein Vater lebte, traten diese Probleme bei ihr nie auf, denn er hat das Notwendige dagegen getan: Er hat Seelenpflege bei ihr betrieben. Ich seh ihn noch hinter ihr stehen und ihr die Stirn streichen. Es war schön, als mein Vater noch lebte; wir waren alle glücklich; es war eine herrliche Zeit!

Mein Vater brachte einen ganzen Schwarm Freunde und Freundinnen mit in die Ehe. Meine Mutter war damit einverstanden und pflegte, als mein Vater tot war, diese Freundschaften sogar weiter. Es herrschte eine angeregte Atmosphäre im Haus: Es gab viel Besuch, mein Vater veranstaltete Hauskonzerte, und meine Eltern wurden auch immer wieder zu Empfängen im »Weißen Hirsch« in Dresden, dem Nobelhotel für die damalige Elite, gebeten.

SS-Leute kamen des öfteren gestiefelt und gespornt zu Amtsüberprüfungen ins Haus, und meine Mutter mußte die Herren an den Mittagstisch laden. Den Spruch, mit dem sie sich zu verabschieden pflegten, hat sie als Drohung empfunden: »Vielen Dank für Speis' und Trank, elektrisch' Licht und Heizung. Die Mahlzeit war reichlich, aber leider nicht ganz so fett wie bei andern Juden.«

Mein Vater, so sagte mir meine Mutter, hielt es aus solchen Gründen für ratsam, sich an die Front zu melden. Die Verwundung hat ihm Stalingrad erspart, wo die sächsische Armee, zu der er gehört hatte, zugrunde ging, und wir haben den Fortgang und das Ende des Krieges gemeinsam erlebt.

Ich kann mich an wunderschöne Familienausflüge erinnern. Mein Vater mit den Krücken trug den Rucksack. Er stieg ungeheuer beweglich in den Bergen herum. Auch im beruflichen Leben war mein Vater durch die Amputation nicht nennenswert behindert. Er bekam die Aufgaben eines Landrats übertragen und hatte sich kurz vor Kriegsende, als alles ein einziges Chaos war, selbst zum Landrat ernannt, um Dinge wie Evakuierungen usw., mit dem entsprechenden amtlichen Anstrich versehen, regeln zu können.

Am Abend, bevor Dresden bombardiert wurde – daran erinnere ich mich gut –, standen wir auf der Terrasse vor unserem Wohnzimmer und betrachteten den von »Christbäumen« hellerleuchteten Himmel. Dann wurde mein Vater in sein Amt gerufen. Als die Bomben – mehr als zehn Kilometern von uns entfernt! – fielen, wackelte unser Haus, und die Fensterscheiben klirrten. Wir waren am Zittern und Beben, unsere Mutter vor allem, denn mein Vater mußte seine Feuerwehren nach Dresden hineinführen, und sie sorgte sich: »Kommt er wieder raus?« Und dann, am nächsten Morgen, sein fürchterlicher Bericht! Sie sind nicht weit gekommen in dem brodelnden Asphalt, wo die verbrannten Menschen lagen. Es war für mich entsetzlich, wie er das erzählte: »So klein sind die Toten«, sagte er, »so klein wie Puppen...«, und ich stand da mit meiner Puppe. Ich bin mir aber nicht einmal mehr sicher, ob ich wirklich dabei war, als er zurückkam, und ob ich das alles von ihm selbst hörte. Jedenfalls mußte meine Mutter mich jahrelang nachts aus den Träumen reißen, aus den wahnsinnigen Hexen- und Teufelsphantasien, die durch das Dresden-Erlebnis ausgelöst worden waren. In meinen Träumen hat es gebrannt, gebrannt, gebrannt...!

Wir wurden von meinem Vater rechtzeitig vor der Ankunft der Russen in den Westen geschickt. Auf der Zugfahrt gerieten wir in einen englischen Luftangriff. Der Zug mußte anhalten, und ich sah, wie Bomben in Häuser hineinsausten. Die Soldaten im Zug rieten den Reisenden, ins freie Feld zu laufen und sich in die Bombentrichter von einem früheren Angriff zu ducken, weil dort nicht hingezielt würde. Als der Zug weiterfahren sollte, fehlten zwei Kinder. Es wurde sehr lange nach ihnen gesucht, und schließlich mußte ohne die Kinder losgefahren werden. Das fand ich schrecklich!

Mit uns im Abteil war eine schlesische Familie, die den Angriff auf Dresden überlebt hatte, aber der kleine Sohn hatte eine Brandwunde, die unaufhaltsam wuchs; im Zusehen wuchs diese Wunde, und niemand konnte dem Kleinen helfen! Das kam vom Phosphor in den Brandbomben. Ob das Kind daran zugrunde ging? Heute noch tut es mir weh, wenn ich an dieses Kind denke. Ich habe später die Ruinen von Coventry gesehen, da konnte ich den Haß der Engländer verstehen.

In P., der Heimatstadt meiner Eltern, die zur Ruinenstadt geworden war, lebten wir dann zusammen mit drei anderen Familien aus der Verwandtschaft in einer Vier-Zimmer-Wohnung. Ich höre meinen Vater noch heute in komischer Verzweiflung rufen: »Wo ist denn nur mein Holzbein hingeraten?« Unter unserem Fenster zogen die endlosen Ströme von Flüchtlingen und Soldaten vorbei. Wenn wir irgendwohin wollten, mußten wir durch Ruinenfelder gehen. Natürlich hatten wir Angst! Da sagte mein Vater: »Weißt du, Soldaten singen, dann haben sie keine Angst!«, und so sind wir mit dem Vater zusammen singend durch die Ruinenfelder gestapft, und manchmal am Abend guckte der Mond durch die ausgebrannten Fassaden.

Ich habe viele solcher Erinnerungen an meinen Vater, der ein liebevoller, lebensfroher Mensch war. Am besten zeigen dies seine Gedichte. Die Verse »Laß die Blumen blüh'n« waren mir immer hilfreich und tröstlich: »Bestimmt ist unsres Lebens Ziel / Nur dein Kind wird nach dir sein / Und kurze Zeit am nächsten Stein / Erneuert sich das alte Spiel / Willst du darum weinen? / Will dir dann dein Müh'n / Sinn- und zwecklos scheinen? / Laß die Blumen blüh'n.«

In einem anderen Gedicht, das ich sehr liebe, geht es um einen großen Garten, den wir draußen vor der Stadt hatten, aus dem die halbe Familie mit Obst und Gemüse versorgt wurde und wo wir herrliche Stunden verbrachten. Außerhalb dieses Anwesens durften wir keine Blumen pflücken.

Mein Vater hatte da sehr bestimmte Forderungen. Als Jurist und als Menschenfreund hat er uns stets angehalten, das Rechte zu tun. Ich hatte einmal ein silbernes Kettchen gestohlen. Wir waren zusammen in jenem Garten, nackt, wie häufig, wenn schönes Wetter war. Ich hatte das Kettchen in einer kleinen Tasche verstaut, die hielt ich krampfhaft fest, was meinem Vater auffiel. »Gib mal her«, sagte er. Bei der dritten Aufforderung gab ich's ihm. Mein Vater konnte gut mit Kindern umgehen. Er brauchte nicht zu drohen oder aufzutrumpfen, man tat, was er verlangte. Er sah das Kettchen. Ich leugnete das Stehlen ab. Das setzte eine von den insgesamt drei Trachten Prügel, die ich von ihm bekommen habe. Dabei hatte er, der selber ein ausgesprochener Ästhet war, durchaus Verständnis dafür, daß mich dieser schöne Gegenstand bezaubert hatte. Ich fand die Strafe völlig in Ordnung.

Die kurzen Jahre mit dem Vater nach Ende des Krieges waren eine wirklich schöne Zeit für uns alle, und ich erinnere mich an ganz idyllische Situationen, zum Beispiel diese: Meine Schwester war künstlerisch sehr begabt, und mein Vater nahm mit ihr zusammen Malstunden. Da saßen sie am Tisch und malten, und ich saß daneben. Oder ein anderes Erlebnis: Es war ein wunderschöner Tag, und wir zogen los, um in unserem Garten Kartoffeln zu setzen. Vater hatte ein Körbchen mit schön zurechtgemachten Saatkartoffeln in seinem Rucksack, und mit seinen Krücken nahm er treppab immer zwei Stufen auf einmal. Da plumpste ihm eine Kartoffel vor die Krücken, er stolperte drüber und rutschte die ganze lange Treppe hinunter. Ich stand oben. Es sah so komisch aus, daß ich noch heute lauthals lachen muß, wenn ich an all die Kartoffeln denke, die da hinunterpurzelten, an die Krücken, die abwärts sausten, und in der Mitte mein Vater! Er sammelte sich und alles zusammen, und wir sind weitergegangen. Meine Mutter erzählte mir später, er sei ziemlich erschüttert gewesen, wie sein geliebtes Töchterchen da oben stand und lachte. Ich habe es damals nicht zu spüren bekommen, keine Schläge, kein Schimpfen, nichts!

Als mein Vater dann im März 1948 auf der Leipziger Messe erkrankt war, hat man von der Firma aus unserer Mutter erst im letzten Augenblick Bescheid gesagt, denn sie stand kurz vor der Entbindung des dritten Kindes. Mir kommt es in der Erinnerung vor, als sei es mitten in der Nacht gewesen, als die Direktrice kam, um sie zu holen, damit sie mit dem Krankenwagen nach Leipzig gebracht würde. Es war für mich eine ganz düstere Atmosphäre. Ich war knapp neun und meine Schwester sieben, und wir sind um die beiden Frauen herumgetanzt. Dann waren meine Mutter und die Großeltern weg, und wir waren drei Tage lang mit dem Dienstmädchen alleine, denn sie sind gleich zur Einäscherung in Leipzig geblieben.

Ich erinnere mich, daß ich an einem dieser Tage mit meiner Schulfreundin auf der Treppe vor deren Haus saß. Ich hatte im Nachbargarten Blumen gestohlen, wunderschöne Primeln, gelb und innen braun, die mich ganz bezaubert hatten. Ich hatte sie in ein Marmeladenglas gestopft, trug sie, wie vor kurzem noch das gestohlene Kettchen, die ganze Zeit mit mir herum und hatte ein entsetzlich schlechtes Gewissen wegen Vaters Verbot. »Was willst du eigentlich mit den Blumen?« fragte meine Freundin, und ich antwortete: »Weißt du, die will ich meinem Vater aufs Grab pflanzen.« Sie waren schon ganz verwelkt. »Weißt du denn...?« sagte sie, »...soll ich's dir denn sagen: Dein Vater ist tot!« Da mußte ich lauthals loslachen, so unvorstellbar war es mir, daß mein Vater, mein quicklebendiger Vater, tot sein könnte. Dabei war es mir doch ganz ernst, das weiß ich noch, als ich sagte: »Die pflanze ich ihm aufs Grab.« Und ich wußte doch, er würde sich nicht darüber freuen.

Ich kann mich nicht entsinnen, was mir gesagt wurde, als meine Mutter und die Großeltern zurückkamen, aber ich weiß noch gut, wie ich darauf bestanden habe, bei der Urnenbeisetzung dabeizusein. Doch das war nicht möglich. Ich wurde statt dessen in die Schule geschickt. Das hat mich sehr getroffen, denn ich war ein sensibles Kind. Aber ich will ja meiner Mutter keinen Vorwurf machen. So weitreichend war es auch wieder nicht. Ich hatte ohnehin mein ganzes Leben daran zu kauen, daß mein Vater plötzlich weg war und daß dies so ganz an mir vorbei geschehen war.

Meine Mutter hat sich in der ersten Zeit sehr um uns gekümmert. Sie hat vorgelesen und genäht oder gestrickt, was sie sonst nie getan hatte, wohl auch, um daraus ein bißchen Wärme für sich selbst zu holen. Aber meine Schwester, ein ungeheuer einfallsreiches, impulsives Kind, hat sich gegen diese Nähe gewehrt. Die ersten drei Tage nach dem Tod des Vaters hat sie sich in seinem Sessel zusammengerollt und niemanden an sich herangelassen. Zu mir sagte meine Mutter – da war ich noch keine zehn Jahre alt – »du bist jetzt mein kleiner Vati, Annette.«

Bald stand meine Mutter ziemlich alleine da, weil die Großeltern und viele Freunde nach und nach in den Westen gingen. Ich war dann derjenige, bei dem sie sich aussprechen und alles abladen konnte. Ich war ihr Vertrauter, nicht ihre Vertraute, sondern ihr Vertrauter, ich hatte die Rolle des männlich-starken, sicheren Beraters, und das gefiel mir, auch weil es mich gegenüber meiner Schwester, der kleinen Künstlerin, aufgewertet hat.

Auch als schließlich alle im Westen waren, führte meine Mutter den Betrieb tatkräftig weiter, solange es noch irgendwie ging. Doch dann bewerkstelligte sie ohne mein Wissen die Umsiedelung zu den Brüdern meines Vaters, die im Westen mit der Spitzenfabrik wieder gut Fuß gefaßt hatten, und sobald wir da waren, brach ihre Krankheit in einer unglaublichen Heftigkeit aus. Ich war jahrelang wie entwurzelt, und die Deutschlehrerin hier im Westen fand meine Aufsätze so schlecht, daß sie nicht zu zensieren seien, während ich drüben in der Eliteklasse meiner Schule oft den besten Aufsatz geschrieben hatte. Dieses Entwurzeltwerden hängt gewiß mit Vaters Tod zusammen, der für uns eine Amputation war, die wir nie überwunden haben. »Mit Vati«, sagte meine Mutter einmal, »bin ich ein Stück weit gestorben.«

Meine jüngste Schwester hat ganz und gar in einer Atmosphäre gelebt, die von einem Menschen geprägt war, der nicht mehr existierte. Mir fehlte der Gesprächspartner, derjenige, mit dem ich ein Problem durcharbeiten konnte, bis ich sicher sein durfte, es so gut gelöst zu haben, wie es für meine Verhältnisse möglich war. Im Grunde genommen bleibt man Kind, wenn man zu früh im Leben die Bezugsperson verliert.

Ich habe aus allerlei Gründen ziemlich lange für mein Germanistik- und Anglistikstudium gebraucht, habe sehr spät mit dem Referendariat für den Schuldienst begonnen, habe im Alter von 35 Jahren einen Mann geheiratet, der aus Italien aus Familienverhältnissen stammt, die den meinen durchaus vergleichbar sind, und der kein Akademiker ist. Wir haben ein Kind, das große Schwierigkeiten mit sich und der Welt hat, woran die moderne Medizin nicht unschuldig ist, und ein Pflegekind, einen zwölfjährigen Jungen, der als mein Schüler eines Tages vor dem Lehrerzimmer stand und darum bat, daß wir ihn aufnehmen. Ich bin gerade dabei, aus dem Schuldienst auszuscheiden, weil meine Art zu unterrichten zwar den Schülern und mir, nicht aber dem Oberschulamt gefällt.

Eigentlich mehr durch Zufall habe ich ein großes Porträt meines Vaters im Wohnzimmer hängen. Mein Vater wollte meine Mutter malen lassen; er kannte den Maler persönlich sehr gut. Als er dann so plötzlich gestorben war, wurde der Maler gebeten, aus der Erinnerung und nach einem Dutzend Fotos ein großes Ölbild meines Vaters zu gestalten. Ich mußte für die Augen Modell sitzen. Das Bild habe ich dort hingehängt, weil es sonst keiner haben wollte.

Tot war er mehr da als ein Lebender

Mein Vater ist freiwillig in den Krieg gezogen, und wir haben ein Bildchen von seinem Grab in Rußland. Auf einem Kreuz aus Birkenstämmchen ist sein Name eingebrannt, die Jahreszahl 1943 und irgend so ein Orden für Tapferkeit. Er ist als Offizier bei einer Kontrollfahrt von Partisanen erschossen worden. Ich weiß das deshalb so genau, weil sein Fahrer, der auch verletzt wurde, meiner Mutter den Ehering und andere Dinge geschickt und ihr geschrieben hat, ein Schuß habe das Glas im Führerhaus durchschlagen und unseren Vater auf der Stelle getötet. Ein sauberer, schneller Soldatentod. Ob es auch wahr ist?

Mein Vater wurde im Jahr 1900 geboren. Er wurde, wie es in seiner Familie üblich war, Schulmeister. Als er mit 27 Jahren beruflich fest im Sattel saß, hat er geheiratet. Nach Jahresfrist kam, wie sich's gehörte, der erste Sohn, dem innerhalb von drei Jahren zwei weitere folgten. Als ich 1937 als Nachzüglerin auf die Welt kam, war, so erzählt meine Mutter, der Vater überglücklich, ein Töchterchen zu haben. Voll Stolz holte er Frau und Kind aus dem Krankenhaus und zeigte mich überall herum: »Ein Mädchen! Ein Mädchen!« Von da an wurde ich »Mädi« genannt, das blieb an mir hängen bis zum heutigen Tag.

Ich muß dann auch so ein richtig unangenehmes kleines Weibchen geworden sein, das seine Sonderstellung mit Geschrei und Mätzchen, mit trotzigem Füßestampfen und viel scheinklugem Geplapper auszubauen verstand und sich bei den Brüdern unbeliebt machte, indem es beim geringsten Anlaß zu den Eltern rannte, die das zarte herzige Wesen vor den bösen Buben schützten. Es wird schon seine Gründe gehabt haben, daß ich so war. Meine Tochter mußte nicht so sein. Aber immerhin war ich willkommen, weil ich ein Mädchen war, das ist ein Trost, und daran halte ich mich. Als Bub wäre ich ja nur einer mehr gewesen.

Als sich ein Jahr später wieder ein Kind angemeldet hat, wollte meine Mutter es nicht mehr haben. Sie ist zu ihrem Arzt gegangen, aber Abtreibungen waren ja im Dritten Reich total verboten, und der Arzt hat ihr gut zugeredet: »Mit Ihrem Mann, der Sie so unterstützt, können Sie fünf Kinder verkraften.« Alle erzählen, daß mein Vater sich an der Arbeit mit den Kindern wirklich beteiligt hat. Er hat sie gebadet, gewickelt und gefüttert und war stets erreichbar.

Wir wohnten in der Lehrerwohnung im Schulhaus, und man brauchte nur die Treppen runterzugehen, dann war man bei ihm im Klassenzimmer. Meine Mutter ging schon mal in seinen Unterricht, um ihm etwas, was ihr wichtig schien, zu unterbreiten, denn sie rechnete sich aus, daß er wehrlos war, wenn er die Klasse vor sich hatte. Als mein Bruder das erzählte, um die Schönfärberei meiner Mutter bezüglich der wunderbaren Harmonie in ihrer Ehe ein wenig auszugleichen, ist sie rot geworden und mußte zugeben: »Ja, das stimmt. Ich habe gedacht: Die Gelegenheit ist günstig, das wird jetzt mal kurz geregelt.«

Unser Vater ist auch nachts aufgestanden, wenn ein Kind schrie und seine Frau schwanger, schwach, krank oder einfach zu müde zum Aufstehen war. Meine Mutter hatte leider das Talent, Anstrengungen und schwierigen Situationen auszuweichen, indem sie sich in Unpäßlichkeiten und Krankheiten flüchtete und – obwohl sie doch eine erwachsene Frau und sogar fünf Jahre älter war als mein Vater – das kleine Dummerchen spielte. Es ist vielleicht nicht besonders nett, wenn ich das sage, aber sie hat immer jemanden gesucht, von dessen Kraft sie leben konnte. »Hilf mir doch!« sagte sie, und: »Bin elend.« – »Hilf mir doch!« und »bin elend«, das sind bei uns Geschwistern heute noch feste Redewendungen. Und sonderbar: Alle haben's ihr abgenommen!

Erst jetzt, beim Erzählen, komme ich dahinter, daß sie während ihrer 17 Ehejahre, nicht wie sie stets sagte, die meiste Zeit schwanger war, selbst wenn man eine oder zwei mögliche Fehlgeburten dazurechnet. Doch wie furchtbar waren ihre

Schwangerschaften, wenn man ihren Schilderungen glaubt. Nur bei mir war es anders. Mit dieser Tochter war alles wunderbar. Ich bin schon damals auf das Gleis gestellt worden, das Allerbeste für die Mutter zu sein. Ich bin ja dann auch nicht von ihr losgekommen und hab sie begleitet und umsorgt, habe mit ihr im Ehebett geschlafen, bis ich siebzehn war, und mit ihr im selben Haus gewohnt, bis sie im Alter von 85 Jahren starb. Ich habe ihr oft den Vorrang vor meiner Ehe und vor meinen eigenen Kindern eingeräumt und hatte das Gefühl, ich bin wohl nur für meine Mutter da und sie lebt von meiner Kraft. Meine Brüder sind aus dem Haus gegangen, aber ich war die gute Tochter und blieb. Mein zweiter Bruder erinnert sich, daß man schon, als der Vater noch da war, zu mir sagte: »Du bleibst bei der Mutti, damit sie nicht so alleine ist...« Dann konnten Vater und Söhne ohne Gewissensbisse ihre gemeinsamen Unternehmungen machen.

Trotzdem denke ich, wenn unser Vater bei uns geblieben wäre, hätte ich es nicht so schwer gehabt, hätte nicht immer die Mutter auffangen und aufrichten müssen, hätte nicht immer alles mit ihr beraten und mit ihr einkaufen gehen und im Alter von elf, zwölf Jahren nicht die Kondolenzbesuche für sie machen müssen; dann hätte ich auch das Gymnasium besuchen können, so denke ich, und später als Erwachsene hätte ich mir selbst und meiner eigenen Familie den Vorrang geben können, wie es normal gewesen wäre.

Aber Vater zog in den Krieg! Freiwillig und mit Begeisterung! Als Lehrer und Vater von fünf Kindern hätte er nicht gehen müssen. Zur Musterung mußten sie wohl alle, und als er heimkam, erklärte er: »Ich muß in den Krieg.« Mein ältester Bruder erzählte, wie die Mutter sich an ihn gehängt und gebettelt hat: »Bleib da, Vater, wir brauchen dich doch!« – »Nein«, hat er gesagt, »das könnt ihr nicht von mir verlangen!« – »Doch!« habe sie gejammert. »Du kannst mich nicht mit fünf Kindern alleine lassen! Ich schaffe das nicht, das weißt du doch, Vater!« – »Sei doch still, Mutter«, habe er versucht, sie zu beruhigen, »ich kann mich dem nicht entziehen, und ich komme ja wieder. Es ist doch nur die kurze

Zeit bis zum Sieg. Die paar Wochen, das haltet ihr durch.«
Und er ging.

Sicher glaubte er, er müsse etwas fürs Vaterland tun. Er war
ja auch in der Partei. In die Partei ist er eingetreten, obwohl er
solches Mitleid mit seinem jüdischen Lebensmittelhändler
hatte, als man ihm den Laden demolierte und ihn ver-
schleppte. Es wird in der Familie erzählt, daß der Vater darüber ganz entsetzt gewesen sei, weil er diesen Mann kannte
und schätzte. Warum ist er dann trotzdem in die Partei eingetreten? Das haben wir uns nie gefragt. Aber daß er freiwillig
in den Krieg zog, darüber haben wir uns als Kinder und auch
später oft Gedanken gemacht. Nur zur Mutter durfte man
keinen Ton davon sagen. Für sie war er das Opfer! Ich persönlich glaube, der tiefere Grund, warum mein Vater so gerne
in den Krieg zog, war, daß er – vielleicht gar nicht bewußt –
dachte: »Wenn ich im Krieg bin, dann bin ich für eine Weile
das Geheule und Gejammere und die ganze Kinderwirtschaft
los und habe meinen Frieden.« Dreizehn Jahre hatten sie miteinander gelebt, fünf Kinder hatten sie gezeugt, und dann ist
er davongelaufen. So ist es doch, wenn man einmal das ganze
vaterländische Brimborium wegläßt. Aber das will mir nicht
in den Kopf, daß er so dumm gewesen sein sollte, den Krieg
nicht für lebensgefährlich zu halten. So dumm kann man
doch nicht gewesen sein!

In der Zeit, als der Vater fort, aber noch am Leben war, war
unsere Mutter wie durch ein Wunder eine starke Frau, die
ihre Angelegenheiten selbst in die Hand nahm. Sie erinnerte
sich plötzlich daran, daß sie von einem Bauernhof kam und
gelernt hatte, in der Landwirtschaft zu arbeiten. Sie bearbei-
tete mit uns Kindern zusammen nicht nur den großen Schul-
garten, was schon ziemlich viel Arbeit war, sondern sie pach-
tete ein paar Äcker, was während des Krieges leicht möglich
war, weil die Männer fort waren und die Frauen alleine nicht
alles schaffen konnten. Das Umgraben der Äcker im Herbst
wurde von einem Nachbarn gemacht, der einen Traktor
hatte, aber alles andere machten wir selbst, und zwar ohne
Maschinen, die es damals ja noch gar nicht gab. Nur mit Hak-

ken und Spaten. Ich erinnere mich, wie wir mit dem Handwagen die Mohnernte zur Mühle geschafft haben. Es war mehr als eine Stunde zu Fuß. Wir Kleinen saßen im Wagen, die Mutter und die drei Großen haben gezogen. Ich denke noch gerne ans Krautschneiden und -stampfen, ans Äpfelsammeln und Saftpressen, ans Obstdörren und die ganze Geschäftigkeit. Es war gut! Wir waren beschäftigt, und wir waren gemeinsam beschäftigt. Aber in dem Augenblick, als meine Mutter die Todesnachricht bekam, war alles vorbei!

Ich erinnere mich noch genau an den Tag. Es war ein wunderschöner, heißer Augusttag. Wir spielten friedlich unter den hohen Linden im Schulhof, als der Ortsgruppenleiter kam. Wohlerzogen, wie Lehrers Kinder waren, sind wir aufgesprungen: »Guten Tag, Herr Braun.« – »Ist eure Mutti da?« Ich habe gleich gemerkt, daß er anders war als sonst. »Bleibt nur unten und spielt schön weiter«, sagte er, und ich habe ihm nachgeschaut, wie er mit seiner schwarzen Mappe unterm Arm in den dunklen Schulhausflur hineinging.

Dann kam aus dem offenen Wohnzimmerfenster dieser Schrei. Wir wußten natürlich gleich, was geschehen war: daß unser Vater tot war. Aber das war nicht das Schlimme für mich. Ich hatte mit knapp sechs Jahren keine Vorstellung, was das heißt: »Mein Vater ist tot.« Das Schlimme war dieses markerschütternde Schreien. Es war so, daß ich Angst bekam, die Mutter würde sterben. Es ist eine schreckliche Erinnerung! Der Mann rief aus dem Fenster die Nachbarinnen zu Hilfe. Obwohl sie sofort hinaufgerannt sind, gelang es meiner Mutter, sich einzuschließen, und aus dem Schlafzimmer drang dann weiter dieses fürchterliche Heulen. Ich hab's noch in den Ohren, und mir kommt es vor, als habe es stundenlang gedauert. Schließlich wurden der Schreiner geholt und der Arzt. Ob sich irgendwer um uns Kinder gekümmert hat, weiß ich nicht mehr. Die Mutter jedenfalls hatte uns vergessen. Ich habe mich so verlassen gefühlt, daß mir noch heute die Tränen kommen, wenn ich mich daran erinnere. Es war eine große Verlassenheit, und es ist eine furchtbare Erinnerung.

Gegen Abend kam eine liebe Bekannte, deren Mann kurz

zuvor gefallen war und die in der Nähe unseres Dorfes einen Bauernhof mit einer Gastwirtschaft besitzt. Die nahm meinen kleinen Bruder und mich an der Hand und sagte zu uns allen: »Es ist das beste, ihr geht mit mir. Eure Mutter ist krank.« Wir waren dann ein paar Wochen bei ihr, wurden umhegt und umsorgt und haben wunderbar zu essen bekommen mitten im Krieg. Erst neulich sagte ich zu ihr: »Bei euch war's schön. Ihr wart alle so nett zu uns, und auf dem Hof war das Leben frei, und immer gab's was Neues zu sehen. Weißt du, ich war damals eigentlich gar nicht traurig, und es war mir kaum einmal irgendwo so wohl wie bei euch.« So war das. Ist das nicht sonderbar? Als die Mutter wieder in der Lage war, sich um uns zu kümmern, gingen wir noch lange bei jeder Gelegenheit und oft ganze Tage auf den Tannenhof.

Ich habe mir in den vergangenen Jahren oft überlegt: »Wie hättest du dich verhalten?« Und ich bin sicher, so, wie mein Verhältnis zu meinen Kindern ist, daß ich mich nicht so von ihnen abgewendet hätte in der Not. Ich denke aber, bei meiner Mutter war eine ganze Portion Wut gegen den Vater mit im Spiel, von dem sie sich verlassen, mit fünf Kindern sitzengelassen fühlte. Sie sagte später einmal: »Der Vater hat es leichter gehabt. Er ist gestorben, aber ich hatte die Last.« Sie wollte ja auch die vielen Kinder gar nicht, und meine älteren Brüder vermuten, daß sie auch nicht besonders gerne mit dem Vater geschlafen hat und daß »es dann halt immer wieder versehentlich passiert ist«.

Irgendwann war der Gefallenen-Gottesdienst für meinen Vater. »Da muß man sich schön anziehen«, sagte die Mutter, »und sich die Fingernägel putzen.« Wir kriegten die Haare gewaschen, und die Schuhe wurden auf Hochglanz gebracht. »Fallt mir ja nicht noch kurz vorher in den Dreck!« sagte sie. »Und daß ihr mir die Leute schön grüßt.« Um so etwas konnte sich die Mutter trotz ihrer tiefen Trauer kümmern! Aber darum, wie es um uns Kinder innerlich stand, hat sie sich nicht gekümmert. Das ist zwar nicht nett, wenn ich das sage, aber leider wahr.

Der Gottesdienst war für mich grauenhaft. Ich habe jahrelang immer wieder davon geträumt; es war ein ganz finsterer Traum. Als ich vor einiger Zeit meine Brüder fragte, ob ich tatsächlich eine breite schwarze Schleife im Haar hatte und ob sie wirklich schwarz angezogen waren wie die Raben und so weiter, waren sie fassungslos: »Ja, weißt du das nicht mehr? So klein warst du doch nicht!« Vielleicht war es einfach zu schauerlich, und ich hab's verdrängt. Mein ältester Bruder hat sich durch diesen Gottesdienst von der Kirche abgewendet.

Über meinen Vater wurde nach seinem Tod, wie ja auch schon vorher, ausschließlich Gutes und Wunderbares berichtet. Seine ehemaligen Schüler und die Leute im Dorf sprachen uns gegenüber und wohl auch sonst fast im Ton der Verehrung von ihm. Seine arme Witwe mußte nicht wie andere Leute hamstern gehen. Sie hat vom Mitleid, oder was es war, im wahrsten Sinne des Wortes zehren können. Den Garten und die Äcker konnte sie nach dem Tod des Vaters nicht mehr bearbeiten.

Unser Vater war einfach auf der ganzen Linie der Herrlichste von allen! Vor allem für mich, sein einziges, und wie behauptet wurde, innig geliebtes Töchterlein. Als er schon längst tot war, wuchs und entwickelte er sich in mir zu einem zuverlässigen, einfühlsamen, verständnisvollen Menschen, den ich um Rat fragen konnte, mit dem ich Streitgespräche über alles, was mich berührte, führen konnte, von dem ich ernst genommen wurde, mit dem ich Klärungen herbeiführen, von dem ich Orientierung in allen Lebensfragen und stets hilfreiche Kritik bekommen konnte und der mich erfolgreich vor den Gefahren und der Bosheit der Welt geschützt hätte, wenn er nur dagewesen wäre.

So war in der Welt der Phantasie mein Vater – und ist es, fürchte ich, noch! Es ist auch deshalb schlimm für mich gewesen, daß er nicht zurückkam, weil ich mich nicht mit dem wirklichen Menschen auseinandersetzen und zusammenraufen konnte und mußte.

Ja, der wunderbare, herrliche Vater meiner Phantasie... Und daneben die bittere Wirklichkeit: Meine Mutter, diese verhärmte, verheulte, über viele Jahre total schwarz gekleidete Frau, die nach dem Tod des Vaters den größten Teil ihrer Energie darauf verwandte, ihm oder sich selbst oder wem eigentlich zu beweisen, daß sie ohne ihn nicht leben konnte.

Manchmal, wenn ich das Gefühl habe, daß mein Leben verpfuscht ist, weil ich trotz aller Liebe und Mühe zweimal geschieden bin, spüre ich trotz meiner über fünfzig Jahre die Versuchung, meinem Vater oder meiner Mutter oder dem Dritten Reich oder dem Krieg oder Gott weiß wem die Verantwortung dafür zuzuschieben. Aber das ist natürlich sinnlos, und ich bin andererseits in der Lage, zu sehen, daß es so schlecht auch nicht ist. Über meine beiden Kinder kann ich mich nicht beklagen, und beruflich stehe ich ganz gut da, obwohl ich nicht wie meine vier Brüder das Gymnasium besuchen durfte, weil die Mutter das Töchterchen, das liebe, tüchtige, zur Mithilfe brauchte. Wenn sie krank war, was häufig vorkam, behielt sie es einfach zu Hause!

Vielleicht wäre es einmal an der Zeit, zu begreifen, daß jener Verherrlichte nie gelebt hat und daß der Wirkliche wirklich tot ist. Und daß die Mutter ihren Weg gegangen ist. Aber daß ich meinen eigenen Weg finden kann. Wenn nicht mit fünfzehn, dann eben mit über fünfzig. Wer weiß, was da noch drin ist…

Ein Hitlergegner war er nicht

Mein Vater war 31 Jahre alt, zwei Jahre älter, als mein erster Sohn jetzt ist, als er im Juni 1945 an seinen Kriegsverwundungen weit weg von uns in einem Lazarett gestorben ist. Ich war fünfeinhalb Jahre, und das jüngste Kind, der ersehnte Sohn nach vier Töchtern, war gerade zwei Monate alt, als die Todesnachricht kam.

Ich erinnere mich an vieles aus dieser Zeit: an die Nacht im Keller, als unser Haus zerbombt wurde, und meine Angst, die so schlimm war, daß sie gar kein Gefühl mehr war, sondern alle Gefühle wegschwemmte, an unsere Flucht aus der brennenden Stadt mit den Kleinen im Leiterwagen, an das hessische Dörfchen, wo wir im Schulhaus untergebracht wurden und als Eindringlinge nicht willkommen waren, an den Einmarsch der Amerikaner und wie plötzlich ein Mann mit Stoppelhaaren zu uns hereinkam und »quak, quak, quak...« sagte, an den Morgen danach, als unser neugeborenes Brüderchen in einem Wäschekorb lag. Die Mutter hatte es ohne jede Hilfe zur Welt gebracht, weil die Amerikaner niemand aus dem Haus heraus- und niemand hineinließen.

Ich erinnere mich an die Freude und den Stolz, endlich so zu sein wie die andern Kinder im Kindergarten, als wir auch Läuse hatten. Doch es ist ganz seltsam: Unsre Mutter muß uns irgendwann gesagt haben, daß wir keinen Vater mehr haben, aber die Erinnerung daran ist wie ausgelöscht.

Es war schön gewesen mit meinem Vater! Ich erinnere mich, wie er, groß und breitschultrig mit kräftigen Händen, dunklen Augen und rabenschwarzem Haar Ziehharmonika spielend bei der Mutter in der Küche saß und mit seiner dröhnend tiefen Baßstimme sang. Meine zierliche, schlanke Mutter, die ihm gerade bis unter die Achsel reichte, werkte mit den Töpfen herum und sang mit. Samstag abends sind wir mit dem

Vater in die Badewanne gestiegen, und am Sonntagmorgen war es unser Vergnügen, zu den Eltern in die Ehebetten zu kriechen. Natürlich erinnere ich mich nicht daran, daß mein Vater mich zum Mittagsschlaf auf der Couch in seine Armbeuge legte, als ich noch so ein kleiner Winzling war. Aber es gibt ein Foto davon, und ein anderes Foto zeigt unseren Vater in Zivil, einen Riesenmenschen, an dem in Kniehöhe zwei oder drei o-beinige, ein wenig rachitische Kinderchen hängen, und eins hat er auf dem Arm.

Daß es lauter Mädchen waren, entsprach anfänglich nicht ganz den Wunschvorstellungen meiner Eltern. Doch haben sie uns sehr geliebt. Ich sollte ein Bub sein, den nordischen Namen Nils und ein paar krachlederne Hosen aus Bayern tragen, die schon gekauft waren, bin aber als Mädchen ohne Probleme verkraftet worden. Erst bei der dritten Geburt, als es wieder ein Mädchen war, gab es eine Art Krise, die aber bis zur Geburt des vierten Mädchens, ein Jahr danach, überwunden war. Die Kleine bekam einen wunderschönen Empfang. Mein Vater schmückte mit uns zusammen das Treppenhaus und sogar das schmiedeeiserne Gitter vor unserer Wohnungstür mit Stiefmütterchen, und wir hatten Blumenkörbchen dabei, als wir Mutter und Schwesterchen aus der Klinik abholten. Der weiße Korbstuhl neben Mutters Bett und die Herbstsonne durch die Tüllvorhänge in dem Zimmer in der kleinen Privatklinik – das ist für mich der Inbegriff des Friedens und der Harmonie.

Doch leider herrschten damals diese blödsinnigen Erziehungsmethoden, und so gibt es auch einige andere Erinnerungen für mich. Mein Vater achtete strikt auf Tischmanieren. Wir mußten unbedingt aufrecht sitzen, mit den Ellbogen nahe am Körper: Wir haben das unter seiner Anleitung mit Büchern, die unter die Arme geklemmt wurden, geübt, noch ehe ich vier Jahre alt war. Und es mußte gegessen werden, was auf den Tisch kam. Meiner Mutter waren später solche Dinge nicht wichtig. Einmal hat mich mein Vater einer solchen Geschichte wegen geschlagen. Wir saßen bei Tisch, es war, wie immer, eine ziemlich große Mittagstafel, ich saß in einem Hochstühlchen, und es gab Tomatensuppe. In der schwammen die Häute der Tomaten. Sie nicht zu schälen, finde ich heute sehr vernünftig, doch damals hat es mich so geekelt, daß ich die Suppe nicht essen konnte. Daran erinnere ich mich sehr gut. Es endete damit, daß ich von meinem Vater aus dem Stühlchen gehoben und ins Nebenzimmer getragen wurde, wo ich Prügel bekam. Vielleicht war's nicht so schrecklich, wie ich's empfunden habe. Brüllend wurde ich wieder in mein Stühlchen und vor die Suppe gesetzt, die inzwischen kalt und damit noch ekliger geworden war. Ich weiß, daß ich Stunden davor gesessen habe.

Eine recht sonderbare Maßnahme war, uns, wenn wir im Bett nicht still waren und uns gegenseitig am Einschlafen hinderten, mit Nadeln zu stechen. Meine Eltern horchten an der Tür, und tatsächlich, sie kamen rein, wenn sich was gerührt hat, und haben uns gepiekst. Sollte man aber für möglich halten, daß ein Kind, weil es wieder einmal die Geschwister beim Schlafen gestört hat, aus dem Zimmer geholt und ins dunkle kalte Klo gesperrt wurde? Ich weiß noch, wie ich da drin saß, und erinnere mich an eine große Wut. Ich werde wohl zuerst fürchterlich geheult haben. Meine Mutter, mit der ich später darüber geredet habe, sagte, daß es dann still war und sie fast umgefallen seien vor Schreck, als sie, an der Türe lauschend, gehört haben, was ich da drin immer vor mich hinsagte: »Ihr Schweine! Ihr blöden Schweine!« Da hatten sie erwartet, das Kind würde halb erfroren und zahm auf die Befreiung warten, statt dessen war ich noch obstinater als zuvor. Solche Erziehungsmethoden taugten nicht für mich. Sie wurden auch nur selten angewendet.

Als mein Vater an die Front versetzt wurde, war ich dreieinhalb Jahre alt, und da war die schöne Zeit mit ihm vorbei. Mein Vater war Berufsoffizier. Er hatte nach dem dritten Semester sein Jurastudium abgebrochen und die Offizierslaufbahn gewählt, wohl auch deshalb, weil meine Eltern, die sich schon lange kannten, endlich heiraten wollten.

Politisch war mein Vater nicht engagiert, obwohl er aus einer braun gefärbten Familie stammte. Ich habe meine Großmutter als ziemlich fanatische Nazi-Anhängerin erlebt, und ich denke, von der inneren Haltung her ist sie's geblieben. Mein Großvater ist früh in die Partei eingetreten, was sicher auch seiner Karriere nützlich war. Er war Schulleiter. Ein Hitlergegner war mein Vater allerdings wohl auch nicht, wie hätte er sonst auf den Endsieg hoffen können?

Mein Vater war so sehr Soldat, daß er dem Krieg – was ich unglaublich finde! – durchaus etwas Positives abgewinnen konnte. Er schrieb zum Beispiel im Januar 1945 an meine Mutter, die das fünfte Kind erwartete: »Gerade heute, am Geburtstag unserer Ältesten, muß ich wieder meine grenzenlose Hochachtung nicht nur vor Dir, sondern vor der Frau und Mutter überhaupt aussprechen. Und nicht nur ich: Der Krieg hat die meisten Männer auch in dieser Hinsicht ernster und besser gemacht.« Das schrieb mein Vater 1945! Man kann es gar nicht fassen! Eigentlich ist es ja lieb, aber so blind! In Rußland schrieb er das. Wußte er nicht, was die Deutschen dort taten? Es mußte ihm doch auch durch den Kopf gegangen sein, daß Jüdinnen ebenfalls Frauen und Mütter waren! Welche Realitätsferne! Und welche Blindheit, daß er noch im Januar 1945 schreiben konnte: »Hoffentlich gelingt es, den Russen vor Oberschlesien zum Stehen zu bringen... nach hier hat er bis jetzt nur mit schwachen Kräften vorgefühlt... Du brauchst Dich wirklich nicht zu sorgen, die Lage ist hier zur Zeit ganz ruhig... und schlimmstenfalls ziehen wir uns ins Gebirge nach Süden zurück.« Eine naive Vorstellung! Im nächsten Brief hieß es: »...mach Dir keine Sorgen, Vöglein, ich stecke so voll aufgespeicherter Kraft und Unternehmungslust, daß mir kein Gegner überlegen sein kann... Für mich ist es gut, endlich nicht mehr gegängelt zu werden, sondern selbst führen zu können.« Mein Vater hatte das Kommando bei der völlig aussichtslosen Verteidigung einer Stadt in Polen. Er stand kurz vor der Beförderung zum Major. Über die nähere Zukunft schrieb er: »Den Russen werden wir einen heißen Empfang bereiten.« – Einen heißen Empfang! Kindisch, kann man nur sagen!

Meine Mutter haßte Uniformen, und Volksaufmärsche waren ihr ein Greuel. Ich erinnere mich an das Erkerfenster, das auf den zentralen Platz der Stadt hinausging. Dort sahen wir

sowohl die Kolonnen russischer Gefangener als auch die Auf-
märsche von BDM-Formationen. Beides hat mir entsetzli-
chen Schrecken eingejagt.

Meine Mutter stammte aus einer Familie von Nazigegnern.
Wie ihr Vater es schaffte, seine große Rechtsanwaltspraxis
trotz seiner erklärten Gegnerschaft die ganze Nazizeit hindurch zu halten, ist mir nicht klar. Sein ältester Sohn jedoch
hat sich mit Rudolf Heß, mit dem die Familie über einige
Ecken verwandt ist, dick angefreundet und ist durch ihn ganz
in das Nazifahrwasser geraten.

Meine Eltern hörte ich nie streiten, ich erinnere mich jedoch an heftige Gespräche, wo es um »die Partei« ging. Vielleicht mußte meine Mutter ihrem Mann die Absicht ausreden,
der Karriere zuliebe, oder aus welchen Gründen auch immer,
in die Partei einzutreten. Wie es auf sie gewirkt hat, daß mein
Vater freiwillig an die Front ging, davon habe ich keine Ahnung, wir haben nie darüber gesprochen.

Es war eine große Liebe zwischen meinen Eltern. Ich habe
es als Kind gespürt, und ich kann es aus jedem der vielen
Briefe meines Vaters entnehmen. »Herzallerliebstes…«, redet er sie an, »Herzliebstes Vöglein…«, »Liebes Frau-
chen…«, »Herzele…«. »Wie geht's denn nur?« fragt er,
»schaffst Du's denn noch?« Wie lieb und hoffnungsvoll war
er, wenn er schrieb: »Bleib gesund und froh mit allen unseren
Süßen, und schenk mir bald einen neuen Winzling, gerade so
herzig, wie die andern es sind.« Er war ein fürsorglicher Fa-
milienvater und mit den Gedanken sehr nahe bei uns: »Gehst
Du denn jetzt in den Keller bei Alarm?« fragt er in einem
Brief und fährt fort: »So sehr möge Euch der liebe Gott behü-
ten, daß nicht gerade die erste Bombe in unser Haus fällt…«

Mir gefällt es heute noch, wenn ich lese: »…Seit heute früh
versuche ich, Euch anzurufen, aber vielleicht komme ich
morgen früh durch. Ich hätte so gerne dem Gitzerle selber zu
ihrem fünften Geburtstag gratuliert.« Das Gitzerle war ich,
und ich kann mich gut an den Anruf erinnern, der dann mitten in der Nacht kam. Zum Telefonieren mußten wir ins
Nachbarhaus, wo an die hundert russische Kriegsgefangene
untergebracht waren. Ich war in ein Bademäntelchen gehüllt

auf dem Arm meiner Mutter und war etwas verschlafen. Die Stimme meines Vaters kam von weit her. Er gratulierte mir und kündigte mir ein Päckchen an, das Wochen später, und von Tag zu Tag sehnlicher von mir erwartet, ankam. Eine kleine gelbe Postkutsche war darin. Das verriet er mir in dem Telefongespräch nicht. Wie es uns gehe, wollte er wissen, und er fragte: »Paßt du auch gut auf die Kleinen auf?« und mahnte: »Paß gut auf die Mutti auf! Es ist eine schwere Zeit, und du wirst dringend gebraucht.« Ich weiß noch gut, wie sehr ich mir seine Worte zu Herzen genommen habe, vielleicht mehr, als er selbst gemeint hatte. Die entsprechende Rolle hatte ich schon lange übernommen, und ich erinnere mich an meinen Stolz, wenn ich von Vater oder Mutter hörte: »Du bist unsere Große.« Ich sah gut, daß meine Mutter auf Hilfe angewiesen war, und ich half ihr gerne und schon als sehr kleines Kind, wie ich meine, gut. Darüber hinaus war ich gewissermaßen ihre Vertraute, an die sie sich mit Fragen und Problemen wandte. Obwohl ich nur elf Monate älter bin als die nächste Schwester, hatte ich diese Sonderrolle und wurde später von meinen Schwestern der »Ur-Oldie« genannt.

Heute bedrückt es mich manchmal, daß schon so früh Verantwortung auf mir lastete. Aber es war ja gar nichts anderes möglich. Während wir Bombenangriffe und Evakuierung erlebten, geschah etwas Schreckliches mit meinem Vater. Aber das wußte ich damals nicht, und ich erzählte es bisher auch niemandem. Die Wahrheit ist nämlich, daß er nicht an irgendwelchen Verwundungen in einem Lazarett starb. Er wurde in einer als Lazarett getarnten psychiatrischen Anstalt zu Tode gebracht. Er erlitt, als die Verteidigung an seinem Frontabschnitt zusammenbrach und er fast sein ganzes Regiment verlor, einen Nervenzusammenbruch und bildete sich ein, er könne und müsse nach Berlin fahren und dem »Führer« mitteilen, was an der Front geschah, damit weitere sinnlose Menschenopfer verhindert würden. Die Gestapo muß von diesem Vorhaben Wind bekommen haben. Er wurde unterwegs abgefangen und in die psychiatrische Anstalt Rodewisch gebracht, wo er ein halbes Jahr später, sechs Wochen nach dem Ende der Nazizeit, seelisch und körperlich zugrunde gerichtet, starb.

Mein Vater hat anfangs völlig klar registriert, was mit ihm gemacht wurde, und hat es in der Hoffnung, sich noch Recht verschaffen zu können, sorgfältig notiert. Da ist zuerst eine von ihm aufgesetzte »Bestätigung«, die, wäre sie nicht von Hand auf einen abgerissenen Zettel, sondern ordentlich mit der Maschine geschrieben und mit einer Unterschrift versehen, ein normales Aktenstück sein könnte und beileibe kein Zeichen dafür, daß der Verfasser den Verstand verloren habe:

26. 1. 1945

Bestätigung:

Der Hauptmann A., Kommandeur der Flakabteilung 235, teilte mir mit, daß er von der Front dem Führer kriegsentscheidende Meldungen und Ergebnisse zu überbringen hat. Trotzdem nehme ich die Verantwortung auf mich, ihn hier aufzuhalten und nichts zu seiner tatkräftigen Weiterleitung ins Führerhauptquartier zu unternehmen.

(Stabsarzt)

Die Unterschrift des Arztes fehlt. Es folgt eine Chronologie der ersten Tage, in der mein Vater festgehalten hat, wie mit ihm umgegangen wurde:

26. 1. 1945 Irrenanstalt Rodewisch
12h: Stabsarzt Zeil lehnt Unterschrift ab,
weigert sich zunächst, mich in ein Offizierszimmer zu legen. Meine Bitte, mich möglichst rasch zu untersuchen, abgelehnt.
13h: Schwester gebeten, Stabsarzt auf Freiheitsberaubung aufmerksam zu machen. Nicht zur Kenntnis genommen.
16h: Entlausung
20h: Aufklärung Dr. Zeil über meine Idee. Sein Urteil: »Wir werden sehen.«
27. 1. Einstündige Untersuchung. Anschließend meine Meldung.
30. 1. Dr. Zeil will warten, bis Antwort auf sein Schreiben von Oberstleutnant R. eingetroffen ist. Lumbalpunktierung.

Mit dem Stichwort Lumbalpunktierung hören die Notizen auf. Danach – erst danach! – hat er ganz merkwürdige Zettel geschrieben: abgerissene Sätze in einer krakeligen und ungleichmäßigen Schrift auf und ab über die Seiten. Wer so schreibt, ist wirklich nicht mehr bei Verstand. Im Innersten will ich immer noch nicht wahrhaben, was für mich als Medizinerin überdeutlich ist: Bei der Lumbalpunktion kann man aus dem Rückenmarkskanal, der mit dem Schädelinnern verbunden ist, Flüssigkeit entnehmen. Man kann aber auch Substanzen einspritzen, die sofort mit dem Gehirn in Berührung kommen. Das wurde bei meinem Vater gemacht, und auf diese Weise wurde mit Chemikalien der Zerfall seiner Persönlichkeit eingeleitet.

Meine Mutter ist Mitte März 1945, im achten Monat schwanger, mit dem Fahrrad mehrere Tagesfahrten weit nach Rodewisch gefahren. Nachts schlief sie neben dem Fahrrad im Wald. Sie hat unseren Vater gesehen und war erschüttert. Er war zum Gerippe abgemagert, kraftlos, entschlußlos, ein anderer Mensch. Sie wollte ihn unbedingt dort herausholen, aber es wurde nicht genehmigt. Als sie mit meinem Vater im Hof spazierengehen durfte, hätte sie ihn gerne zur Flucht überredet. Aber einerseits war er schon nicht mehr imstande, irgend etwas zu unternehmen, und andererseits war das Anwesen mit Mauern und Stacheldraht gesichert. Ein älterer Arzt, der wußte, was dort gespielt wurde, konnte meiner Mutter auch nicht helfen. Drei Monate später erreichte sie die Todesnachricht. Da war sie mit den fünf kleinen Kindern alleine.

Sie hat vergeblich versucht, herauszubekommen, was im einzelnen mit meinem Vater geschehen war. Sie wußte, daß er jeden Tag Spritzen bekommen hatte. Die Ärzte, die es zu verantworten hatten, waren nicht mehr da, und Karteikarten und Akten waren verschwunden. Aber das steht fest: Ohne entsprechende Pharmaka kann ein Mensch nicht innerhalb von zwei Monaten zu einem solchen Schatten seiner selbst werden.

Drei Jahre nach dem Tod meines Vaters, als ich achteinhalb Jahre alt war, geschah das Schlimme, daß unser Brüderchen tödlich verunglückte, und zwar durch meine Schuld. Mutter hatte uns alle zum Einkaufen mitgenommen. Ich hatte immer die Aufgabe, den Kleinen zu hüten, und ich tat das auch gerne und für mein Alter, glaube ich, perfekt. Er wollte draußen im Vorgarten die Gartenzwerge anschauen, aber ich fand es interessanter, zuzuhören, wie die Mutter im Geschäft verhandelte. Deshalb habe ich die Aufgabe meiner nächstjüngeren Schwester übertragen. Die ging mit ihm raus; er hat sich offenbar nach kurzer Zeit losgerissen und ist aus dem Vorgärtchen auf die Straße gerannt. Das hätte er bei mir nicht getan, bestimmt nicht, denn mir hat er gehorcht. Meine Schwester kam hereingestürzt, ich höre noch heute, wie sie sagte: »Dem Brüderchen ist etwas passiert.« Ich habe mir die furchtbarsten Vorwürfe gemacht. Heute ist es besser geworden. Es ist so lange her. Trotzdem denke ich manchmal, daß meine Mutter, die 1960 an Krebs starb, vielleicht durch dieses schreckliche Erlebnis krank geworden ist, denn den Tod des Brüderchens hat sie nie überwunden. Er war der einzige Sohn, für sie das letzte Vermächtnis unseres Vaters. Er sah ihm ähnlich, war schwarzhaarig und dunkeläugig wie er. Es hat mir nie jemand einen Vorwurf gemacht, aber ich weiß: Ich war nicht zu klein, sondern es war schofel und nicht anständig von mir, wie ich mich um die Verantwortung gedrückt habe.

Nach dem Tod des Brüderchens habe ich meiner Mutter ständig Geld gestohlen. Der Geldbeutel lag immer offen da. Ich konnte mich nicht beherrschen und habe manchmal fast jeden Tag kleinere Geldstücke herausgenommen. Erst in dieser Zeit begann ich den Schmerz um meinen Vater wirklich zu fühlen. Ich hatte Sehnsucht nach ihm und dachte ständig daran, wie es wäre, wenn ich einen Vater hätte wie ihn. Ich bin damals zwar nicht meiner Mutter, aber dem Rest der Welt gegenüber aufsässig und widerborstig geworden. Das verstärkte sich, als meine Mutter wieder geheiratet hat und der Stiefvater und ich nicht so gut miteinander zurechtkamen. Das Leben wurde sehr schwierig für mich. Ich habe fürchterliche Kämpfe ausgefochten, und das mindeste, was zu meiner Charakterisierung in der Familie galt, war das Wort »hysterisch«. Mich beunruhigte – nicht zuletzt, weil mein Vater im

Irrenhaus gestorben war – die Frage, ob ich geistig völlig gesund sei. Ich wurde ständig von Selbstmordgedanken bedrängt. Ich riß von zu Hause aus und irrte nächtelang ratlos, frierend und voll Angst durch den Wald, bis ich gefunden wurde. Die Menstruation war bei mir mehrmals mit lebensgefährlichen Blutverlusten verbunden. Kurz gesagt: Ich war im Widerstand gegen die ganze Welt.

Heute geht es mir gut mit meinem Mann, den ich mit neunzehn Jahren geheiratet habe, mit vier erwachsenen Kindern und einem Beruf, der mich fordert und befriedigt, und ich schaue das, was ich erlebt habe, als Herausforderung an, an der ich wachsen mußte.

Und wenn er zurückgekommen wäre?

»Wenn unser Vater dagewesen wäre, wir beide zusammen hätten euch schon gezeigt, wo es langgeht!« sagte mein Bruder vor kurzem, weil es ihn in einem für ihn unerträglichen Maße verunsicherte, daß ich, zu Besuch in unserer Heimatstadt, tagelang mit unserer Mutter redete. »Von morgens halb zehn bis nachts um elf im Altenpflegeheim sitzen!« ereiferte er sich. »Ich möchte nur wissen, was ihr Weibsleute zu verhandeln habt!« Und scheinbar sinnlos fügte er in seiner Erregung hinzu: »Aber so etwas ist ja typisch für Hanne und Lore. Ihr wart ja schon als kleine Kinder nicht zu bändigen.«

Warum regt er sich so auf und bringt das Gespräch einer Frau mit ihrer alten Mutter in Zusammenhang mit der ungezähmten Lebendigkeit zweier kleiner Mädchen, die das Glück hatten, als Zwillinge auf die Welt zu kommen? Weil er spürt, was in diesem Nichts an äußerer Kultur geschieht. Da wird Vergangenheit geklärt, indem die Lebensleistung einer Frau – einer von Millionen Frauen – ans Licht gebracht wird; wie sie mit drei kleinen Kindern den Krieg durchgestanden hat und wie sie nach dem Krieg ohne Mann, ohne Beruf und ohne Besitz dastand und keine Wahl hatte, sie mußte sich und die Kinder irgendwie durchbringen. Und das hat sie geschafft.

Da wird Gegenwart geordnet: Die Töchter verwirklichen in ihrem täglichen Leben, wovon die Mutter trotz ihrer Begabung kaum zu träumen wagte: Lore und ich arbeiten beide im künstlerischen Bereich. Und da wird ein Zukunftsbild entworfen, in dem das Materielle auf den Platz verwiesen wird, der ihm gebührt: Hilfsmittel im Leben zu sein und nicht Sinn und Zweck unseres Daseins. Genau an dieser Stelle und sehr zu Recht sieht sich mein Bruder, dieser sehr auf sein Mann-Sein bedachte Mann, mit der Frage konfrontiert: »Was gilt etwas?« und empfindet in einem Anflug von Wahrheit seine eigene Lebensleistung als fraglich. Das hält er nicht aus, sondern sucht Zuflucht beim Vater, spekuliert, ob nicht die geballte männliche Kraft von Vater und Sohn dieser unbeugsamen Zwillingsmädchen und möglichst auch gleich der Mutter hätte Herr werden können, damit das Weibliche ihm nicht so bedrohlich stark begegne.

Das Spekulieren ist müßig: Unser Vater kam nicht aus dem Krieg zurück. Meine Mutter sah ihn zum letztenmal, als er in weißer Tarnkleidung mit einem Transport ebenso weiß gekleideter Männer in den Winter von Rußland fuhr. Das war 1944. Es kam noch einmal Post, dann hörten wir nichts mehr von ihm. Nichts. Niemand war da, der uns gesagt hätte, wann und unter welchen Umständen er vermißt wurde, in Gefangenschaft geriet oder ums Leben kam. Die Suchaktionen des Roten Kreuzes hatten keinen Erfolg.

Unser Abendgebet schloß immer mit der Bitte: »...und laß den Papa wiederkommen.« Das war keine Floskel. Das war eine Bitte an jemand, zu dem wir ein vertrauensvolles Verhältnis hatten. Lore und ich baten Gott um alles mögliche, um einen Teddybären zum Beispiel. Aber wir hatten nicht nur Bitten an Gott. Für uns war es der ganz normale Abschluß des Tages, im Sprechen mit Gott anzuschauen, was den Tag über gewesen war. Niemand hat uns jemals gesagt, wir müßten Gott unsere Missetaten beichten, und so spielten sie in unseren Gebeten keine größere Rolle als alles andere, was uns bewegte. Gott hatte und hat etwas Väterliches für mich. In dem Maß, wie ich erwachsen wurde, ist Christus immer wichtiger für mich geworden. Durch ihn lerne ich, wie wir Menschen gemeint sind, und an seiner Mensch gewordenen Gestalt kann ich mich zuverlässig orientieren. Mit Weltflucht und seelischen Rückzugsgebieten hat das überhaupt nichts zu tun. Es ist ein Weg mitten in die Welt hinein, und zwar ein eigener, nicht einer, auf dem einem gesagt wird, wo's langgeht. Zu einer Zeit, als das Gebet um die Rückkehr unseres Vaters eingeschlafen war, weil man nicht mehr damit rechnete, daß noch jemand aus der Kriegsgefangenschaft zurückkommen könnte, und weil meine Mutter, um Rente zu bekommen, beantragt hatte, daß unser Vater für tot erklärt würde, kam der Vater eines Mädchens zurück, die im gleichen Hause wohnte wie wir. Das hat uns natürlich zu denken gegeben, und da erwachte auch die allabendliche Bitte um die Rückkehr des Vaters noch einmal.

Es war aber zu jener Zeit nicht so, daß wir den Vater vermißt hätten, wie man einen Menschen vermißt, den man liebt. Wir kannten ihn ja nicht. Lore und ich waren zwei Jahre alt gewesen, als er das letzte Mal bei uns war. Wir hatten keinen Begriff davon, was ein Vater ist, was das sein könnte, von einem Vater getragen, an der Hand genommen, angeschaut, angesprochen zu werden. In andere Familien sahen wir wenig hinein, und wenn dies zum Beispiel bei Klassenkameradinnen manchmal der Fall war, so dachte ich eher: Toll! Wir haben keinen solchen Vater. Wenn unser Vater da wäre, wer weiß…! Vielleicht dürften wir auch dieses nicht und jenes nicht und müßten tun, was er verlangt, und würden nicht gefragt. Wir haben's gut! Wir haben mehr Freiheit.

Lange Zeit dachten wir, wir entbehrten nichts, und auch heute bin ich noch manchmal ganz froh, daß wir in dieser Hinsicht unter keinem Druck standen. Erst ziemlich spät, etwa im Konfirmandenalter, haben wir gespürt, wieviel uns fehlte. Wir waren als Kriegswaisen nicht gut versorgt, sondern arm. Uns fehlte Spielzeug, wir hatten keine Fahrräder, Rollschuhe, Musikinstrumente, der Bruder bekam nie einen Fußball, uns fehlte die Möglichkeit, da und dort hinzugehen, und an größere Reisen konnten wir nicht einmal denken. Da uns alle diese Entfaltungsmöglichkeiten und Herausforderungen abgingen, waren wir unterfordert und manchmal ziemlich unzufrieden. Da phantasierten wir den abwesenden Vater als denjenigen, der uns all die materiellen Möglichkeiten geschaffen, uns kenntnisreich die Welt vermittelt und uns all das geboten hätte, was die Mutter und die Großmutter uns nicht bieten konnten. Wir haben den Vater glorifiziert und Sehnsucht nach ihm entwickelt.

Wie es aber in Wirklichkeit gewesen wäre, wenn unser Vater am Leben geblieben und zurückgekommen wäre, das weiß ich nicht. In einem allerdings sind wir ziemlich sicher:

daß es mit der Ehe unserer Eltern nicht gutgegangen wäre, denn sie war schon in den Jahren vor dem Krieg – meine Eltern haben 1934 geheiratet – nicht glücklich. Lore und ich haben uns mit unserer Mutter viel darüber unterhalten. Die beiden hatten zu unterschiedliche Interessen. Meine Mutter ist ein künstlerischer Mensch, mein Vater war mehr aufs Praktische ausgerichtet. Auch waren ihre Voraussetzungen sehr ungleich. Meine Mutter stammte aus einem wohlhabenden Patrizierhaushalt. »Schule und Beruf«, hieß es da, »brauchst du nicht. Für dich ist in jedem Fall gesorgt.« Mein Vater war ein Arbeiterkind, und meine Mutter, die Tochter aus gutem Hause, hat mit ihm zusammen in harter Arbeit ein Einzelhandelsgeschäft aufgebaut, und sie mußte, ohne darauf vorbereitet zu sein, neben dem Geschäft den Haushalt führen. Das eigentliche Problem der Ehe aber scheint gewesen zu sein, daß mein Vater sich nicht zwischen Eltern und Frau entschied. Wenn meine Mutter das Mittagessen fertig hatte, konnte es sein, daß er nicht kam, sondern zu seiner Mutter ging. »Ich glaubte, ich heirate den Mann«, sagt meine Mutter, »aber dann begriff ich, daß sie alle meinten, ich habe in die Familie hineingeheiratet.« Die väterliche Familie hat sich, auch als mein Vater nicht mehr da war, gerne in unsere Angelegenheiten eingemischt.

Ich habe mir in meinem Leben viel Mühe gegeben, herauszubekommen, was für ein Mensch mein Vater war. Das tat ich, weil ich etwas über mich selbst lernen wollte. Viel habe ich nicht erfahren. Am meisten eigentlich noch über seine politische Haltung.

In der Familie, aus der mein Vater stammte, waren alle Sozialisten und gegen das Hitler-Regime. Sein Vater hat sich mit allen möglichen Tricks vom Kriegsdienst fernhalten können, und über meinen Vater erzählte mir seine Schwester, eine tüchtige Geschäftsfrau, daß er im Nebenzimmer ihres Ladens Reden geführt habe, die ihm ein Verhör durch die Gestapo eintrugen. Ihr war es gelungen, ihn da herauszupauken. Er war also nachgewiesenermaßen zunächst ein Nazi-Gegner. Allerdings ist er ganz zum Schluß in einem Prozeß, den keiner von uns durchschaut, doch noch zu den Nazis gegangen und in eine Propagandaeinheit eingetreten, die den Menschen klarmachen sollte, daß man doch noch siegen werde... So spät noch umzuschwenken! Zu einem Zeitpunkt, als der Krieg schon so weit fortgeschritten war! Warum er das tat? Ob er unter irgendeinem Druck stand? Es ist für mich wirklich belastend, daß keiner von denen, die um ihn herum waren, mir hat sagen können, warum er sich so verhielt. Auch meine Mutter kann nicht viel dazu sagen.

Das wundert mich allerdings nicht, denn ich nehme an, daß es bei meinen Eltern war wie üblich: daß Politik kein Gesprächsthema war, daß die Frau weniger wußte als der Mann und daß er ihr nicht sagte, was er wußte, auch, weil sie es nicht hören wollte. Das war ja eine Schiene, auf der unsere Gesellschaft und Kultur seit langem fuhr: Die Männer bestimmten das Politische, und die Frauen standen abseits, als ginge es sie nichts an.

So haben es die Nazis, diese teuflischen Menschen, vorgefunden, und auf dieser Schiene konnten sie ihre Ziele erreichen. Meine Mutter hat überhaupt keine Probleme, über das Dritte Reich zu reden. Sie wird von keinen Schuldgefühlen geplagt. Sie sagt: »Ich habe das alles nicht gewußt.« Und das glaube ich ihr, denn die Nazi-Propaganda-Maschinerie gab den Menschen die Möglichkeit, von dem, was geschah, nichts zur Kenntnis nehmen zu müssen, obwohl alles auch wieder vor aller Augen getan wurde. Aber mein Vater wußte es doch! Er war doch dagegen gewesen! Wie konnte es dann geschehen, daß er diesen Weg ging, daß er bereit wurde, sich in dieses Netz hineinziehen zu lassen? Ich möchte gerne begreifen, wie es dazu kam, nicht nur, weil ich meinen Vater, sondern weil ich diese Zeit begreifen möchte. Beides ist bis heute ein Rätsel für mich geblieben.

Oft habe ich die wenigen Bilder, die es von meinem Vater gibt, angeschaut, immer mit der Frage: »Was für ein Mensch ist er gewesen?« Auf den Fotos ist er in Uniform. Die Uniform verleiht ihm seine Gestalt, und das ist eine Einheitsgestalt, aufrecht und so weiter. So kennen wir unsere Väter: als Soldaten, als Uniformierte. So haben sie sich fotografieren lassen, ohne daß sie jemand dazu zwang, und unsere Mütter fanden sie schick in ihren Uniformen, die sie sich anpassen ließen, um zu töten und zu sterben, mein Gott. Ich schaue mir das Gesicht an. Es ist das weiche, offene Gesicht eines sehr jungen, sehr unreifen Mannes. Ein anderes Soldatenbild von ihm ist ein paar Jahre später aufgenommen, vor dem zerschossenen Dach eines russischen Bauernhauses. Wie hat sich die Gesichtslandschaft dieses Mannes verändert! Dieses zerfurchte, von Leid und wohl auch Schuld geprägte Gesicht ist mir sympathischer. Daß sein Gesicht durch Krieg und Gewalt geprägt worden ist und nicht durch sein eigenes Menschenleben, das macht mich traurig.

Und genau da wird mir bewußt, daß ich nie etwas von meinem Vater erfahren habe – er konnte ja gar nicht wirklich unser Vater werden, er war ja fort! – Ich habe etwas über einen Mann erfahren. Aber daß dieser Mann mein Vater war, berührt mich nicht. Ich finde das zwar furchtbar, aber ich muß mir selbst eingestehen, daß es so ist.

Ob dieser Mann der väterliche Mensch gewesen wäre, den eine Heranwachsende braucht, weiß ich nicht. Ich habe mir diese väterlichen Menschen gesucht, und oft waren sie einfach da. Wir hatten einen sehr guten Lehrer, der uns Geschichte als gelebtes Leben nahebringen konnte. Bei ihm habe ich begriffen, daß Krieg noch nie eine Möglichkeit war, Konflikte zu lösen, weil sie immer mit Pyrrhussiegen enden, weil sie immer auf beiden Seiten so viel zerstört haben, daß man nur auf eine ganz perverse Art von »gewinnen« reden kann. Den Krieg den »Vater aller Dinge« zu nennen kam mir einfach albern vor.

Dieser Lehrer bot uns nach der Mittleren Reife eine Arbeitsgemeinschaft zum Thema »Drittes Reich« an. Da erfuhren wir die Wahrheit, auch aus welchen Machtbestrebungen und Strukturen heraus ein Diktator die Möglichkeit bekommt, die Massen des Volkes hinter sich zu bringen, auch, was dazu führte, daß die Dinge passiert sind, die man als Massenmord bezeichnen muß. Wie mein Vater mit seinen Erlebnissen und Taten und seinen Unterlassungen umgegangen wäre, ob er uns, seinen Kindern, etwas davon mitgeteilt hätte oder ob wir, ohne je etwas Greifbares davon zu erfahren, mit dem Schatten seiner Schuld und seines Leidens hätten leben müssen, darüber zu spekulieren wäre fruchtlos. Vielleicht habe ich durch diesen Lehrer, der eine Persönlichkeit war, zu der man Vertrauen haben konnte, mehr Klarheit und Stärke gewonnen. Vielleicht hat gerade die Abwesenheit unseres Vaters es Lore und mir möglich gemacht, uns mit der Wirklichkeit so auseinanderzusetzen, daß wir festen Boden unter die Füße bekamen und uns auf die Welt und ihre Weite einzulassen. Vielleicht wäre, wenn der Vater zurückgekommen wäre, ja wirklich eingetreten, was mein Bruder sich ausgemalt hat: daß man uns gezeigt hätte, wo's langgeht, daß wir »strack« gemacht worden wären.

Ich will auch nicht darüber spekulieren, was es für Lore und mich bedeuten mag, daß wir unsere Identität als Frau ohne den Vater finden mußten. Ich denke allerdings, daß die meisten Väter in unserer patriarchalen Kultur ihren Kindern – Töchtern und Söhnen – unendlich viel schuldig bleiben, indem sie sich auf diese schwachsinnige Rollenverteilung zurückziehen und für ihre Kinder weithin unsichtbar und nicht faßbar sind. Lore und ich lernten im Zusammensein mit gleichaltrigen Jungen beim Sport, vor allem im Schwimmverein, einen unbefangenen Umgang mit dem andern Geschlecht. Da erlebte ich auch meine erste große Liebe.

Meine Ehe ist geschieden, und es war für mich und meine Kinder ein jahrelanges trauriges Geschehen, aber eine Erkrankung meines Mannes machte es unumgänglich, daß wir uns trennten. Die Kinder sind erwachsen, und wir haben eine gute Beziehung zueinander. Ich lebe seit vielen Jahren in einer glücklichen Partnerschaft mit einem etwas jüngeren Mann. Lore allerdings hat einen Mann geheiratet, der so alt ist, wie unser Vater wäre, und sie hat sich bald wieder von ihm getrennt.

Der Mann, mit dem wir als Kinder zu tun hatten, war unser Großvater mütterlicherseits. Gleich nach dem Krieg zogen die Eltern meiner Mutter zu uns, und wir Kinder fanden Großvater einfach wunderbar. Er kümmerte sich ganz lieb um uns. Er holte uns vom Kindergarten ab, er konnte zaubern, er erzählte die schönsten Geschichten. Er war ein gütiger und zufriedener Mensch. Sogar mit der Steckrübensuppe war er zufrieden. Ein paar Körnchen Kümmel im Wasser brachten ihn dazu, zu sagen: »Die schmeckt ausgezeichnet.« Er war Bankangestellter gewesen, doch seine ganze Liebe galt der Schriftstellerei, in der er recht erfolgreich war. Er starb, als wir sechs Jahre alt waren, und hinterließ eine Leere.

»Er sah die Welt, wie sie sein sollte, und ich sehe sie, wie sie ist«, sagte unsere Großmutter, die diejenige in unserer Familie wurde, die die Rolle des Familienvorstandes innehatte. Sie war eine praktische Frau, dabei sehr gebildet, mit einem ungeheuren Gedächtnis, in dem Geschichtszahlen und halbe Opern gespeichert waren. Sie war sehr belesen und hatte für alle Lebenslagen das passende Zitat: »Ordnung, Ordnung, übe sie / Sie erspart dir Zeit und Müh.« Oder: »Die Axt im Haus erspart den Zimmermann« und weiteres von der Sorte. Sie erzählte anschaulich aus ihrer Jugendzeit und brachte uns nahe, was ihr wichtig war: Geschichtskenntnisse, Französisch, klassische Musik, wobei sie uns ihre Lieblingsstücke auf dem Klavier vorspielte, auch vor Mathematik und Physik schreckte sie nicht zurück und war besonders in Astronomie bewandert, wobei auch ein bißchen Sterndeutung mit einfließen konnte.

Manchmal zog unsere Großmutter unseren Vater als Erziehungsbeistand heran. »Wenn jetzt euer Vater da wäre«, sagte sie mit drohendem Unterton in der Stimme, und dann kam etwas, von dem ich erst später begriff, daß es etwas Spaßiges an sich hatte, zum Beispiel: »…der würde euch am Kragen durchs heile Fenster halten!« Manchmal fügte sie noch hinzu: »…mit drei Fingern der linken Hand.« Oder es hieß: »…der schmisse euch durchs heilige Fach, daß euch die himmlischen Pauken im Ohr dröhnen würden.«

Wie stark unsere Mutter war und was sie geleistet hat, wird mir erst jetzt durch jene von meinem Bruder als bedrohlich empfundenen Gespräche im Altenpflegeheim bewußt. Da sie ohne Klagen und Jammern zurückblickt, kann ich sehen, um wie vieles zu gering wir sie eingeschätzt haben. Sie hat in der Nachkriegszeit die Familie mit Näharbeiten durchgebracht. Mit der alten Nähmaschine, auf der jetzt meine Blumen stehen, erwirtschaftete sie uns den Lebensunterhalt. Und weil sie die Fizzelarbeit vor allem nachts machte, wenn wir Kinder schliefen, und ihr deshalb der nötige Schlaf fehlte, war sie oft mit den Nerven fertig. »Och!« hieß es dann bei uns, »jetzt dreht sie wieder durch.«

Meine Mutter stand – wie Millionen Mütter damals – während unserer ganzen Kindheit unter Zwang. Was konnte sie denn entscheiden? Allenfalls, ob sie leben oder sterben wollte – und nicht einmal das. Sie hatte ja die Kinder, die sie durchbringen mußte. Allerdings kann ich nicht verstehen, wieso die Frauen während des Krieges so viele Kinder bekommen mußten. Aber was haben diese Frauen während des Krieges und nach dem Krieg geleistet! Ihr Fehler war nur, sich dessen nicht bewußt zu sein. Sie hatten das Gefühl, sie tun, was getan werden muß, das sei ihre Aufgabe. So haben sie das Vakuum aufgefüllt, das die Männer zurückgelassen haben, als sie in den Krieg zogen.

Dienend, sich dem weiblichen Rollenverständnis gemäß aufopfernd, taten sie es. Sie haben die Macht, die herrenlos herumlag, nicht ergriffen, oder vielmehr, sie hatten die Macht und wußten es nicht und ließen sie sich widerspruchslos, eigentlich ohne es zu merken, wieder aus den Händen nehmen. Der Mann war doch sofort wieder der Familienvorstand, egal, wie kaputt er aus dem Krieg kam. Und wo er nicht wiederkam, wird es wie bei uns gewesen sein: Die Frau steckte so tief in der Überlebensarbeit, daß sie nicht über Küche und Herd hinaussah. Unterdessen schufen Männer die wirtschaftlichen, sozialen und politischen Strukturen, in denen es weiterging. Wie viele Frauen haben denn am Grundgesetz mitgearbeitet? Vier! Und 61 Männer. Gäbe es ohne den Kampf von Elisabeth Gelbert von der SPD den Gleichberechtigungsparagraphen im Grundgesetz, auf den alle so salbungsvoll stolz sind? Es gäbe ihn nicht.

Schon als junges Mädchen sah ich in der Politik eine Männlichkeit, die mir menschenfeindlich vorkam mit ihrer Wenndann-Logik, ihrem Schwarz-Weiß-Denken und ihrem ständigen Rückgriff auf Gewalt. Ich habe Gewalt immer mehr als männliche Schwäche kennengelernt. Vielleicht kann ich diese Dinge deshalb so klar sehen, weil mein Blick durch keine töchterliche Vaterliebe getrübt ist.

Ich glaube nicht, daß die Menschheit ihre Zukunft zerstört hat. Für mich gibt es eine Zukunft, und die ist weiblich. Sie ist weiblich in dem Sinne, daß wir Frauen nicht länger eine im öffentlichen Leben zu vernachlässigende dienende Mehrheit bleiben, die wegschaut, wenn die Männer Krieg führen gegeneinander, gegen die Erde und gegen das Leben. Wir wissen inzwischen, daß das Menschenbild des Patriarchats unvollständig ist, weil der Mann nicht nur männlich und die Frau nicht nur weiblich ist. In jedem Menschen ist der andersgeschlechtliche Anteil angelegt und will als Teil der Person leben. Bei der Frau die männliche Seite: Intellekt, Wille, Durchsetzungsvermögen; beim Mann die weibliche Seite: Einfühlungsvermögen, Geduld, Sanftheit. Nur wenn diese Seiten zur Entfaltung kommen, können Frauen und Männer zu ganzen Menschen werden. So, wie die Situation ist, wird das Weibliche eine wesentliche, weil heilende Funktion haben, auch mit der dazugehörigen weiblichen Form von Macht. In einer solchen weiblichen Zukunft sind Väter, die einem »zeigen, wo's langgeht«, etwas genauso Überholtes wie der Faschismus und der Krieg.

Vater ist in Ordnung

In den sechziger Jahren erlebte ich bei vielen meiner Freunde in Berlin, wie sie durch die Auseinandersetzung mit der Nazi-Vergangenheit zu einem radikalen politischen Engagement kamen. Häufig fand dabei eine schroffe Trennung von den Eltern statt, die ihren erwachsen gewordenen Kindern auch dann noch das Gespräch verweigerten, als diese sich durch Akten- und Quellenstudium sachkundig gemacht hatten. »Trau keinem über dreißig!« war dann die Devise.

Solche Probleme hatte ich nicht. Ich konnte immer in dem angenehmen Bewußtsein leben: »Meine Eltern haben im Dritten Reich keine Schuld auf sich geladen.« Mein Vater hatte gleich nach der Kriegsgefangenschaft einen Ruf an eine westdeutsche Universität bekommen. Er gehörte dort zum Entnazifizierungsausschuß, und als ich fünf Jahre alt war, gehörte es für mich zum Alltag, daß er von Leuten wüst angegangen wurde, deren Nazi-Vergangenheit er aufdecken mußte. Wir bekamen – zum Teil anonyme – Drohbriefe und Telefonanrufe. Das erzeugte in mir schon damals die Grund-stimmung – daran erinnere ich mich gut – »Vater ist in Ord-nung«.

In unserer Familie waren Gespräche über ethische Grund-fragen, über Ziele und Möglichkeiten politischen Handelns, über Gegenwartsfragen und natürlich auch über die Zeit der nationalsozialistischen Herrschaft etwas ganz Normales. Aus der christlichen Grundhaltung meiner Eltern heraus lag ihnen das Verhältnis von Christen und Juden besonders am Herzen. Ich habe mit meiner Mutter viel über all diese Fragen geredet. Zu keiner Zeit hatte ich ein gesteigertes Interesse an Gesprä-chen mit meinen Eltern darüber, wie sie das Dritte Reich durchlebt hatten. Ich wußte, daß weder unserem Vater noch unserer Mutter auch nur irgendeine Erscheinung des Natio-nalsozialismus reizvoll vorgekommen war. Für mich war es ganz unvorstellbar, daß sie die Hand zum ›Deutschen Gruß‹ erhoben und ›Heil Hitler‹ gesagt hätten. Als ich später erfuhr, daß mein Vater zweimal nur knapp und unter etwas abenteuerlichen Umständen einer Verhaftung durch die Gestapo entkommen war, hat mich das nicht gewundert.

Mich hat es gefreut, daß mein Vater im Krieg »u. k.« war. Ich meinte lange Zeit, das bedeute: »ungeeignet, körperlich«, und da das Menschenbild in unserer Familie absolut nicht dem NS-Herrenmenschen entsprach, dachte ich mit einer gewissen Rührung und Zärtlichkeit: »Solche wie die, die wollten meinen Vater nicht.« Sie wollten ihn auch wirklich nicht!

Mein Vater hatte, als Hitler an die Macht kam, eine Universitätslaufbahn vor sich, mußte jedoch der Nazis wegen ausweichen, weil sie verhinderten, daß Leute wie er einen Lehrstuhl bekamen. Er hatte bei seiner Firma auch bald einen hohen Posten, und deshalb wurde er »unabkömmlich, ›u. k.‹ gestellt«, was bedeutete, daß er nicht zum Militär mußte. Erstaunlicherweise erhielt er dann doch noch einen Ruf an eine Universität, und zwar ausgerechnet an die Universität Straßburg, die besonders braun war. Unter Gewissensnöten hat er den Beamteneid auf Hitler abgelegt. Die Lehrtätigkeit konnte er jedoch damals nicht aufnehmen, weil er 1943 doch noch zum Militär einberufen wurde.

Welchen Umständen es zu verdanken war, daß er, wie er es ausdrückte, nicht als Kanonenfutter verwendet wurde, sondern an einer militärischen Verwaltungsstelle in Berlin eingesetzt wurde, erfuhren wir nicht. Er mußte dort offensichtlich nur Dinge tun, die auch in einem Rechtsstaat hätten getan werden können, denn er sagte nie etwas von Gewissenskonflikten.

Wie es möglich war, auf den Dienstreisen in die UdSSR nicht mit den Verbrechen der Deutschen dort konfrontiert zu sein, weiß ich nicht. Da mein Vater nie darüber geredet hat, frage ich mich, ob er uns an dieser Stelle nicht doch etwas verschwiegen hat.

Nach dem Krieg hat sich mein Vater politisch engagiert, unter anderem für die Versöhnung mit Polen. Das fand ich gut. Mein Vater verstand seine politische Arbeit als eine Art

Wiedergutmachung seiner Zurückhaltung während der Zeit des Nationalsozialismus. Das fand ich wirklich sehr gut, aber es war für mich mit einem unangenehmen und mir unerklärlichen Gefühl von Blutleere verbunden. Es mag damit zusammenhängen, daß mein Vater sich aus dem Familienalltag heraushielt und das, was er tat, sich für mich als Kind in einem Bereich abspielte, zu dem ich keine Beziehung hatte. Und es hängt sicher mit der bürgerlichen, zu altertümlichen und sehr traditionalistischen Formen neigenden Lebensweise meiner Eltern zusammen. Durch sie fühlte ich mich eingeengt. Ich konnte mich nie ganz in sie einfügen, zum Beispiel, wenn auf »gute Umgangsformen« geachtet wurde, die ein fast ritualisiertes Verhalten am Mittagstisch verlangten, oder wenn ich körperlich und sozial unter den rigiden Kleidungsvorschriften litt. Bei aller Offenheit und Liberalität, die sich meine Eltern erarbeitet hatten, war der Stil ihres Umgangs mit uns Kindern und einer ganzen Reihe von Pflegekindern autoritär. Während mein älterer Bruder keinerlei Probleme damit zu haben schien, hatte ich das Gefühl: Ich bin anders, ich passe da nicht ganz hinein, und auch meine jüngere Schwester hatte zeitweise das heftige Bedürfnis, sich zur Wehr zu setzen. Ein Ausspruch, den diese 1943 geborene Schwester tat, als unser Vater Ende 1945 aus der Kriegsgefangenschaft kam, zeigt übrigens, wie tief die Trennung durch den Krieg geworden war. Sie sagte: »Heißt der fremde Onkel Papa?«

Mein Nicht-ganz-Dazugehören rührt sicher auch daher, daß ich als Kind immer wieder für lange Zeit von der Familie getrennt war. Ich mußte als Säugling monatelang im Krankenhaus bleiben, war im zweiten und dritten Lebensjahr wegen der Bombenangriffe auf Berlin wochenlang bei einer Tante auf dem Lande und mußte mit vier Jahren wieder monatelang von zu Hause weg, diesmal in ein Lungensanatorium im Allgäu, das von katholischen Schwestern mit riesigen weißen Flügelhauben geleitet wurde.

Vielleicht wäre ich ohne all diese äußeren Umstände in unsere Familie hineingewachsen, und ihre Welt wäre meine Welt geworden und wäre mir nicht als ein zu schmaler Ausschnitt aus der sozialen Wirklichkeit erschienen, wo es keinen rechten Platz für mich gab. Mich haben schon in der Schulzeit Fragen sozialer Gerechtigkeit bewegt, ich habe den Kontakt zu benachteiligten Mitschülerinnen und deren Familien gesucht, war häufig dort und nicht zu Hause zu finden. Das hat sich im Studium noch verstärkt. Ich habe nicht, wie es meine Eltern für mich vorgesehen hatten, eine wissenschaftliche Laufbahn eingeschlagen, sondern ich wurde Sozialarbeiterin.

In diesem Beruf bin ich – und das will ich auch ganz bewußt sein! – tagtäglich mit der Gewalt und der Ungerechtigkeit in unserer Gesellschaft konfrontiert und habe es mit Menschen zu tun, die darunter leiden.

So gut ich es nach wie vor finde, daß mein Vater sich nach dem Ende des Nationalsozialismus für die Schaffung von gerechten Strukturen in Universität, Kirche und Staat eingesetzt hat, so klar sehe ich heute, daß Gerechtigkeit nicht in Strukturen leben kann, sondern Menschen braucht, die sie mit ganzem Herzen wollen und die bereit sind, sich mit ihrer ganzen Kraft dafür einzusetzen. Diese rückhaltlose Bereitschaft wächst nicht aus dem Intellekt und dem Willen, sondern aus dem persönlichen Betroffensein. Das aber konnte in der bürgerlichen Welt meiner Eltern nicht entstehen, die sogar noch im Chaos des Krieges und der Nachkriegszeit intakt blieb, als das großväterliche Pfarrhaus, in das wir aus Berlin geflüchtet waren, von Flüchtlingen überquoll. Ich weiß nicht, wie mein Vater während des Dritten Reiches das, was er über den Nationalsozialismus wußte und was er am eigenen Leibe erfuhr, damit vereinbaren konnte, im politischen Bereich untätig zu sein. Ich kann nicht von ihm verlangen, daß er aktiv im Widerstand gegen Hitler hätte arbeiten und sein Leben aufs Spiel setzen sollen, ich kann allerdings nicht akzeptieren, daß er den Beamteneid auf Hitler geschworen hat.

Es ist für mich heute noch ein großes Problem, daß ich von meinen Eltern bei aller Offenheit, mit der bei uns auch über das eigene Versagen im Dritten Reich gesprochen wurde, nie eine Äußerung darüber gehört habe, welche Ängste und Hoffnungen, welcher Zorn und welche Sorgen und Freuden sie damals bewegt haben.

Da war ich meinem Vater sehr nahe

Wenn ich jetzt etwas von meinem Vater erzähle, so kann ich ihn nicht fragen: »Ist es dir recht? Bist du damit einverstanden?«, denn er ist seit fünf Jahren tot. Weil aber das, was von ihm kommt, ein Stück von mir geworden ist, kann ich mit Recht, so meine ich, darüber reden, obwohl ich dann auch sagen muß, daß er im Krieg einen Menschen getötet hat. Natürlich habe ich als junges Mädchen gewußt, daß wir Deutschen den Krieg angefangen haben, und wie jeder Mensch wußte ich, daß im Krieg getötet wird. Aber das Töten war für mich etwas, was die Feinde getan haben und nicht mein Vater.

Als kleines Kind habe ich es natürlich so erlebt, daß die Feinde die Bösen waren. Ich kann mich noch genau an die Bombenangriffe auf Stuttgart erinnern, wenn die ersten Flugzeuge kamen und dann die Leucht-Bäumchen vom Himmel heruntersanken und man in den Keller laufen mußte. Ich habe die Angst meiner Mutter gespürt. Und als mein Vater einmal auf Urlaub gekommen war und vor einem Angriff diese Bäumchen, die die Angriffsziele markieren sollten, vom Wind auf unser Wohngebiet zugetrieben wurden, da hatte auch mein Vater für mich deutlich spürbare Angst. Das, was ich im Keller erlebte, habe ich wohl verdrängt, auch jenes vom allerersten Fliegerangriff, bei dem meine Großmutter und meine Tante ums Leben kamen. Eigentlich müßte ich mich daran erinnern können, denn ich war schon vier Jahre alt. Meine um ein Jahr jüngere Kusine weiß noch, wie ihre Mutter einen Koffer in die eine Hand nahm und sehr viel Bettzeug unter den andern Arm zu klemmen versuchte.

Nach dem Angriff wurde meine Großmutter noch lebend freigeschaufelt. Man bettete sie auf ein Sofa und lud dieses auf einen Handkarren, um sie ins Krankenhaus zu bringen, wo sie ein paar Stunden später starb. Meine Tante jedoch konnte zunächst nicht gefunden werden. Da sie ab und zu an

Ohnmachtsanfällen litt – sie war nämlich schwanger –, hoffte man, sie sei gar nicht bis in den Keller gekommen, zumal meine dreijährige Kusine unverletzt im Freien gefunden wurde. Aber dann fanden sie unter einem eingestürzten Mauerbrocken die verkohlten Knochenreste, und – ich weiß nicht, ob man so etwas mit den Händen anfaßt oder ob man eine Schaufel nimmt – sie haben sie in eine Persilschachtel hineingetan. Das erzählte meine Mutter; sie sprach oft davon, aber ich wollte es nicht hören. Ich habe selber keine Erinnerung daran, aber wenn ich an meine Tante denke, sehe ich immer verkohlte Knochenreste in einer Persilschachtel. Ich finde es entsetzlich, sie war doch meine Tante, und dann waren da nur noch verkohlte Überreste.

An meine Großmutter habe ich überhaupt keine Erinnerung, sondern lebe in dem Bewußtsein: Wie schade, daß ich keine Großmutter hatte! Dabei weiß ich von meiner Mutter, daß ich oft und gerne bei ihr war. Ich habe dann immer mit viel Eifer so ein kleines schwarzes Pappköfferchen gepackt. Vielleicht konnte ich überhaupt nur durch das Vergessen den Verlust ertragen? Warum hätte ich mich als Kind sonst so dagegen gewehrt, daß man mir etwas über meine Großmutter erzählte? Ich erinnere mich, daß ich es sehr unangenehm fand, wenn von ihr gesprochen wurde.

Als junges Mädchen bin ich all dem Schrecklichen, das geschehen war, so gut ich konnte aus dem Weg gegangen. Als ob ich es dadurch wenigstens für mich hätte ungeschehen machen können. Dabei wußte ich ja vieles. Aber ich glaubte es nicht und wollte es nicht sehen. Ich habe kein Buch über den Krieg oder über ein Konzentrationslager gelesen. Nur das Tagebuch der Anne Frank. Ich wollte es nicht lesen, aber es war stärker als ich. Ich mußte es lesen. Es hat mich förmlich hineingezogen. Es war so schrecklich, daß ich manche Seiten überblättern mußte.

Was ich da las, habe ich geglaubt. Aber sonst wollte ich nichts von den Greueltaten des Dritten Reichs wahrhaben. Dabei waren wir in unserer Familie eigentlich ziemlich direkt davon betroffen. Ein Schwager meiner Mutter ist im KZ ums Leben gekommen, weil er öffentlich gegen Hitler aufgetreten war. Hinterher sagte man zwar in der Verwandtschaft: »Er war der einzige, der wußte, was gespielt wurde.« Aber man war nicht etwa stolz auf ihn, auch sein eigener Sohn nicht, der keine innere Beziehung zu seinem Vater aufgebaut hat und zu den Zeugen Jehovas gegangen ist. Man hat den Ermordeten vielmehr zur eigenen Entschuldigung benutzt: »Man sieht ja, was es gebracht hat, daß er dagegen war! Er wurde umgebracht, und geändert hat das überhaupt nichts.« Ich habe das mitgekriegt, aber ich habe mich nie besonders dafür interessiert.

Ich wußte auch, daß ein Mann aus unserer Nachbarschaft sich im Wald versteckt hatte, weil er nicht an die Front zurück wollte, daß er aber verraten wurde und daß sie ihn als Deserteur erschossen haben. Über diesen Mann wurde gesagt: »So ein Hasenfuß!« Das werde ich auch gedacht haben. Ich bin ziemlich sicher, daß ich in einer Umgebung aufgewachsen bin, wo man weder gegen den Krieg noch gegen Hitler war.

Mein Vater ist schon als junger Bursche in die NSDAP eingetreten, ohne allerdings als Parteimitglied aktiv zu werden und in der Öffentlichkeit aufzutreten. Aus seiner Parteimitgliedschaft hat er nie ein Geheimnis gemacht, sondern sich nachträglich gewundert, wie hirnverrückt das alles war. Er sei von der allgemeinen Euphorie erfaßt worden, sagte er, und auch der Faszination dieses Menschen Adolf Hitler erlegen. Er hatte nie damit gerechnet, daß es zu diesem Wahnsinn kommen würde. Ich habe versäumt, ihn zu fragen, wann ihm all das Unrecht bewußt wurde und ob er versucht hat, da herauszukommen.

Als Soldat war mein Vater bis zum bitteren Ende dabei und kam mit einer schweren Beinverwundung, die er noch in den allerletzten Kriegstagen erlitten hatte, nach Hause. Er mußte aber bald wieder ins Krankenhaus, weil ein Splitter von dem Geschoß, das ihn getroffen hatte, nicht entfernt werden konnte und eine Infektion verursacht hatte, die sich zu einer lebensgefährlichen Erkrankung entwickelte. Es stand tagelang schlimm um ihn. Ich erinnere mich, daß ich mich, als wir mit der Straßenbahn zu ihm fuhren, gewundert habe, warum niemand von all den vielen Leuten etwas von meiner Angst um meinen Vater wußte.

Ich habe meinen Vater geliebt und bewundert, und wenn ich jetzt von ihm spreche, so tu ich das ein wenig distanziert, weil mir sonst gleich die Tränen kommen. Ich habe sehr an ihm gehangen, und er hat sich viel um mich, sein einziges Kind, gekümmert. Er hat mir einen Kaufladen geschreinert, in den ich mich hineinstellen konnte, und eine Puppenküche mit meinen Initialen in dem kleinen, sorgfältig gearbeiteten Küchenbüffet. Ich erinnere mich gut, wie ich gegen Abend zu warten anfing, bis er von der Arbeit kam, denn dann mußte er, ob er wollte oder nicht, mit mir Einkaufen spielen. Als ich in die Schule kam, besorgte er mir einen ledernen Schulranzen und den allerschönsten Bleistift der ganzen Klasse, und ich bekam von ihm die erste Schnapsbohne meines Lebens! Weil er sagte: »Das ist etwas ganz Feines«, fand ich sie gut, obwohl sie mir nicht geschmeckt hat.

Es gefiel mir, wenn mein Vater Klavier oder Ziehharmonika spielte. Keine Musik war für mich schöner als seine. In der Nachkriegszeit erspielte er bei Hochzeiten und anderen Festen und manchmal auch bei der amerikanischen Besatzung Lebensmittel für uns.

Als Kind und als junges Mädchen sah ich meinen Vater ohne Fehler und ohne Makel. Daß er so gewesen sei, glaube ich heute natürlich nicht mehr. Aber bevor ich erwachsen war, hätte ich, so scheint es mir nachträglich, gar nicht wahrnehmen können, daß er nicht nur gute Seiten hatte. Und wenn ich dazu gezwungen worden wäre, wäre sicher etwas in mir zerbrochen. Meinem Vater fiel es nicht leicht, Schwächen und Fehler bei sich selbst einzugestehen und sie bei andern zu dulden. Er war ziemlich bestimmend, und ich glaube, für meine Mutter war es manchmal schwer, sich seinem Willen unterzuordnen – vor allem nach den Jahren im Krieg, wo sie doch alles selbst entscheiden und tun mußte. Ich aber habe mich gerne bemüht, seinen Erwartungen gerecht zu werden, und hatte kaum einmal einen Konflikt mit ihm. Meiner Mutter gegenüber verhielt ich mich anders. Da tat ich eher, was ich selbst wollte, und hatte mit ihr deshalb manchen Konflikt.

Ich war fünfundzwanzig Jahre alt, als ich von meinem Vater erfuhr, daß er im Krieg einen Menschen getötet hatte. Wir saßen abends im Wohnzimmer. Meinen Eltern war der Zusammenhalt mit mir sehr wichtig. Ich war verlobt, und sie hatten beide Mühe, sich damit vertraut zu machen, daß ich bald weggehen würde. Meine Mutter, vielleicht, weil sie sich mit dem Gedanken an meine Hochzeit beschäftigte, fing an, von dem Hochzeitsbild eines amerikanischen Soldaten zu sprechen, das meine beiden Eltern gut zu kennen schienen, von dem ich aber nichts wußte. Sie sagte, wie schrecklich doch der Krieg sei und wie schlimm es sei, daß so ein junger Mann habe sterben müssen. Da antwortete mein Vater, daß es für ihn immer noch etwas Schreckliches sei, daß er das getan habe, und ich begriff, daß mein Vater einen Menschen getötet hatte.

Das war entsetzlich für mich. Ich finde es auch heute noch schlimm, obwohl ich es in gewissem Sinne verarbeitet habe. »Wie konntest du das nur tun!« habe ich ihn angefahren, und er sagte: »Das kannst du überhaupt nicht beurteilen!« und fügte nach einer Weile hinzu: »Wie kannst du nur so verständnislos sein!« Danach herrschte Stille. Es war schlimm! Das Schweigen stand im Zimmer, und wir steckten darin. Ich spüre noch, wie das war, mit dem Entsetzen darin und der Betroffenheit, und wie es auf uns lastete. Ich glaube, meine Eltern empfanden das auch so. Ich dachte: Mein Gott, was haben wir angerichtet! In diesem Moment wäre es mir lieber gewesen, es wäre weiterhin Schweigen bewahrt worden über diese Sache.

Es war mein Vater, der schließlich dieses furchtbare Schweigen brach. Er erzählte, was geschehen war: Es war im März 1945, im Elsaß. Sie waren ein Häuflein Soldaten mit dem undurchführbaren Auftrag, die vorrückenden Amerikaner aufzuhalten. Sie hatten sich in Erdlöcher eingegraben, je zwei in ein Loch. Dort standen sie so, daß sie mit dem Kopf, auf dem der Stahlhelm saß, gerade über den Rand des Lochs gucken konnten. Als die Amis mit ihren Panzern näherkamen, gab es keine Möglichkeit mehr für sie, da herauszukommen und davonzulaufen. Die Amerikaner, die wohl gar nicht wußten, daß noch deutsche Soldaten in dieser Gegend waren, rückten sehr langsam vor, und mein Vater und seine paar Kameraden standen nun schon seit eineinhalb Tagen in diesen Löchern. Es war kalt und es regnete. Sie hatten nichts mehr zu essen. Immer wieder sackte einer zusammen und schlief, halb in der Hocke, für ein paar Minuten ein. Und während dieser ganzen Zeit hatten sie den Tod vor Augen. In dieser Situation muß einer durchgedreht und eine Handgranate geworfen haben. Das war ein Signal für die Amis, und sie kamen auf das Gelände zugefahren.

Mein Vater sah die Panzer über die Erdlöcher wegfahren, den Boden niederwalzen und die Menschen darunter erdrükken. Doch dieses Grauenhafte war noch nicht alles, sondern mein Vater mußte mitansehen, wie ein Panzer über den Löchern vor- und zurückfuhr und mit seinen schweren Ketten über der Stelle drehte, um alles, was darunter war, zu zermalmen. Mein Vater hatte den Eindruck, dem Menschen dort mache es Spaß, die Wehrlosen unter seinem Panzer genüßlich zu zermalmen. »Zermalmen«, sagte mein Vater, ich höre noch, wie er das Wort aussprach. Warum tut einer so etwas? dachte mein Vater, wie kann ein Mensch denn so sadistisch sein? Es waren ja alles seine Kameraden, die da umgebracht wurden. Genau dieser Panzer kam immer näher auf sie zu. Warum kämpfen sie denn nicht wie anständige Soldaten? dachte er. Warum geben sie uns denn keine Chance, davonzulaufen, eine Möglichkeit, mit dem Leben davonzukommen? Mit dem Leben davonkommen wollte er! Er wollte zurück zu seiner Frau und seinem Kind, und dieser Panzer kam immer näher. Da packte ihn eine große Wut und gleichzeitig überkam ihn ein Gefühl der Ohnmacht. Und in dieser Situation hat er eine Panzerfaust geworfen, und der Panzer blieb stehen. Als drei oder vier Panzer kampfunfähig waren, sind die Amerikaner zurückgefahren, und die, die noch lebten, konnten sich retten. Später ist mein Vater hingegangen, vielleicht um nachzuschauen, ob der Soldat im Panzer wirklich tot war? Ich habe ihn nicht danach gefragt. Da sah er den Toten. Der saß noch aufrecht in seinem Fahrzeug. Die Wut meines Vaters war verflogen, das Gefühl des Überlebenwollens und

Kämpfenmüssens war weg. Mein Vater war in diesem Augenblick kein Soldat mehr.

So, wie er mir das Geschehen an diesem Abend, zwanzig Jahre später, erzählt hat, habe ich gemerkt, wie erschüttert er damals gewesen sein muß. Ich hatte das Gefühl, in dem Augenblick, als er den amerikanischen Soldaten sah, den er getötet hatte, war ihm bewußt geworden: Auch der ist ein Mensch… Da war ich meinem Vater sehr nahe. Ich war so froh wie selten, weil er mir das anvertraut hat. Wie soll ich das ausdrücken? Ich hatte das Gefühl, daß er mich dadurch fast ein bißchen erwachsen gemacht hat.

Warum er nach der Brieftasche des Mannes griff, in der er das Hochzeitsbild fand, weiß ich nicht. Warum er das Bild mit nach Hause genommen und es meiner Mutter gezeigt hat, habe ich nicht gefragt. Vielleicht nahm er sich vor, nie zu vergessen, was da geschehen war. »Jetzt, nach zwanzig Jahren, bin ich nicht sicher«, sagte mein Vater, »ob ich wieder so handeln würde. Aber damals gab es für mich kein Besinnen.«

Um mir verständlich zu machen, wie es ist, wenn es im Krieg ums eigene Leben geht, erzählte er mir gleich noch einen zweiten Fall, bei dem durch ihn Menschen zu Tode kamen. Was heißt durch ihn? Die Amerikaner, die in ihrem Panzer saßen und anscheinend Spaß daran hatten, ihn zu jagen, sind eigentlich die Schuldigen. Er rannte um sein Leben, als sie hinter ihm her waren, und wußte nicht, ob nicht gleich geschossen würde oder ob sie vielleicht über ihn wegfahren würden. Er wußte, daß ein Stück weiter vorne die Straße vermint war. »Bis dahin mußt du es schaffen«, sagte er sich, »dann hast du eine Chance.« Er erreichte das Minenfeld und kam durch, weil er es kannte und weil er zu Fuß war. Der Panzer aber fuhr auf die Minen und wurde in die Luft gesprengt.

»Ich habe nur an mein eigenes Leben gedacht«, sagte mein Vater, »wenn ich behaupten wollte, ich hätte auch nur den Bruchteil einer Sekunde daran gedacht, daß die im Panzer auch nicht sterben wollten und vielleicht Frau und Kinder hatten, so würde ich lügen.« Mein Vater, der in der Zeit nach dem Krieg nicht einmal die Hasen und Hühner schlachten konnte, die wir uns damals hielten, sagte: »Es gibt Situationen, wo du zum Töten von Menschen in der Lage bist. Darüber kann aber nur jemand urteilen, der es selbst erlebt hat.«

Ich hatte aber gar nicht mehr das Bedürfnis, meinen Vater zu verurteilen, sondern ich verstand ihn nun. Er hat mir an diesem Abend, dem einzigen Mal, wo wir darüber geredet haben, so deutlich gemacht, wie das alles für ihn war, daß ich ihn verstehen konnte. Nicht, daß das Entsetzen darüber, daß er so etwas getan hatte, weg gewesen wäre. Aber das Verständnis, warum er es getan hatte, war da. So schrecklich es war, so befreiend war es, daß er dazu stand und es zugab. Dadurch war es zwischen meinem Vater und mir – wie soll ich es denn ausdrücken? –, es war heil, und heute hoffe und bete ich, daß unsere Söhne und Töchter niemals dieses Schreckliche und Furchtbare eines Krieges erleben müssen wie unsere Eltern und wir.

Als Vater aus dem Krieg heimkehrte

Ich war drei Jahre alt, als mein Vater Soldat werden und von uns weggehen mußte, und ich kann mich erinnern, wie ich in der Wohnung immer und immer wieder nach einem Platz gesucht habe, wo ich ihn verstecken könnte, daß er sicher wäre vor dem Krieg, so, wie das kleinste Geißlein in der Wanduhr sicher war vor dem Wolf. Ein solches Versteck, das hätte ihm auch gefallen. Für Uniformen, Trara und Heldentum hatte er nichts übrig. Er war ein einfühlsamer, liebevoller Mensch. Das kann ich heute noch aus jedem seiner Briefe spüren. Nach einem Urlaub schrieb er mir 1943 aus Rußland, da war ich sechs Jahre alt:

> »Liebes Lorle,
> Ich sehe Dich immer noch im Geiste vor mir, wie Du am Abend so geweint hast, weil ich wieder gehen mußte. Glaube mir, mein Kind, es hat mir arg weh getan. Aber ich kann es eben nicht ändern und mußte wieder fort, obwohl ich ja am liebsten bei Euch bleiben würde. Na, der Krieg, der geht auch wieder einmal aus. Mama hat mir geschrieben, daß Du wach warst, als ich Dich beim Weggehen mitten in der Nacht küßte, und ich dachte, Du würdest schlafen. Ist das wahr? Bist Du wach gewesen? Und hast Dich nicht gerührt? Ja, warum? Du hast Dir halt gedacht, Du willst Deinem Papa den Abschied nicht noch schwerer machen, als er so schon ist. Du weißt doch, daß ich Euch so sehr liebhabe, nicht?«

Ich kann mich gut an diesen Abschied erinnern, und daß ich mich schlafend gestellt habe, weil der Schmerz zu groß war. Mein Vater war nach dem Krieg nur noch ein gutes Jahr mit uns zusammen, und dann ist er an einem Gehirntumor gestorben. Ach, das geht mir jetzt alles so nahe, denn vor einem

Jahr starb meine Mutter, mit der ich mein ganzes Leben lang eng verbunden war. In der Trauer um sie muß ich noch einmal von neuem Abschied von meinem Vater nehmen.

Meine Eltern haben lange in den USA gelebt. Mein Vater war illegal in die USA eingewandert, er hatte auf einem Schiff als Kellner angeheuert und dreimal die Reise in die USA gemacht, immer hin und zurück, ehe er zum erstenmal Landurlaub bekam und dann ohne alle Papiere in den USA blieb. Bei den Razzien nach illegalen Einwanderern wurde er einmal in einer Bank fast geschnappt und konnte sich nur durch einen Sprung aus dem Fenster und eine abenteuerliche Flucht durch New York der Festnahme entziehen. Mein Vater hatte vielerlei Jobs, zum Schluß arbeitete er als Kellner in einem großen Hotel. Meine Mutter war mit achtzehn Jahren, alleine und ohne Englischkenntnisse, in die Vereinigten Staaten ausgewandert und wurde Hausangestellte in einer reichen jüdischen Familie. 1929 haben meine Eltern geheiratet. Es war eine Liebesheirat, und die Liebe meiner Eltern habe ich jeden Tag gespürt.

1933 haben sie fast gezwungenermaßen ihre Zelte in Amerika abgebrochen, denn die Mutter meines Vaters wurde schwer krank, und er wollte als der einzige noch Lebende von vierzehn Kindern bei ihr sein. So sind sie nach Wien gezogen, und nach dem Tod der Mutter fanden sie nur in Deutschland Arbeit. Eine Rückkehr in die USA war nicht möglich, sonst wären meine Eltern dorthin zurückgegangen.

1937 kam heißersehnt und hochwillkommen ihr erstes Kind: Ich! Das ist heute noch ein gutes Gefühl, so erwünscht gewesen zu sein. 1940 wurde mein Bruder geboren, und mein Vater mußte in den Krieg.

Seine Abwesenheit und das ständige Mitbangen mit der Mutter um den Vater waren schwer für mich, aber wenn er in Urlaub kam, dann war es schön! Das Schlafzimmer ging zur Straße hinaus, das weiß ich noch gut, die Fensterladen waren offen, und ich höre noch heute sein Pfeifen, wenn er nachts kam. Es war immer dieselbe Melodie. »Hab ein blaues Himmelbett«, so hieß das Lied, »...darin träumt es sich so nett«. Da war meine Mutter natürlich sofort raus aus dem

Bett und runter zur Straße und ich hinterher. Wenn sie dann nebeneinander hergingen, Arm in Arm und eng umschlungen, habe ich mich dazwischengedrängt, und das war in Ordnung für meine Eltern; meine Mutter hat das oft erzählt.

Ich habe meinen Vater sehr geliebt und er mich auch. Das ging bis zu der Phantasie, daß ich ihn heiraten würde, wenn ich groß bin. Wir haben sogar zusammen überlegt, was wir mit der Mutter machen würden. Eine Lösung haben wir nicht gefunden, aber es war klar, daß es ihr auch gutgehen würde.

An den Tag, als mein Vater zurückkam, kann ich mich gut erinnern. Wir wußten, daß er ein Bein verloren hatte und irgendwo in einem Lazarett lag, wo, wußten wir nicht. Dann hörten wir lange Zeit nichts von ihm, bis die Nachricht kam, daß er in amerikanischer Gefangenschaft sei in Deutschland. Ohne Vorankündigung kam er dann im Herbst 1945 eines Nachmittags nach Hause. Ich schlenderte gerade von einem Besuch bei einer Freundin an den Wiesen entlang heimwärts, da rief ein Nachbarskind: »Dein Vater ist gekommen und hat sein Bein auf dem Rucksack gehabt!« Ich lief los, so schnell ich konnte, direkt meiner Mutter in die Arme, die war überglücklich: »Lorle! Lorle! Dein Papa ist da! Dein Papa ist da!« Und da saß er tatsächlich in der Küche und war ziemlich mager.

Es war schlimm, daß wir dann nur noch so wenig voneinander hatten, weil er krank wurde und sterben mußte! Er war ein wunderbarer Vater, ein lebensfroher, weltoffener Mensch.

Einmal, da muß ich noch sehr klein gewesen sein, hat er mir einen Holzdackel gekauft, so ein Gliedertier auf Rädern zum Hinter-sich-Herziehen, und ist mir die ganze lange Straße entgegengekommen mit diesem Dackel, der hinter ihm hergewackelt kam. Überhaupt war mein Vater die Freude der Kinder in der ganzen Straße. Er hat mit uns gespielt und rumgetobt und Spaß gemacht.

Ich fand es gut, wie er mit der Tatsache umging, behindert zu sein. Als Beinamputierter konnte er in der Nachkriegssituation, wo es ohnehin wenig Arbeitsplätze gab, nicht so schnell Arbeit finden. Da hat er eben, während die Mutter hamstern ging, so ziemlich den ganzen Haushalt gemacht, meinem Bruder und mir Englisch beigebracht und gekocht, und zwar sehr gut. Das hatte er in Amerika gelernt. Ich erinnere mich an eine köstliche Torte, die er mit den sehr bescheidenen Zutaten von damals zu seinem fünfundvierzigsten Geburtstag gebacken hat. Innen war sie bräunlich und saftig, und außenherum war eine dicke rosa Zuckerglasur, die kam mir prächtig vor. Mein Vater hat sogar Stricken gelernt, um der Mutter zu helfen, denn sie hat für andere Leute gestrickt, um Lebensmittel einzutauschen. Er strickte keine komplizierten Muster, aber die geraden Stücke der Jacken und Pullover, die konnte er wirklich gut.

Aus Amerika, wo sie beide berufstätig gewesen waren, waren es meine Eltern gewohnt, sich die Hausarbeit zu teilen, was nicht heißt, daß meine Mutter nicht auch etwas von diesem altmodischen Typ Frau an sich hatte, der die Männer gerne so richtig verwöhnt. Das war ihr sogar ausgesprochen wichtig.

Bei uns zu Hause ging es liebevoll und fröhlich zu. Es wurde gesungen und gelesen und vorgelesen, und manchmal haben meine Eltern in unserem kleinen Wohnzimmer den Tisch zur Seite geschoben und den Teppich aufgerollt und Walzer getanzt. Abends – weil man Strom sparen wollte – haben wir uns alle miteinander in der Dämmerung auf das Sofa am Fenster gesetzt. Gegenüber war ein großer Park mit alten Bäumen, in denen haben sich die Raben gesammelt... Bei dieser Erinnerung kommt ein so starker Schmerz über den Tod meiner Mutter und den frühen Verlust meines Vaters in mir hoch, wie ich ihn gar nicht mehr in mir vermutet hätte.

Nur ein gutes Jahr lang haben wir nach dem Krieg mit meinem Vater zusammengelebt. Es war eine der schönsten Zeiten für mich. Als er im Sommer 1946 Arbeit gefunden hatte, machte sich gleich in den ersten Tagen mit sehr schmerzhaften Anfällen der Gehirntumor bemerkbar. Anfangs versuchte mein Vater, das zu verbergen, auch vor mir. Damals hat er mich das einzige Mal angeschrien. Er lag im Schlafzimmer auf dem Boden, er hatte Zuckungen im Gesicht, und seine Arme hatte er nicht mehr unter Kontrolle. Die Mutter war nicht da, und ich wollte ihm helfen. Da brüllte er: »Raus! Raus! Raus!« Das Rausgeschicktwerden war schlimmer für mich als sein Zustand.

Wir haben uns natürlich Gedanken gemacht, ob er ohne die Belastungen des Krieges diese Krankheit bekommen hätte. Eine Operation in Tübingen, wohin wir ihn gebracht haben, konnte ihm nicht helfen. Er verlor die Sprache und konnte nicht mehr gehen. Wenn wir ihn besuchten, saß er im Rollstuhl, und wir haben uns schreibend unterhalten. Als ich ihn zum letztenmal sah, am dritten Advent 1946, lag er bewegungslos im Bett, und ich habe geweint, als wir aus dem Zimmer gegangen sind. Den ganzen langen Klinikflur hinunter habe ich laut geweint. Als mich jemand fragte: »Warum weinst du denn so?«, habe ich gesagt: »Jetzt singen sie hier Adventslieder, und mein Papa muß sterben.« Das weiß ich noch genau. Drei Tage später war er tot.

Ich durfte ihn im Sarg nicht mehr sehen, weil ich mit neun Jahren angeblich zu klein dafür war. Das konnte ich nicht verstehen und war sehr zornig darüber.

Mit dem Tod meines Vaters war meine Kindheit zu Ende, und ich bekam große Probleme mit mir selber. Meine Mutter betrachtete mich als erwachsene Gesprächspartnerin, was ich ihr später vorgehalten habe. Ich war die Älteste und hatte Verantwortung zu tragen, wenn zum Beispiel mein Bruder und ich ganze Tage lang alleine waren, weil die Mutter zu den Bauern arbeiten gehen mußte. So waren wir auch alleine, als die Franzosen einmarschiert sind. Meine Mutter war mit dem Leiterwagen losgezogen, um in einem Flaklager, das aufgelöst wurde, Lebensmittel zu organisieren. Brav saßen mein Bruder und ich auf dem Sofa, als die Soldaten durchs ganze Haus gingen. Angst habe ich da nicht gehabt.

Bei den Bombenangriffen, ja, da hatte ich Angst; an diese Angst erinnere ich mich noch heute. Sie saß im Bauch, es war ein Gefühl, als ob alle Nerven außen lägen. Meine Mutter konnte mir dabei nicht helfen, und auch mein Vater, wenn er dagewesen wäre, hätte es nicht gekonnt. Ich habe diese Angst als etwas Ureigenes erlebt.

Als meine Mutter im Winter 1948/49 wieder heiraten wollte, habe ich ihr nicht abgeraten, obwohl ich das gerne getan hätte, weil der Mann mir zuwenig Ähnlichkeit mit meinem Vater hatte. Aber ich habe schon damals erkannt, daß das nur ihre Entscheidung sein durfte. Ich habe mich nicht gut mit meinem Stiefvater verstanden und hatte häufig Krach mit ihm. Er war der Meinung: »Ein Mädchen – die heiratet sowieso, wozu soll sie so lange zur Schule gehen, wozu braucht sie so viel zu wissen?« und nahm mich nach der Mittleren Reife vom Gymnasium, obwohl ich eine gute Schülerin war und gerne Abitur gemacht hätte. Mein Vater aber hatte mir in einem seiner Kriegsbriefe geschrieben: »Lerne nur fleißig, damit du auch so tüchtig und so klug wie deine Mutter wirst.«

In der ganzen Zeit meines Erwachsenwerdens war es mein Wunschtraum, mit meinem Vater über das, was mir wichtig war, sprechen zu können. Innerlich werde ich's wohl getan haben: über die Bücher, die ich las, über Politik, über das Dritte Reich...

Mein Stiefvater war ein aufrechter Mensch; was Unrecht war, blieb auch unter der Naziherrschaft Unrecht, und er empfand das, was mit den Juden geschah, als Schande. Er hat es denen, die er am Abholen der Juden beteiligt wußte, nie verziehen; er wußte Namen und hat persönliche Erlebnisse erzählt, aber ich habe ihm den Vorwurf gemacht: »Wie konntet ihr nur so etwas zulassen?«, und er war nicht in der Lage, mir wenigstens so viel von seinen Motiven – vielleicht Angst vor dem, was ihm hätte geschehen können, vielleicht das Gefühl von Machtlosigkeit – deutlich zu machen, daß ich ihn hätte verstehen können. Sicher wußte er auch, daß er auf die eine oder andere Weise in das Geschehen verstrickt war – aber der Stieftochter gegenüber eine eigene Schuld zuzugeben, das war ihm nicht möglich. Gerade deshalb bekamen wir dann Streit!

Mein Vater mit den ganz anderen Lebenserfahrungen, die er in Amerika sammeln konnte, mit der Vorurteilslosigkeit und Weltoffenheit, die er sich erworben hatte und die ich auch an meiner Mutter so sehr schätzte, wäre bestimmt fähig gewesen, die Dinge ganz anders zu reflektieren.

Bei den Konflikten mit dem Stiefvater habe ich mich innerlich an meinen Vater gehalten und mir gesagt: »Das hätte mein Vater nie getan!« oder: »Das hätte er mir nicht verboten!« Und wenn ich Mitleid mit mir selber bekommen wollte, habe ich mich getröstet und gedacht: Ach, wie gut würde mein Vater für mich sorgen.

Er war's, der mir das Frühstück machte

Ich habe noch heute eine ausgesprochen gute Beziehung zu meinem Vater und fahre mindestens einmal im Monat nach Hause. Der Mutter gegenüber ist es eher eine Pflichtübung, aber mit meinem Vater bin ich einfach gerne zusammen. Das war schon in der frühen Kindheit so. Wenn er als Soldat in Urlaub kam, war es jedesmal ein Fest für mich. Ich habe ihn nie wie meine beiden Brüder für einen Fremden gehalten. Wie ist das möglich? Ich war doch erst sechs Wochen alt, als er in den Krieg mußte! Das war im September 1939, er hatte gerade seine erste Stelle als Revierförster in einem kleinen Schwarzwalddorf bekommen. Von da an kam er nur während der kurzen Fronturlaube nach Hause, bis er in Rußland schwer verwundet wurde und ein Dreivierteljahr lang ganz in unserer Nähe, in Freudenstadt, im Lazarett war.

Während dieser Zeit kam er häufig heim und war dann ganz für uns da, für mich, meinen Bruder Ralf, der 1940, und meinen Bruder Kurt, der 1942 geboren wurde. Liebevoll hat er uns bei vielen Spaziergängen seinen Wald erklärt, ist mit mir im Kindersitz vorne am Lenker Fahrrad gefahren, hat Verstecken und Faulei mit uns gespielt, und bei Regenwetter saßen wir in der Stube, und er erzählte, oder wir spielten »Schwarzer Peter« und »Mensch-ärgere-dich-nicht«. Wenn Vater da war, war alles ganz anders, und ich habe mich geborgen und gut gefühlt.

Bei meiner Mutter erging es mir nicht so gut. Sie bevorzugte ihre Söhne, vor allem den Ralf. Wenn sie erzählte, mein Großvater sei schwer enttäuscht gewesen, daß ich als sein erstes Enkelkind ein Mädchen war, so dachte ich immer: »Ja! Du selbst warst enttäuscht!« Ralf wurde von Mutter und Großvater zum »Stammhalter« ernannt und bekam auch ohne besonderen Anlaß vom Großvater Geschenke. Ich kann mich gut erinnern, wie ich daneben stand und leer ausging.

Heute noch spüre ich die Kränkung von damals, daß meine Mutter, stolz auf ihren prächtigen Sohn, nichts dazu sagte. Ich hatte immer den Eindruck, meine Mutter habe für meine Brüder eine warme, geborgene Atmosphäre geschaffen und nur für mich nicht, weil ich »nur ein Mädchen« war. Aber kürzlich kam zu meiner Überraschung heraus, daß meine Brüder die Mutter nicht anders erlebt hatten als ich: als eine ungeduldige, heftige Frau, die nie ein Kind ausreden lassen konnte und die erwartete, daß alles nach ihrem Kopf ging, und zwar auf der Stelle. Sie hatten wohl genauso unter ihr gelitten wie ich. Mein jüngster Bruder bestätigte allerdings, was Ralf abstreitet, daß sie mich benachteiligt hat.

Ich brauche mir nicht lange den Kopf zu zerbrechen, warum sie so war: Sie hatte keine sehr schöne Kindheit. Sie wurde 1917, kurz nachdem ihr Vater in Frankreich gefallen war, als jüngstes von neun lebenden Kindern geboren. Und ihre Mutter mußte notgedrungen die Leitung des ziemlich großen Betriebes übernehmen. Die Kinder wurden von diversen Hilfskräften versorgt und von einer alten Großmutter tyrannisiert. Ich hörte meine Mutter oft jammern, daß sie als Kind zu kurz gekommen sei. Was Liebe ist, hat sie als Kind sicher nicht erfahren. Mir ist klar, daß ihre barsche, hektische und nicht gerade liebevolle Art davon kommt. Ich könnte nun versuchen, nichts als Mitleid mit ihr zu haben, ich könnte sogar so weit gehen, zu sagen, daß ich kein sehr einfaches Kind für die Arme war. Das Schlimme an der Sache – und das könnte ich dadurch keinen Deut ändern – ist nur, daß sie mich ein Leben lang und vermutlich schon im Augenblick meiner Geburt als Konkurrenz empfunden hat, die obendrein noch mit besseren Voraussetzungen an den Start ging.

Vielleicht wäre alles ganz anders geworden ohne den Krieg, wenn mein Vater bei uns zu Hause hätte bleiben können und sie nicht gleich am Anfang der Ehe und des Familienlebens auseinandergerissen worden wären. Mit ihm, der ein ruhiger und liebevoller Mann war, hätte sie vielleicht andere Erfahrungen als mit ihrer Mutter machen und doch noch spüren können, wie es ist, geliebt zu werden. Aber als er nach sieben

Jahren wieder da war und sie drei Kinder hatte und die Lebensumstände so schwierig waren, war dafür kein Raum mehr. Ich habe so eine vage Erinnerung, als ob meine Eltern sich damals häufig gestritten hätten, was sie auch nie wieder aufgaben. »Das ist eben der Krieg!« – diesen Spruch hat man ja oft gehört.

Ich hatte zum Glück meine Großmutter väterlicherseits. Bei der habe ich bekommen, was ich brauchte: Bejahtwerden, Streicheln und Schmusen. Jeden Sommer in den Ferien war ich bei ihr, und sie hat sich jedesmal gefreut, wenn ich kam. Es tut mir heute noch gut, wenn ich an meine Großmutter denke. Zärtlichkeiten habe ich als Kind eigentlich nur von ihr bekommen. Bei meiner Mutter gab es das überhaupt nicht.

Obwohl während meiner ersten sechs Lebensjahre Krieg war, habe ich davon nicht viel mitbekommen, außer eben, daß der Vater fort war. Wenn die Sirenen heulten, mußte man in den Keller gehen. Daran habe ich aber keine schlimmen Erinnerungen.

Was Hitler angeht, so weiß ich, daß meine Mutter gegen ihn war, zunächst wohl aus ganz emotionalen Gründen: weil sie nicht ertragen konnte, wie die Nazis mit den Leuten umgingen. In Leonberg, wo wir Verwandte haben, war ein KZ, und meine Mutter mußte einmal zusehen, wie Menschen durch die Stadt getrieben und von den Zuschauern beschimpft und angespuckt wurden. Darüber war sie empört, und sie hätte den Gepeinigten, mit denen sie Mitleid bekam, gerne geholfen. Aber sie fand keinen Weg dazu.

Von da an war sie hellhörig. Sie installierte auf dem Dachboden unseres Forsthauses einen Volksempfänger und ging alleine dort hinauf, um einen Sender mit einer bestimmten Erkennungsmelodie zu hören, der andere Nachrichten brachte als die nationalen Sender. Wir Kinder haben, ohne daß viel darüber geredet worden wäre, gewußt, daß das ein Geheimnis bleiben mußte, und meine Mutter konnte sich darauf verlassen, daß wir nichts verrieten und daß man aus uns nichts herausfragen konnte.

Was sie da an Schrecklichem erfuhr, hat sie uns nicht erzählt, und ich glaube auch nicht, daß sie mit andern darüber geredet hat. Das war wohl zu gefährlich, weil es im Dorf einige Frauen gab, die Beziehungen zur Partei hatten und die Mitbürger anzeigten, die gegen die Nazis waren. Ich kann mich erinnern, daß einmal große Aufregung im Dorf herrschte, weil ein Mann, der gerade Fronturlaub hatte, auf eine Anzeige hin abgeholt worden war, und daß ich damals Angst um meinen Vater bekam. Als meine Mutter aufgefordert wurde, Frauenschaftsleiterin zu werden, tat sie das nicht und hat uns Kinder als Vorwand benutzt. Sie hat auch sonst nichts für die Nazis getan, etwa für das Winterhilfswerk gestrickt oder dergleichen.

Mein Vater hat sich nach dem Krieg weniger deutlich dazu geäußert, aber ich denke, er hat die Nazis stark abgelehnt. Er erzählte, daß ihm als jungem Beamten empfohlen worden war, der Partei beizutreten, und daß er das auch getan habe. Aber schon nach ein, zwei Jahren sei ihm klar gewesen, daß er das eigentlich nicht wollte, und er habe sich mit andern zusammen geschworen, daß sie so etwas nie mehr machen, daß sie sich nie mehr auf eine politische Seite begeben würden. Ich habe nicht näher nachgefragt, weil ich spürte, daß ihm das ungemütlich würde. Immerhin trat er nach dem Krieg der Gewerkschaft bei, was im Forstbereich völlig unüblich und von seinen Vorgesetzten überhaupt nicht gern gesehen war.

Meine Mutter brachte immer wieder das Thema Krieg und Drittes Reich auf den Tisch. Sie sprach von den unmenschlichen Dingen, die geschehen waren, während mein Vater da sehr schweigsam war und es mir gegenüber auch geblieben ist.

Was den Krieg angeht, so weiß ich kaum etwas, denn mein Vater hat nicht gerne über den Krieg gesprochen. Zu dem wenigen, das er erzählt hat, gehört, wie er verwundet wurde.

Mein Vater war schon immer ein äußerst vorsichtiger Mensch. Als sie einmal spätabends in Rußland ihr Zelt aufstellten, legte er aus irgendeinem Grund zwei Balken, die da herumlagen, hinter sich an den Zeltstoff. In der Nacht wurden bei einem überraschenden Angriff alle, die mit ihm im Zelt schliefen, durch Granatsplitter getötet, aber ihn schützte das Holz, das ziemlich zerfetzt wurde, und er kam mit der Verletzung davon, die ihn ein Dreivierteljahr lang in unsere Nähe brachte.

Mein Vater sagt, er habe als Soldat eigentlich nie auf jemanden geschossen. »Nur in einer Situation äußerster Notwehr, wenn man sonst selber dran wäre«, sei so etwas für ihn gerechtfertigt, sagte er. Ich habe ihn natürlich nicht gefragt, ob er vielleicht einmal in einer solchen Situation war.

So wenig mein Vater sonst von diesen Dingen reden mag, so hat er doch mehr als einmal gesagt, er könne verstehen, wenn die Russen vor den Deutschen Angst hätten und ihnen nichts Gutes zutrauten, weil die Deutschen in Rußland in einer oft grauenhaften Weise gegen die Menschen gewütet hätten, sei es gegen einzelne Bauern auf dem Feld, sei es gegen ganze Familien und Dörfer.

Das Elend hat er gesehen. Er erwähnte auch, daß sie selbst ab und zu ein Huhn gefangen hätten, wobei sie wußten, daß die, denen sie es wegnahmen, arme Leute waren. Ich glaube, das hat ihm zu schaffen gemacht.

Unserem sechzehnjährigen Ältesten ist es gelungen, den Großvater zum Reden zu bringen. Einen ganzen Abend lang hat er ihm vom Krieg erzählt. Man hätte ein Tonband aufstellen sollen! Vielleicht hat er jetzt genügend Abstand? Vielleicht will er noch etwas loswerden? Ich denke, daß wir, seine Kinder, über die Erlebnisse und Taten vielleicht gar nichts hätten wissen wollen.

Mein Vater war lange in französischer Kriegsgefangenschaft und konnte 1946 bei einem Holzfällerkommando seinen Bewachern entkommen und sich zu uns durchschlagen. Da wir in der französischen Zone lebten, mußte er sich verstecken, damit sie ihn nicht wieder schnappten. Er kam deshalb nur nachts nach Hause, so daß wir Kinder kaum etwas von ihm hatten, außer daß meine Brüder, die gerne zur Mutter ins Bett krochen, über den »fremden Mann« erschraken, der da lag. Die französischen Besatzer haben mehrmals im ganzen Haus nach ihm gesucht, zum Glück immer dann, wenn er gerade nicht da war. Wir Kinder wurden einzeln verhört. Kurt, mein jüngerer Bruder, stellte sich hin und sagte: »Du bist ein Franzos', dir sag ich nix!«, aber auch aus Ralf und mir konnten sie nichts herausbekommen über unseren »Großvater«. Einmal kamen die französischen Besatzungssoldaten mit langen Metallstangen und stachen in alles hinein, in die Betten, die Schränke, das Sofa, die Klotür. Sie waren wohl außer sich vor Wut, daß sie meinen Vater nicht erwischen konnten. Sogar den Volksempfänger unterm Dach haben sie zerstochen, aber aus dem Volksempfänger kam mein Vater auch nicht heraus. Ich bin damals davongerannt.

Damit wir endlich wieder normal leben konnten, organisierte mein Vater den Umzug der Familie in die amerikanische Besatzungszone. Unterwegs mußte übernachtet werden, und die Familie mußte sich dazu auf zwei Häuser verteilen. Ich erinnere mich, daß ich unbedingt bei meinem Vater bleiben wollte, und so wurde es dann auch gemacht. Aber danach wird meine Erinnerung sehr lückenhaft.

Obwohl ich von meinem ersten halben Schuljahr in der Nähe von Freudenstadt viele Situationen mit unserem etwas verschrobenen, stöckchenschwingenden Schulmeister so deutlich vor mir sehe, daß ich sie malen könnte, auch unangenehme Situationen, weiß ich von der Schule am neuen Ort überhaupt nichts, außer daß wir mehrere Male zum Impfen in einem kahlen Klassenzimmer waren. Woran das liegen mag? Auch an meine Eltern habe ich aus dieser Zeit keinerlei Erinnerungen, weder gute noch schlechte. Diese Erinnerungslücke ist mir unerklärlich.

Ich glaube, daß wir erst wieder richtig lebten, als mein Vater eine Revierförsterstelle auf der Schwäbischen Alb, nicht weit von Blaubeuren, bekam und wir in das Forsthaus dort umzogen. Da kamen die Verwandten zu Besuch. Von einer Tante, die eine Metzgerei besaß, bekamen wir jede Woche ein Fleisch- und Wurstpaket, und ich kann mich wieder an wunderschöne Waldspaziergänge mit dem Vater erinnern, an Radtouren und Spiele und daran, wie schön es für mich war, mit meinem Vater zusammenzusein.

Leider ist da auch die Eifersucht meiner Mutter. Das ging

so weit, daß es zu Szenen kam, deren Grund und Zweck ich bis heute nicht begriffen habe. Zum Beispiel lief meine Mutter einmal weinend von einem Spaziergang davon, den wir zu dritt machten. Natürlich wird mein Vater, wie viele Männer, in seiner heranwachsenden Tochter manchmal schon das junge Mädchen gesehen haben, das seine Frau einmal war oder das er sich in ihr erträumt hatte. Aber sonst war da nichts. Ganz im Gegenteil! Ich könnte mir vorstellen, daß die Väter damals, wenn sie nach fünf, sechs Jahren wieder nach Hause kamen und das Heranwachsen ihrer Kinder nicht mit-erlebt hatten, aus lauter Angst, etwas falsch zu machen, auf Zärtlichkeiten verzichteten. Ich dachte immer, mein Vater könne gar nicht zärtlich sein, bis ich erlebte, wie er mit mei-nen Kindern umging: Er hat sie auf den Schoß genommen, sie gestreichelt und stundenlang herumgetragen.

Es ist wahr, und insofern ist die Eifersucht meiner Mutter begründet, daß mir der Kontakt zu meinem Vater lieber ist als der zu ihr, und ich glaube, meinem Vater geht es ebenso. Aber das lag – und liegt! – an meiner Mutter. Sie hätte die Bezie-hung gestalten können und hat es nicht getan.

Als ich dann in die Realschule ging, war es mein Vater, der frühmorgens für mich aufstand, mich weckte, mir das Früh-stück richtete und die Schulbrote für den langen Schultag ein-packte, der dafür sorgte, daß ich meine Siebensachen zusam-menhatte, und der mich sogar, wenn ich mich verspätet hatte, in die Schule fuhr. Es war schön, daß mein Vater so für mich sorgte, aber ich habe es meiner Mutter übelgenommen, daß sie im Bett blieb und keine Rücksicht auf meinen Vater nahm. Bestimmte Dinge hielt ich einfach für die Aufgabe meiner Mutter.

Ich habe heute noch einen Groll gegen sie, wenn ich daran denke, daß sie mir die Wäsche nicht mehr wusch, als ich im Studium war.

Allerdings muß ich sagen: Daß ich studieren konnte und heute meinen Beruf habe – Studienrätin an einem hauswirt-schaftlichen Gymnasium –, das verdanke ich meiner Mutter. Sie war es, die sich mit großer Energie dafür eingesetzt hat. Meinem Vater wäre für mich und für meine Brüder eine kürzere Ausbildung lieber gewesen. Er hat immer gebremst und wollte sparen, weil er es nicht anders gewohnt war. Aber meine Mutter – vielleicht, weil das für sie selbst unerreichbar gewesen war – hat da sehr für uns gesorgt.

Und noch etwas ist anzufügen: Wir hatten zu Hause viel Freiraum. Wir durften das tun, was uns wichtig war und was wir gerne wollten, wir durften Freunde und Freundinnen mit nach Hause bringen, durften mit Gleichaltrigen zusammen weggehen... Wir haben uns oft mit anderen verglichen, die mit ihren Eltern enorme Schwierigkeiten hatten. Das hatten wir nicht. Ich denke, weil meine Mutter das Bedürfnis hatte, sie selbst zu sein, auch dann, wenn es anderen – zum Beispiel mir! – nicht gefiel, konnte sie entsprechende Bedürfnisse bei ihren Kindern wahrnehmen und respektieren.

Obwohl ich genau sehe, wieviel ich meiner Mutter verdanke, bin ich nicht mit ihr zufrieden und fühle mich meinem Vater mehr verbunden, der mich als Mädchen akzeptierte, der sich in vielen kleinen und alltäglichen Dingen um mich kümmerte, der sich im Gespräch auf mich einließ und mich ernst nahm, der Geduld aufbrachte und Zeit für uns Kinder hatte.

Schwer kriegsversehrt –
dagegen sind Kinderprobleme nichts

Ich sitze in der Küche zwischen Bergen von Wolle. Ich helfe meinem Vater, die Wolle unserer Schafe, die er selbst geschoren hat, zum Spinnen vorzubereiten. Es sind noch andere Leute in der Küche, Nachbarn, ein Soldat auf Urlaub. Man muß die Wolle mit einer Drahtbürste kämmen. Ich habe meine eigene kleine Bürste, an die der Vater eine Schlaufe gemacht hat, und meine Hände sind weich vom Wollfett. Da höre ich im abendlichen Halbdunkel den Soldaten sagen: »…und da sind dicke Rohre, aus denen läuft das Fett heraus.« Mir wird übel. Diese Worte sind mir noch heute in den Ohren. Ich war damals vier oder fünf Jahre alt und wußte, daß von Menschen die Rede war, die verbrannt wurden, und daß diese Menschen Juden waren. Heute noch wird mir beim Geruch von Wollfett übel.

Mein Vater war ein leidenschaftlicher Nazigegner von Anfang an. Meine Eltern haben Hitlers »Mein Kampf« gelesen, lange bevor die Nazis an die Macht kamen, und haben begriffen, was da auf die Welt zukam. »Es stand ja alles in dem Buche«, sagten sie später, »man brauchte es nur zu lesen.« Ich bin deshalb heute noch stolz auf meine Eltern, die doch ganz einfache Leute waren.

Mein Vater stammte aus einem kleinen Dorf im Hunsrück aus so armen Verhältnissen, daß eine Berufsausbildung für ihn nicht möglich war. Er half in der elterlichen Landwirtschaft und dann als Tagelöhner beim Bau der Eisenbahn, danach arbeitete er in einem Weinkeller und in einer Kohlenzeche und fand in der Bimssteinindustrie eine Stelle, in der er sich auch etwas hocharbeiten konnte.

Meine Mutter kam aus genauso armen Verhältnissen wie er. Ihr Mädchentraum, Verkäuferin zu werden, konnte nicht in Erfüllung gehen, sondern sie mußte sobald wie möglich Geld verdienen. Sie ging mit fünfzehn Jahren im Haushalt arbeiten, und zwar bei einer jüdischen Familie, von deren Güte und Freundlichkeit sie ein Leben lang erzählte. Sie war siebzehn und mein Vater fünfundzwanzig, als sie sich ineinander verliebten. »Was soll dir der schöne Teller und ist nichts drauf?« sagte eine alte Bäuerin aus seinem Dorf zu meinem Vater und riet ihm, eine Tochter aus einem wohlhabenderen Hause zu heiraten, denn, so sagte sie, »so ein Bursche wie du, dir laufen doch die Mädchen nach...« Er aber sagte: »Sie ist die Frau für mich. Mit ihr kann ich ein Leben aufbauen.« Und so war es auch.

Unsere Mutter war eine tüchtige Frau. Sie hat in einem gleichbleibenden Rhythmus alles gemeistert, was auf sie zukam. Wir haben nie eine unzufriedene oder ratlose Mutter gehabt, die gesagt hätte: »Es ist mir zuviel. Ich kann nicht mehr.« Sie war mit dem Herzen bei allem, was sie tat, und konnte Geborgenheit vermitteln.

1928 hatten meine Eltern geheiratet, und ein Jahr später wurde mein ältester Bruder geboren. 1934 kauften sie ein Häuschen, das sehr renovierungsbedürftig war. Mein Vater hat alle Arbeiten selbst ausgeführt. Er mußte sich Zeit damit lassen, denn das Geld reichte nicht für vieles auf einmal. Das war meinen Eltern ganz recht, denn als die Parteiorganisationen aufkamen, ein Fahnenmast gesetzt und eine Hakenkreuzfahne und eine Hitlerjugenduniform für den Sohn hätte gekauft werden sollen, konnte mein Vater zu den Parteileuten im Dorf sagen: »Ihr seht ja, was alles am Haus noch im argen liegt und daß noch Wasser und Elektrizität fehlen. Was anderes kann ich mir jetzt nicht leisten.« Einiges ließ er sogar absichtlich unfertig, damit er immer diese Ausrede hatte.

Doch fiel es meinem Vater viel zu schwer, nicht zu sagen, was er dachte, und er ist mehrmals fast auf die Nase gefallen, weil er aus seiner Nazi-Gegnerschaft keinen Hehl machte. So drohte ihm ein Schulfreund, bei dem er etwas gegen den Abtransport der jüdischen Mitbürger aus unserer Gegend sagte: »Wenn du nicht sofort stille bist, kann ich dafür sorgen, daß du auch dahin kommst, wo sie sind!«

Mein Vater hat zeitlebens einen Haß auf diejenigen behalten, die als Nazis aktiv gewesen waren. Daß einer über polnische und russische Kriegsgefangene gesagt hat: »Hör mal, das ist eine niedrige Sorte Mensch...«, das konnte mein Vater nie vergessen. Den Haß hat er mit ins Grab genommen, während meine Mutter immer bestrebt war, die Menschen zu verstehen und auch mal etwas zu vergessen. Die Haltung meines Vaters war mir zu rigoros. Noch 30 Jahre nach dem Krieg ging er nicht zur Beerdigung, wenn ein ehemaliger Nazi gestorben war. Ich glaube sogar, wenn einer gekommen wäre und gesagt hätte: »Ich sehe ein, daß das mit dem Hitler ein Fehler war...«, hätte er bei meinem Vater keine Chance gehabt. Es ist aber auch keiner gekommen.

Mein Vater, der wegen einer Herzkrankheit vom Kriegsdienst zurückgestellt war, wurde letztlich deshalb, weil ihn die Nazis im Dorf auf dem Kieker hatten, 1943 doch noch zum Militär eingezogen, und zwar anstelle eines Parteimitglieds, der schon den Marschbefehl in der Tasche gehabt hatte.

Ich kann mich weniger daran erinnern, wie es ohne den Vater war, als daran, wie schön es war, wenn er auf Urlaub nach Hause kam. Sein letzter Urlaub war an Weihnachten 1944, sechs Wochen danach wurde er in Ostpreußen schwer verwundet. Ein Bordwaffengeschoß traf ihn und riß ihm den Unterkiefer ab. Auf dem Verbandsplatz zeigte er dem Sanitäter wortlos – denn reden konnte er ja nicht – das Foto seiner Familie. Der sagte: »Wenn du es schaffen und deine Familie wiedersehen willst, dann schaffst du es.« Mein Vater erzählte später, wie er in diesem Augenblick den Willen und die Kraft spürte, am Leben zu bleiben. Elf Operationen waren nötig, bis die fehlenden Teile seines Kiefers soweit wie möglich ersetzt waren. Zum Glück hatte die Zunge die Verwundung unversehrt überstanden. Ende 1948 war die letzte Operation.

Ich kann mich noch genau an den Tag erinnern, als meine Mutter die Nachricht von seiner Verwundung erhielt. Wir waren draußen beim Spielen, meine vier Jahre ältere Schwester und ich. Ich war sechs Jahre alt, es war kurz bevor ich in die Schule kam. Unsere Mutter rief uns in die Küche. Sie war wie versteinert und sagte uns, daß der Vater verletzt worden sei. Ich ahnte, daß es sehr schlimm war und daß sie uns manches verschwieg.

Mein Vater lag zunächst in einem Lazarett weit weg von uns im Osten und wurde erst ein paar Monate später in eine Klinik nach Westdeutschland verlegt, wo meine Mutter und mein damals siebzehnjähriger Bruder ihn besuchen konnten. Die Besuchsfahrten begannen immer damit, daß mein Bruder meine Mutter, als sie schwanger war, frühmorgens auf einem Handwagen zum sechs Kilometer entfernten Bahnhof fuhr, weil vom Bahnhof in unserem Ort kurz nach dem Krieg keine Züge verkehrten. Dann folgten abenteuerliche Fahrten in überfüllten Zügen. Ich erinnere mich noch gut an die Schilderungen. Bei der ersten Fahrt wurde meine Mutter durch ein Abteilfenster in den Zug gehoben, samt Rucksack, und mein Bruder kletterte auf das Dach.

Die Klinikstation, auf der mein Vater lag, war mit schwer gesichtsverwundeten ehemaligen Soldaten belegt, Männern, denen ein Stück des Schädels, die Nase oder andere Teile des Gesichts fehlten. »Ich wünsche Ihnen und Ihrem Mann«, sagte die Stationsschwester zu meiner Mutter beim ersten Besuch, »daß Sie stark genug sein werden, seinen Anblick zu verkraften.« Meine Mutter erzählte uns, wie es um den Vater stand und wie er aussah. Er trug einen dicken Mullverband, weil dort, wo sonst das Kinn war, ein handtellergroßes Loch klaffte, aus dem ständig der Speichel herausflief. Die Fleischwunden waren schon verheilt. Zum Glück hatte der Vater damit keinerlei Probleme. Er war glücklich, daß meine Mutter sich nicht erschrecken ließ; zwar kannte er sie als eine beherzte und liebevolle Frau, aber so viele Frauen kamen nach dem ersten Besuch nicht wieder, weil sie den Anblick ihrer entstellten Männer nicht ertragen konnten!

Als mein Vater in die Universitätsklinik nach Bad Godesberg verlegt wurde, konnten auch meine Schwester und ich ihn besuchen. Ich erinnere mich an meine Angst, wie Vater wohl aussehen würde. Es war bei weitem nicht so schlimm, wie ich es mir vorgestellt hatte, denn ich sah seine Augen und seine Hände, und die sagten mir so viel. Das war wichtiger als der Rest.

Zwischen den einzelnen Operationen ließ man die Männer so lange wie möglich zu ihren Familien nach Hause, zum seelischen und körperlichen Aufpäppeln. Es war immer wieder eine schöne Zeit, wenn der Vater da war. Dann waren wir eine vollständige Familie, und mein Bruder konnte die Vaterrolle, die er sonst übernommen hatte, abgeben. Freunde und Nachbarn kamen ins Haus. Aber von Krieg und Heldentaten wurde nicht geredet. Mein Vater hatte es gehaßt, Soldat zu sein, und so wurden höchstens einmal die Fotos hervorgeholt, und wir lachten über Vaters schlechte Haltung in der Soldatenuniform und über seine verdrossene Miene.

Mein Vater hat nach dem Krieg als ehemaliger Nazigegner in unserem Dorf keine besondere Achtung genossen. Und eines ist mir sonderbar: Die kritische Haltung, die meine Eltern während der Nazizeit hatten, kam ihnen in den Nachkriegsjahren abhanden. Mein Vater war nach wie vor an allem interessiert, was sich in der Welt ereignete, und er regte sich nach wie vor über vieles auf. Er schimpfte über die Nazis, die bei der CDU untergeschlüpft waren, wetterte gegen die Wiederbewaffnung und gewisse Auswüchse der Nachkriegswirtschaft, hielt aber Franz Josef Strauß für einen guten Politiker. Meine Mutter sagte, wenn ihr etwas nicht gefiel: »Da können wir kleinen Leute doch nichts machen!« Oder: »Man muß mit den Wölfen heulen!« Doch konnte ich als Heranwachsende daran anknüpfen, wie ich meine Eltern im Dritten Reich erlebt hatte, und habe Politik immer mit wachem Verstand beobachtet und mich engagiert, wo es mir nötig schien: als SPD-Mitglied und in Bürgerinitiativen.

Das Aufpäppeln des Vaters war eine Aufgabe, mit der meine Mutter über Jahre beschäftigt war. Anfangs wog er bei einer Körpergröße von 1,75 m noch ganze 45 kg. Er war auf flüssige Nahrung angewiesen, die ihm durch einen Schlauch gegeben wurde, der durch die Nase in den Magen führte. Damals, nach dem Krieg, konnte man nicht in die Apotheke gehen und das Notwendige kaufen! Und auch als er später eine Schnabeltasse benutzen konnte, war es noch schwierig genug. Die Menschen um uns herum reagierten unterschiedlich. Eine Nachbarin brachte uns frischen Spargel. Die Spargelköpfe konnte man für den Vater zerdrücken. Aber die Bäuerin, bei der wir die Milch holten, fuhr mich an: »Ja, könnt ihr den Hals denn gar nicht vollkriegen!«, weil ich abends mit einer größeren Flasche kam, nachdem uns die andere zerbrochen war. Es war schwierig, dem Vater die Nahrungsmittel, die wir bekommen konnten, richtig zuzubereiten. Elektrische Mixer gibt es erst seit den fünfziger Jahren, und wenn man Gemüse und Fleisch mit der Haselnußmühle zerkleinerte, schmeckte es nach Metall. Meine Mutter hatte viel Mühe und Arbeit. Jahrelang brauchte mein Vater auch noch diesen Kinnverband. Meine Mutter nahm dafür Windeln, die mit einer Leinenhalterung über dem Kopf befestigt wurden. Ich habe ganz schlimme Erinnerungen daran, wenn der Verband naß wurde und tropfte. »Bei vier Kindern habe ich nicht so viele Windeln gewaschen«, stellte meine Mutter fest. Es mußte ja damals alles von Hand gewaschen werden.

Mein Vater war überglücklich, als sein kleines Töchterchen geboren wurde, und wir haben sie alle mit Jubel begrüßt. Wenn mein Vater zu Hause war, hat er die Kleine stundenlang herumgetragen und mit ihr gespielt. Zum Mittagsschlaf legte er sich mit ihr aufs Wohnzimmersofa. Aber nicht nur mit ihr war er so liebevoll. Ich erkrankte zu der Zeit schwer an einer Lungen- und Rippenfellentzündung und mußte lange im Krankenhaus sein. Da hat er mich besucht, sooft er nur konnte, und ich kann mich erinnern, wie er dann mit mir auf seinen Armen durch die Wohnstube tanzte und jubelte: »Das Kind ist wieder da! Das Kind ist wieder zu Hause!«

Doch hat mein Vater, wenn er zu Hause war, sich nicht nur mit den Kindern beschäftigt. Er war ein lebhafter und verantwortungsbewußter Mensch, der nicht untätig sein konnte und der einen Blick dafür hatte, was zu tun war. Je mehr er nach den Operationen wieder zu Kräften kam, desto mehr hat er gearbeitet. Er reparierte sämtliche Schuhe der Familie, fertigte aus alten Autoreifen Sandalen und aus Bergen von selbstgeschnittenem Birkenreisig Besen an, beides, um es bei den Bauern in der näheren und weiteren Umgebung gegen Nahrungsmittel zu tauschen. Ebenfalls zu diesem Zweck stellte er aus dem Aluminiumblech eines in unserer Nähe abgestürzten Flugzeugs Brotbackformen her. Die waren als Tauschobjekt besonders geeignet. Die Tauschgeschäfte besorgte mein Bruder, indem er nach Feierabend mit dem vollbepackten Fahrrad viele Kilometer weit fuhr.

Weil Mehl etwas leichter zu bekommen war als Brot, haben Vater und Bruder in der Waschküche einen Ofen gebaut, wie ihn mein Vater in Rußland gesehen hatte, mit einer dickwandigen Röhre zum Backen und zwei von oben zugänglichen Feuerstellen. Auf die konnte man große Kessel stellen zum Einkochen des selbstangebauten und des eingetauschten Obstes und Gemüses. Das Reisig zum Heizen wurde im Wald gesammelt, wobei ich gerne half, weil ich im Handwagen und beim Heimweg auf dem Reisigberg sitzen durfte. Wir hielten Schafe, Hühner, Enten und Hasen. Eine Ziege mußten wir bald wieder abschaffen, der Platz reichte nicht. Wir gingen alle zusammen zum Ährenlesen, zum Kartoffel- und Rübennachgraben.

Natürlich hat auch meine Mutter in der damals üblichen und notwendigen Weise für die Nahrung und Kleidung der Familie – fast möchte ich sagen, geschuftet. Sie hat aus allem etwas gemacht: Torte aus Kartoffeln und Pullover mit den schönsten Norwegermustern aus der vom Vater selbstgesponnenen Wolle unserer Schafe und aus alten, aufgezogenen Stricksachen. So konnten wir ein Leben ohne wirkliche Not führen, obwohl mein Vater erst drei Jahre nach dem Krieg seine Rente bekam und wir erst ab da wieder über ein festes, wenn auch geringes Einkommen verfügten.

Ein besonderer Erwerbszweig war Vaters Schnapsbrennerei, die eine Schwarzbrennerei war. Auch dafür brauchte er seinen russischen Ofen. Wenn er dann wieder in die Klinik mußte, nahm er selbstgebrannten Schnaps zum Tauschen mit. Auf welche Weise er ihn über die britisch-amerikanische Zonengrenze schaffte, kann ich mir nicht erklären, hatten wir doch bei unseren Besuchsfahrten schon Mühe, die Lebensmittel, die wir für ihn mithatten, hinüberzuschmuggeln. Nachdem man uns Eier, Wein und Milch ein paarmal abgenommen hatte, kam mein Bruder auf die Idee, Skihosen anzuziehen, die damals schlabbrig weite Beine hatten und unten zugebunden wurden. Dort steckte er alles hinein. Schließlich gab uns der Klinikchef Fotos von der Verletzung und dem Heilungsprozeß meines Vaters mit. Nachdem wir die vorzeigten, durften wir die Nahrungsmittel behalten.

Wenn wir dann zu meinem Vater kamen, präsentierte er uns mit Stolz und Freude in den Augenwinkeln die Ergebnisse seines Schwarzhandels mit dem schwarzgebrannten Schnaps: Nähgarn, Glühbirnen, lederne Schuhsohlen und was es sonst an Kostbarkeiten gab, die auf normalem Wege nicht zu bekommen waren. Die tollsten Dinge hat er eingehandelt, und immer war eine Überraschung für uns Kinder dabei.

So fröhlich und lebenslustig mein Vater war, so zornig und aufbrausend konnte er sein. Dabei hatte er doch Probleme mit dem Herzen, und wir Kinder waren angewiesen, ihm keinen Grund zur Aufregung zu geben. Aber er war wie das HB-Männchen, das immer gleich in die Luft geht. Was konnte er schimpfen und fluchen! »Kreuz-Millionen-Hure-Leid!« hieß es, wenn beim Hühnerstallreparieren ein Brett nicht passen wollte. »So-was-lebt-und-Schiller-mußte-sterben!« war sein Kommentar, wenn sich eins seiner Kinder nicht so geschickt anstellte, wie er sich das gewünscht hätte, und »du Rotzfresser!« war eine seiner Bezeichnungen, wenn man sich etwas zuschulden kommen ließ. Sein Schimpfen klang bedrohlich, und er wurde rot vor Wut. Noch heute habe ich Angst vor Menschen, die ohne Grund oder wegen einer Kleinigkeit aufbrausen und ungerecht sind.

Daß er sich mit seinen Ausbrüchen lediglich Luft machte und nichts dahintersteckte, habe ich erst gemerkt, als ich längst erwachsen war. Weil er nie sagte: »Es tut mir leid«, konnte ich es als Kind nicht durchschauen. Ich war, wenn die Zorneswogen hochgingen, mucksmäuschenstill und habe gewartet, bis sie sich wieder geglättet hatten. Niemals hätte ich zu sagen gewagt: »Hör mal, du hast keinen Grund...!« Auch später habe ich ihm selten widersprochen. Er war sehr rechthaberisch und konnte überdies ungerecht sein. Er brachte es fertig, wenn die Mutter von der gemeinsamen Gartenarbeit ins Haus ging, um das Mittagessen zu kochen, nach fünf Minuten in der Küche zu stehen und zu sagen: »Wie? Gibt's noch nichts zu essen?« Unsere Mutter hat häufig um des lieben Friedens willen geschwiegen und nachgegeben. Aber nie hat mein Vater ein Kind geschlagen.

Die einzigen Schläge, die ich bekam, verpaßte mir meine Mutter, und da war es völlig berechtigt. Ich hatte von meiner Lungen- und Rippenfellentzündung einen Herzfehler zurückbehalten und hatte recht bald herausgefunden, dies zu meinem Vorteil zu nutzen. Eines Tages, als meine Mutter mich heftig ausgeschimpft hatte, sagte ich: »Ach, wäre ich doch umgefallen und tot gewesen!« Da hat sie es für nötig gehalten, mir durch eine Tracht auf das Hinterteil klarzumachen, was für ein bösartiger Wunsch das war. Das waren meine einzigen Schläge.

Was wirklich schlimm war, war die Eifersucht meines Vaters. Er war geradezu krankhaft und in einer rabiaten Art eifersüchtig gegen meine Mutter, die ihm nicht den geringsten Anlaß dazu bot. Ich fand es kränkend für sie, und es hat meine Kindheit überschattet, weil ich gesehen habe, wie sehr sie darunter litt. Sie sagte: »Hoffentlich bekommt keines meiner Kinder einen derart eifersüchtigen Partner!« An der Eifersucht litt er schon vor der Verwundung. Er hat seine Frau abgöttisch geliebt. Aber ist das ein Grund, sie mit solch besinnungsloser Eifersucht zu quälen?

Unser Vater hatte wirklich seine schwer zu ertragenden Seiten, und wir kriegten diese in einem viel höheren Maße mit, als wenn er wieder hätte arbeiten gehen können, was auf Grund der Verwundung nie mehr möglich war. Doch wie stark und wohltuend haben wir seine Lebensfreude, seinen Willen und seine Energie, für uns dazusein, ein Leben lang gespürt!

Die letzte Operation, bei der durch eine Fleischplastik das noch Fehlende so gut es ging ersetzt wurde, fand im Herbst 1948 statt. Die Monate davor waren für mich schlimm, denn mein Vater sah so auffällig, ja schockierend aus, daß die Leute sich nach ihm umdrehten, wenn wir durchs Dorf gingen. Das für die Fleischplastik notwendige Gewebe war im Brustbereich abgetrennt und zu einer Rolle zusammengenäht worden. Es blieb neben der Schulter mit dem Körper verbunden und mußte nun auch am Hals anwachsen. Erst nachdem es von dort gut durchblutet war, konnte es an der Schulter vollends abgetrennt und im unteren Gesichtsbereich so angenäht werden, daß es das fehlende Kinn einigermaßen ersetzte. Mein Vater mußte folglich dieses Fleischgebilde zwischen Gesicht und Brust monatelang mit sich herumtragen, und mir setzte es jedesmal zu, wenn er so angestarrt wurde. Er hat sich aber vor niemandem versteckt, und meine Mutter hat ihn darin sehr unterstützt. Er ging in der Zeit genauso regelmäßig zur Kirche wie sonst und war auch auf dem Tanzboden zu sehen. Er war ein ausgezeichneter Tänzer und suchte sich – Entstellung hin oder her – die besten Tänzerinnen aus. Ich denke, mein Vater brauchte ein normales Leben mit viel Kontakten, mit Arbeit, Abwechslung und Bewegung.

Ganz normal konnte unser Leben freilich nicht sein. Die Sorgen und Probleme meiner Eltern waren doch sehr groß, und ich spürte als Kind, daß ich Rücksicht nehmen mußte. Ich hatte den Eindruck, daß ich dieses Häufchen Elend von Vater nicht noch zusätzlich strapazieren und der Mutter nicht mit Dingen, die nicht unbedingt notwendig waren, in den Ohren liegen sollte. Ich habe gelernt, meine Kümmernisse und Nöte für klein zu halten. Meine dreiundzwanzigjährige Tochter sagt: »Wenn du dir als Kind so störend vorkamst, wenn du dich so zurücknehmen mußtest und eigentlich nichts die Eltern Belastendes von dir zeigen konntest, dann waren deine Tagträume nichts Erstaunliches.« Ich habe nämlich als Kind gerne phantasiert, ich sei scheintot. Ich habe mir ausgemalt, wie ich im Sarg liege, und alle stehen um mich herum und haben keine andern Gedanken als an mich. Ich habe es genossen, im Mittelpunkt zu sein, wenn auch im Sarg. Im letzten Augenblick ist der Sargdeckel jeweils von selbst aufgesprungen, und ich wurde herausgehoben. Dieses Muster, mich selbst zurückzunehmen und meine Probleme für klein zu halten, habe ich beibehalten, und es ist nicht immer gut, weder für mich noch für meine Familie. Daß mein Vater so schwer verwundet wurde, das brachte Schwierigkeiten mit sich, die auch von Menschen wie meinen Eltern nicht restlos gelöst werden konnten.

Meine Tochter, die jene schwierigen Zeiten nicht erlebt hat, meint, trotz aller Liebe habe mein Vater als Mann nach seinen eigenen Bedürfnissen und seinem eigenen Gesetz leben können, während meine Mutter, der traditionellen Frauenrolle gemäß, sich ein- und untergeordnet und viel zuviel geschluckt habe, weshalb sie dann auch Magen- und Gallenprobleme bekommen habe. Und die Kinder seien eben auch aufgefordert gewesen, sich ein- und unterzuordnen. – Aber was hätten meine Eltern denn tun sollen?

Es war schön, den Vater so nahe um uns zu haben. Wieviel Geduld hatte er mit uns, und wieviel Zeit! Stundenlang konnte er mit uns spielen, vor allem in der dunklen Jahreszeit, wenn draußen nicht gearbeitet werden konnte. Da haben wir zum Beispiel alte Uhren auseinandergenommen und die Uhrrädchen als Kreisel benutzt. Jeder hatte ein paar Rädchen am Laufen, große und kleine, das eine schimmerte golden, das andere blauschwarz. Es war wunderbar. Und das Kerzengießen nach Allerheiligen mit den Kerzenresten, die wir auf dem Friedhof sammelten. Und das Spielen und Singen abends mit der ganzen Familie, wenn gerade keine Arbeit anstand.

Wenn es im Winter so richtig kalt war, sind wir aus der großen Küche in das kleine Wohnzimmer umgezogen, das leichter zu beheizen war. Der Vater hat das Öfchen zum Glühen gebracht. Es war dann so heimelig. Einmal im Jahr, an Weihnachten, wurde die Eisenbahn aufgebaut. Die Schienen lagen in einer Acht, die eine Schleife ging um den Baum herum, die andere um das Krippchen. Und dann wurde alles verladen. Die Flucht nach Ägypten ging per Zug.

Erinnerungen an eine heile Kinderwelt

Zu den Schätzen meiner Kindheit gehören ein paar häßliche scharfkantige Metallstücke, der Rest einer umfangreichen Sammlung von Flaksplittern. Nach den Luftangriffen pflegten meine Brüder und ich ins Freie zu stürzen und Flaksplitter zu sammeln. Ich will versuchen, Erinnerungen aus dieser Zeit zusammenzutragen, Erinnerungssplitter. Ich habe dabei häufig keine Möglichkeit, Dichtung und Wahrheit auseinanderzuhalten. Oft weiß ich nicht, habe ich es selbst erlebt, habe ich es von andern gehört, erzähle ich mir die Geschichte zu einem immer wieder betrachteten Foto oder sind es schon wieder Erinnerungen an Erzählungen? Einiges hat sich mir so scharf eingeprägt, daß ich heute sagen kann: »Genauso war es!«

Dazu gehört eine Männergestalt, die den Treppenweg durch die Weinberge zu unserem Haus heraufkommt. Es ist Sommer, ich sehe den blauen Himmel und rieche das Gras und die Blumen. »Wo kommt denn der Robert her?« höre ich meine Mutter voll Freude rufen. Robert ist ihr jüngster Bruder, und er war zu der Zeit zur Ausbildung bei der Wehrmacht in München. Doch plötzlich sehe ich meine Mutter furchtbar aufgeregt, flattrig, wie ich sie sonst nicht kenne, und höre sie voll Entsetzen sagen: »Das ist ja gar nicht euer Onkel! Das ist ja einer von der Gestapo! Der ist von der Gestapo! Jetzt holen sie den Papa!« Ich sehe noch heute diese immer näher kommende Gestalt vor mir und erinnere mich, daß ich Angst bekam. Da bricht die Erinnerung ab.

Von meiner heute neunzigjährigen Mutter habe ich erfahren, daß es eine Ordonnanz war, welche meinen Vater wegen des bevorstehenden Kriegsausbruchs in die Kaserne beorderte. Ich war damals gerade drei Jahre alt.

Mein Vater war Lehrer am humanistischen Gymnasium. Obwohl er im Ersten Weltkrieg Offizier und noch nicht sehr alt war, konnte er sich im Zweiten Weltkrieg vom ganz aktiven Kriegsdienst fernhalten, weil er eine Verwundung davongetragen hatte. Granatsplitter hatten ihn in der Nähe der Halsschlagader getroffen, einer der Splitter konnte nicht entfernt werden und war eine ständige Gefahr. Mein Vater spielte Geige, und ich kann mich erinnern, wie ärgerlich ich oft war, wenn das gemeinsame Musizieren wegen des Splitters immer wieder unvermittelt unterbrochen werden mußte.

Mein Vater wurde trotzdem eingezogen, und zwar als Ausbildungsoffizier. Wenn ich mich als kleines Mädchen im blaugepunkteten Sommerkleidchen mit Strohhut an der Hand der Mutter im Hof von Vaters Kaserne sehe, so mag es ein Foto sein, das mir die Erinnerung vorspiegelt. Aber die Reihe von grauen Beinen vor und über mir hat sich mir eingeprägt, ebenso die Vielzahl riesiger Stäbe des Kasernenzaunes, hinter dem ich einen zerteilten blauen Himmel sah.

Wir wohnten ganz in der Nähe der Kaserne und spazierten oft hin. So hatten wir auch während des Krieges ein fast normales Familienleben. Meiner Erinnerung nach kannten die Soldaten mich und unsere ganze Familie. Noch heute ruft einer von ihnen meine Mutter allwöchentlich an: »Guten Tag, Frau Hauptmann...« Zwischen meinen Eltern herrschte die traditionell-bürgerliche Rollenverteilung.

Ich weiß nicht, hatte meine Mutter die Aufnahmeprüfung ans Musikkonservatorium schon gemacht oder sich erst darauf vorbereitet. Mit siebzehn jedenfalls kam die Liebe, da hat sie geheiratet, und mit neunzehn hatte sie ihr erstes Kind. Meine Mutter hat ihr Leben ganz in der Familie geführt, eine ganz andere Lebensweise als heute. Es war eine große Familie: Wir hatten, um das Familieneinkommen aufzubessern, Pensionsgäste, Schüler an der Schule meines Vaters. Die Eltern meiner Mutter lebten in Hausgemeinschaft mit uns. Der Großvater hatte seine Rechtsanwaltspraxis im Haus. Die unverheirateten Onkel kamen, andere Verwandte, Freunde, Menschen, die Unterstützung unterschiedlicher Art bei uns fanden.

Die Hauswirtschaft hatte ihre Höhepunkte: Waschtag, Weihnachtsbäckerei, Festvorbereitungen, das häusliche Nähen, dann gab es die Hobbys: Es wurden Puppen genäht, meine Mutter machte Stoffmalerei, und sie war es, die alljährlich die große Spielzeugeisenbahn aufbaute mit der wunderbaren Elektrik und immer neuen Dörfern und Gebirgen. In der Freizeit ging man nicht aus, sondern es wurde gemeinsam gelesen und musiziert, und es kamen Gäste.

Der Krieg brachte meiner Mutter zusätzliche Funktionen: Feuerwehrhauptmann für unseren Wohnbezirk, Bäuerin und Gärtnerin. Sie hatte in der Nähe unseres Hauses ein Grundstück gepachtet, auf dem sie Hühner, Enten und Hasen hielt, und der schöne Hausgarten mit seinen Buchsbaumhecken und seinen Blumen wurde zum Gemüsegarten. Am Ende des Kriegs und danach war sie außerdem Schwarzmarktreisende, Trümmerfrau und Wiederaufbauer… Ich habe meine Mutter aus dieser Zeit als ungeheuer couragierte Frau in Erinnerung, die zugepackt hat, wo immer es notwendig war. An ihrem 60. Geburtstag hat sie die Führerscheinprüfung gemacht. Es ist ihr heute nicht bewußt, wie stark ihre Ausstrahlung immer noch ist, und die fehlende Wertschätzung für alte Menschen in unserer Gesellschaft macht ihr sehr zu schaffen.

Die Rolle meines Vaters wird am treffendsten charakterisiert durch den Ruf unseres Kindermädchens: »Der Herr kommt!« Ich habe nie Angst vor ihm gehabt. Allerdings weiß ich, daß er mich einmal vertrimmt hat. Ich konnte das gar nicht verstehen und war zornig, zornig und beschämt. Das Gefühl von Zorn und Beschämtsein ist mir noch sehr gegenwärtig. Was ich mir hatte zuschulden kommen lassen, weiß ich nicht mehr. Ich fühlte mich jedenfalls sehr verletzt. Dies war übrigens einer der Momente in meiner Kindheit, wo mir deutlich war: »Ich bin ich.« Normalerweise ging es mir mit meinem Vater so gut, daß mir meine Brüder heute noch den Spruch servieren, den ich getan haben soll: »Ich kann mir das leisten. Ich bin nämlich Vaters einzige Tochter.«

Zweimal mußte der Vater während des Krieges von uns fortgehen. Das erste Mal hatte er im Oktober 1942 eine Kompanie nach Rußland zu begleiten. Er fuhr mit einem dieser Truppentransporte vom Hauptbahnhof ab, zunächst nach

Heilbronn und von dort nach Kiew. Wir Kinder winkten mit Bettüchern von der oberen Terrasse unseres Hauses, von wo man den ganzen Hauptbahnhof überblickte, einem abfahrenden Zug nach. Wir schauten durch Vaters Fernglas und glaubten tatsächlich, ihn aus einem Fenster winken zu sehen. Wir wußten damals nicht, wann er zurückkehren würde; meine Mutter stand vor der Geburt des fünften Kindes.

Für die Frauen in unserer Familie war die Religion fester Bestandteil des Lebens, und in Situationen wie dieser habe ich gebetet. Im Beten konnte ich Trost finden und brauchte dann die Eltern nicht. Ich kann mich erinnern, daß ich einmal aus einem Alptraum aufgewacht bin: Das Haus der Familie sei total zerstört, hatte ich geträumt, und die Mutter habe sich während des Fliegerangriffs in dem Haus aufgehalten. Da habe ich mich auf die Bettkante gesetzt und gebetet und bin wieder ruhig geworden. Es war für mich als Kind etwas ganz Unproblematisches, zu beten, in der Bibel eine Orientierung zu finden und danach zu leben, und so ist es nach ein paar altersgemäßen kleinen Ausflügen in den Buddhismus und den Existentialismus, die ich zusammen mit meinem jüngeren Bruder unternahm, auch geblieben.

Kam dadurch oder durch meine Eltern diese Grundsicherheit, in der ich lebte? Erstaunlicherweise fand ich nämlich die Luftangriffe gar nicht so schlimm. Ich war beim ersten Angriff auf Stuttgart fünf Jahre alt, und von da an gehörten sie zum »normalen« Leben dazu. Die »Christbäume«, die vor den Angriffen vom Himmel sanken und über alles ein strahlendes Licht gossen, hatten für mich durchaus ihren Reiz, und wenn die Bombengeschwader herannahten – ich habe das Geräusch in ganz deutlicher Erinnerung, ohne irgendeinen Nebenton von Angst und Schrecken –, so hieß das für mich, daß man in den gewölbten Keller in unserem Haus hinabging, den Leuchtstreifen an der Wand nach, die unser Vater angebracht hatte, sich in die Betten legte, die er dort hatte zimmern lassen, und weiterschlief. Heute denke ich, daß meine Eltern viel mehr Angst hatten, als sie uns zeigten.

Meine Einschulung im Jahre 1942 war einer der wenigen Anlässe, bei denen ich etwas vom Nationalsozialismus mitbekommen habe. Ich hatte den Eindruck, daß alle anderen das Lied, das da gesungen wurde, auswendig konnten: »Die Fahnen hoch«, usw. Ich konnte bis zum »festen, sichren Tritt« gerade noch so der Spur nachstolpern, aber dann war's aus, und ich schämte mich. Zur Hitlerjugend mußte ich nicht. Vieleicht war ich noch zu jung. Ich glaube nicht, daß mein Vater es hätte verhindern können. Meine fünf und sechs Jahre älteren Brüder mußten »Pimpfe« sein, und der älteste, neun Jahre älter als ich, wurde in ein Ausbildungslager geholt.

»Hitler« – das ist für mich tief eingegraben ein verachteter, nicht zu akzeptierender Mensch. Ich bin sicher, daß ich es bei meinen Eltern so mitbekommen habe, obwohl ich mich nicht erinnern kann, daß viel darüber gesprochen worden wäre. Ich nehme an, daß sie auch ihre Portion Widerstand geleistet haben in der ihnen angemessenen Art.

Als mein Vater – zum Glück sehr bald! – wieder aus Rußland zurückgekommen war, hat er sich in den Schuldienst zurückgemeldet. Das war offensichtlich möglich. Die brauchten ja trotz allem auch noch Lehrer. Er hat sich in die Nähe seiner Heimatstadt im Schwarzwald beworben, wohl um zu erreichen, daß wir aus dem von Luftangriffen heimgesuchten Stuttgart dorthin evakuiert würden. Das hat auch geklappt, und wir konnten als Familie, gemeinsam mit Großeltern und altem Kindermädchen, die letzte Kriegsphase dort überstehen.

Doch gab es auch hier zahlreiche und heftige Angriffe, und wir mußten durchs halbe Dorf und dann noch ein Stück bergab in den öffentlichen Bunker rennen, der als Stollen in den Sandstein hineingehauen war. Unser altes Kindermädchen, die schon ziemlich gebrechlich war, haben wir vorne auf den Kinderwagen gesetzt; sie war so klein, wie Kindermädchen in den Bilderbüchern sind. Obwohl ich von dem Bunker im Berg Erinnerungen habe, die nicht gut sind, hatte ich auch da nie eine ganz tiefe Angst.

Eine Zeitlang gingen wir nicht in den öffentlichen Bunker, sondern in einen Unterstand, den mein Vater im Wald gebaut hatte. Er hat dort ein Erdloch gegraben, viele Tage muß das in Anspruch genommen haben. Dann hat er kleine Bäume gefällt, entastet und auf die richtige Länge geschnitten, um das Erdloch abzudecken. Obendrauf setzte er eine Art Blockhütte mit Tischen und Bänken; die Ritzen wurden mit Moos verstopft. Das weiß ich noch. Wir konnten oben sein und rasch unter der Erde verschwinden. Das war für mich ein herrliches Abenteuer.

Der Hauptangriff auf den Ort kam so plötzlich, daß wir weder in unseren Unterstand noch in den öffentlichen Bunker gelangen konnten. Wir waren im Rathaus einquartiert und rannten dort in den Keller. Mein zweiter Bruder, der auch heute noch ein Erzschläfer ist, kam, wie so häufig, langsam hinterher und flog, von einer Luftdruckwelle erfaßt, mit ausgebreiteten Armen die Treppe zu uns herunter. Für mich sah es wie der Flug eines Engels aus.

Nach dem Angriff haben wir wohl gleich aus der Haustür geschaut. Ich wußte zuerst gar nicht, wo wir waren. Die Luft war völlig undurchsichtig. Als die dicken gelben Wolken sich verzogen, kam der Rathausbrunnen zum Vorschein, und auf dem Rathausbrunnen – ich werde den Anblick nie vergessen! – lag, von mir eindeutig erkannt, der Kopf eines Mädchens aus meiner Klasse. Sie hatte einen außerordentlich dicken, langen Zopf, den ich immer sehr bewundert hatte. Dieses Erinnerungsbild ist gestochen scharf, wie eine Filmaufnahme. Wenn ich es jetzt erzähle, kann ich ruhig und gelassen darüber sprechen. Damals habe ich sicher sehr darüber geweint. Es wurde aber kein bleibendes Bild des Schreckens, denn in unserer Familie herrschte eine Atmosphäre, die es möglich machte, erlittene Verletzungen auszukurieren, und ich glaube, das hängt wesentlich damit zusammen, welche Bedeutung der Tod für uns hatte. Er war nicht der schauerliche Feind, sondern die andere Seite des Lebens. Als mein Vater zehn Jahre nach dem Krieg an Krebs starb, starb er zu Hause. Wir haben ihn selbst gepflegt, haben seine Schmerzen durch Massieren gelindert, alle waren beim Sterben dabei, und wir haben den Toten selbst versorgt und in den Sarg gelegt. Ich könnte nicht wirklich leben, wenn ich den Tod aus dem Leben verbannen wollte!

In den letzten Kriegswochen, als alles, was noch Beine hatte, zum Volkssturm eingezogen wurde, mußte mein Vater uns zum zweitenmal verlassen. Auch mein ältester Bruder wurde eingezogen, und mein Vater hat dafür gesorgt, daß sie an denselben Ort kamen.

In den letzten Tagen des Krieges, als schon die Franzosen das Städtchen besetzt und ihr Hauptquartier im Rathaus aufgeschlagen hatten, fingen SS-Leute noch einmal an zu kämpfen. Damals hatte ich das vielleicht häßlichste Erlebnis meiner Kindheit: die Erschießung eines Mannes. Ich sah, wie französische Soldaten diesen Mann in langen weißen Unterhosen durchs Städtchen trieben, quer über den Marktplatz an eine Mauer in der Ecke. Ich habe den Schuß gehört und gesehen, wie der Mann zusammenbrach.

Wegen der unsinnigen Kämpfe mußte die Bevölkerung immer wieder in den öffentlichen Bunker gehen. Bei einem solchen Anlaß wurden die Fenster unseres Wohnzimmers zerschossen, und es geschah dabei etwas ganz Merkwürdiges: Eine Kugel durchschoß ein Bild an der Wand, und als meine Mutter das sah, war es für sie absolut sicher, daß meinem Vater und meinem ältesten Bruder nichts geschehen würde. Sie erzählte uns dies voll Freude. Wie das Loch in dem Bild und das Schicksal der beiden Männer miteinander zusammenhingen, habe ich nicht verstanden. Das durchschossene Bild hängt noch heute im Wohnzimmer meiner Mutter.

Vater und Bruder kamen tatsächlich unversehrt zurück. Mein Bruder, der mit den einfachen Volkssturmmännern in einer Scheune schlief, bekam in einer dieser Nächte mit, daß die Sache nun zu Ende sei, und hat sich davongemacht wie andere auch. Es war allerdings Fahnenflucht, was sie da begingen, und darauf stand die Todesstrafe. Unter abenteuerlichen Umständen suchte mein Bruder den Vater in dem Pfarrhaus auf, wo dieser als Offizier untergebracht war, und sie haben zusammen den Heimweg angetreten. Unter anderem liefen sie durch einen mehr oder weniger stehenden Güterzug durch, der ungeheuer lang gewesen sein muß. Sie hatten Glück, keiner der fanatischen Nazis entdeckte oder verriet sie, und sie kamen zu uns durch.

Wir hatten überhaupt eine enorme Portion Glück: Nur wenige Verwandte sind im Krieg umgekommen, und die engere Familie kam ganz heil davon. Auch unser Haus stand nach dem Krieg noch, wenn auch eine Außenwand durch eine Sprengbombe abrasiert worden war. Es wäre allerdings abgebrannt, wären nicht meine Mutter und mein ältester Bruder in jener Nacht, als es von einer Brandbombe getroffen wurde, dort gewesen. So konnten sie den Brand löschen. Ich denke, daß es für uns manche solche Situationen gegeben hat, wo glückliche Umstände, Mut und Risikobereitschaft sowie die Fähigkeit, im richtigen Moment das Richtige zu tun, zusammenkamen. Zur französischen Besatzung gehörten die Marokkaner, die wir Kinder gern mochten. Wir fuhren mit ihnen auf dem Jeep und haben Weißbrot, Kekse, Milch- und Kakaopulver von ihnen bekommen.

Das alles gehört für mich ebenso in den Zusammenhang des Krieges und der Nachkriegszeit wie der Löffel Lebertran jeden Morgen und die Wurm- und Läusekuren. ›Cuprex‹ hieß das Läusemittel. Verrückt, was man sich alles merkt!

Daß der Krieg kein Naturereignis war, wurde mir erst spät bewußt. Als wir wieder in Stuttgart wohnten und es zu unserem normalen Leben gehörte, daß die Hauswand fehlte, daß die Räume total überbelegt waren, daß wir im Freien kochen mußten, weil die Küche zerstört war, daß Mutter ihren Tauschgeschäften nachging und daß einige von meinen Mitschülerinnen, die freilich älter waren, als es der Klassenstufe entsprach, Affären mit Besatzungssoldaten hatten – da kamen mir die ersten Gedanken darüber, wodurch das alles ausgelöst worden war. Im Geschichtsunterricht im Gymnasium hat mir unsere Lehrerin die Augen für einiges geöffnet. Ich konnte das Wissen, das ich von zu Hause mitbrachte, einbringen, und von da an hatte ich die Nase immer vorne im Wind: Ich wurde Klassensprecherin, engagierte mich im Sozialausschuß Stuttgarter Schüler und übte mich im politischen Denken und Handeln. Ich denke, die Grundlagen der

Fähigkeit zum politischen Denken, zum Engagement und zum Widerstand saugt man fast mit der Muttermilch ein.

Die Leiderfahrungen, die der Krieg mit sich brachte, konnte ich in der Geborgenheit meiner Familie durchleben. Beim Zurückdenken an die Kindheitsjahre im Krieg und nach dem Krieg dominiert die Erinnerung an eine heile Welt: Leben im Rhythmus der Jahreszeiten, der Feste, Geborgenheit in der Familie, fast ununterbrochene Anwesenheit meines Vaters und meines Großvaters. Der Einbruch der Realität »Hitler« mit allem, was damit zusammenhing, einschließlich der Realität des Krieges, in die Oase meines Kinderalltags wurde nie zu einer wirklichen Bedrohung.

Es wurde nichts verschwiegen, und glücklicherweise blieben die äußeren Umstände für meine Eltern so, daß sie sich konsequent nach ihrem eigenen Gewissen richten konnten, ohne daß extreme Verhaltensweisen von ihnen gefordert worden wären. Mein Vater konnte sich zum Beispiel, als er ein Exekutionskommando führen sollte, weigern, das zu tun. Meine Eltern mußten nicht das Gesicht verlieren und konnten so handeln, wie sie es für richtig hielten, und ihr Reden und Handeln stimmten überein.

Als Heranwachsende, in der das Geschichtswissen die eigenen Erfahrungen ergänzte, erkannte ich, wie entscheidend die Haltung meiner Eltern für meine Lebensführung war und ist. Für mich sind Freiheit und Unabhängigkeit, das furchtlose Eintreten für meine Überzeugung und der Einsatz für andere lebensnotwendig.

Die Frau in der Gesellschaft

Fischer Taschenbuch Verlag

Die Frau in der Gesellschaft

Nancy Friday
Wie meine Mutter
My Mother my self
Band 3726

Signe Hammer
Töchter und Mütter
Über die Schwierig-
keiten einer Beziehung
Band 3705

Nancy M. Henley
Körperstrategien
Geschlecht, Macht
und nonverbale
Kommunikation
Band 4716

Monika Jonas
Behinderte Kinder –
behinderte Mütter?
Die Unzumutbarkeit
einer sozial arrangierten
Abhangigkeit
Band 4756

Linda Leonard
Töchter und Väter
Heilung einer
verletzten Beziehung
Band 4745

Harriet Goldhor Lerner
Wohin mit meiner Wut?
Neue Beziehungsmuster
für Frauen. Band 4735

Jean Baker Miller
Die Stärke
weiblicher Schwäche
Band 3709

Margarete Mitscherlich
Die friedfertige Frau
Eine psychoanalytische
Untersuchung zur
Aggression der
Geschlechter
Band 4702

Erin Pizzey
Schrei leise
Mißhandlung in der
Familie. Band 3404

Penclope Shuttle /
Peter Redgrove
Die weise Wunde
Menstruation
Band 3728

Uta van Steen
Macht war mir
nie wichtig
Gespräche mit
Journalistinnen
Band 4715

Ingrid Strobl
»Sag nie, du gehst
den letzten Weg«
Frauen im bewaffneten
Widerstand gegen den
Faschismus. Band 4752

Gerda Szepansky
»Blitzmädel«,
»Heldenmutter«,
»Kriegerwitwe«
Frauenleben im
Zweiten Weltkrieg
Band 3700

Frauen leisten
Widerstand: 1933–1945
Band 3741

Hanne Tügel / Michael
Heilemann (Hg.)
Frauen verändern
Vergewaltiger
Band 3795

Fischer Taschenbuch Verlag

Die Frau in der Gesellschaft

Helena Klostermann
Alter als
Herausforderung
Frauen über sechzig
erzählen
Band 3751

Katja Leyrer
Hilfe! Mein Sohn
wird ein Macker
Band 4748

Christina Mei /
Gudrun Reinke
Jenseits von Mond
und Mitternacht
Frauen sprechen
über Liebe
Band 3739

Marianne Meinhold /
Andrea Kunsemüller
Von der Lust
am Älterwerden
Frauen nach der
midlife crisis
Band 3702

Jutta Menschik
Ein Stück von mir
Mütter erzählen
Band 3756

Renate Möhrmann /
Natascha
Würzbach (Hg.)
Krankheit als
Lebenserfahrung
Berichte von Frauen
Band 4707

Kristel Neidhart
Er ist jünger
– na und?
Protokolle
Band 4741

Ines Rieder /
Patricia Ruppelt (Hg.)
Frauen sprechen
über Aids
Band 10033

Erika Schilling
Manchmal hasse
ich meine Mutter
Gespräche mit Frauen
Band 3749

Marianne
Schmitt (Hg.)
Fliegende Hitze
Band 3703

Leona Siebenschön
Der achte Himmel
Wie Ehen gelingen
Band 10307

Irmgard Weyrather
»Ich bin noch
aus dem vorigen
Jahrhundert«
Frauenleben zwischen
Kaiserreich und
Wirtschaftswunder
Band 3763

Fischer Taschenbuch Verlag